JN100775

# これなら書ける

# 5歳児の 指導計画

| 各計画の「ねらい」の 関連がわかる！ | & | 指針・要領対応！ ～2018年度施行～ |

神長美津子／監修

たっぷり収録！
で
これなら書ける！

※本書の175ページを必ずお読みいただき、
ご了承のうえ、CD-ROMを開封してください。

ひかりのくに

## はじめに

　新しい幼稚園教育要領、保育所保育指針、幼保連携型認定こども園教育・保育要領は平成30年4月から実施されています。今回の学校教育全体の学習指導要領等改訂では、「生きる力」の理念の具体化として「学校教育において育成すべき資質・能力の3つの柱」として明確化し、その上で遊びを中心とする幼児教育を「学校教育のはじまりの段階」として位置づけています。したがって、幼稚園、保育所、幼保連携型認定こども園のいずれの施設においても、「幼児教育において育みたい資質・能力の3つの柱」を踏まえて教育課程（全体的な計画）や年間指導計画を作成し、発達の見通しをもって実践を積み重ねるとともに、その結果「幼児期の終わりまでに育ってほしい姿」が育つようにすることとしています。また、幼児期の終わりの段階では、幼児教育の中で育ちつつある資質・能力を小学校教員と共有し、小学校教育との円滑な接続を図るようにすることとしています。

　また令和元年10月からは幼児教育・保育の無償化がスタートしています。無償化の意義には、少子化対策の必要性と並んで、幼児教育の重要性があります。無償化は、社会全体で幼児教育・保育を支えていく仕組みですが、それは同時に各園が提供する幼児教育・保育の質を問う仕組みでもあります。各園においては、カリキュラム・マネジメントを通して実践の質向上が期待されているのです。

　こうした幼児教育・保育の質向上が問われる中で、本シリーズ『これなら書ける！3歳児指導計画』『これなら書ける！4歳児指導計画』『これなら書ける！5歳児指導計画』が刊行され、幼児教育における指導計画の考え方や作成の仕方を確認することの意義は大きいと考えています。

遊びを中心とする幼児教育における指導計画作成の難しさは、子どもの主体性と指導の計画性をバランス良く絡ませていくことにあります。子どもの自発的な活動としての遊びを大事にするからといって、ざっくりとした指導計画で偶然に任せるような保育では、子ども一人ひとりが発達に必要な体験を得る機会を保障していくことはできません。しかし、反対に、経験させたい内容を指導計画にたくさん書き込んだとしても、必ずしも子どもの主体的な活動を引き出すことができるわけではありません。おそらく保育者が指導計画に縛られ、子どもの心が離れてしまうことになるでしょう。まさに、幼児教育・保育を実践する保育者には、指導計画作成において、常に「子どもの視点」に立ち戻りながら、具体的なねらいや内容、環境の構成、援助を考え、子どもの主体性と指導の計画性をバランス良く絡ませていくことが求められているのです。

　本書は、よりよい保育をめざす保育者たちのために、「子どもの視点」に沿って具体的なねらいや内容、環境の構成、援助を考えていくプロセスが見えるように編集の工夫をしています。若い保育者の場合は、指導計画で使うフレーズに慣れていないため、なかなか適切な表現ができないために本書を手にするかもしれません。また、ベテランの保育者であっても、子どもの見方や保育の進め方に悩み、多面的な子ども理解や保育の考え方を求めて本書を手にすることもあると思います。

　本書が、多くの保育者に活用されて、質の高い幼児教育・保育を創り出すための参考の書となることを願っています。

神長　美津子

子どもたちの姿やねらい、必要な援助や環境構成などがわかり、指導計画への理解が深まる1冊です!

## *1 「ねらい」の関連がわかり、「環境づくり」や「援助」の例がたっぷり!

月・週・日の計画での「ねらい」の関連がよくわかり、「環境づくり」や「援助」の例を多く掲載。「反省・評価」のポイントは大事な視点を押さえられ、次の指導計画へとつなげられます。

## *2 どんな園でも応用しやすい文例で、自分の園に合わせて書きやすい!

幼稚園、保育園、認定こども園に対応した年・月・週・日の指導計画で、どの園でも応用しやすいので、自分の園に合わせて書けます。

## *3 指導計画の基本、発達の基本をわかりやすく、丁寧に解説しているので、保育の基礎力もアップ!

巻頭ページでは、指導計画を書くための基本をわかりやすく説明。避難訓練や食育など、保育に必要な計画例も豊富です。

# 第1章 指導計画の基本を学ぼう

**新任**
指導計画立案が苦手。でも、子どもたちのことが大好きな新任保育者。

**先輩**
ベテラン先輩保育者。指導計画作成のコツをわかりやすく解説。

---

さぁ！指導計画を書いて、今月も頑張るぞ！

子どもの姿、今月のねらい、内容、環境構成、援助…。今月は保育でどんなことしようかな？

行事に合わせて製作をする？外で遊ぼうかな？でも雨が多いからなぁ…。

子どもの発達も考えて…、一人ひとり、でも、クラス全体の動きもあるし…。

もう！どこから考えたらいいの〜！

---

あら、どうしたの？

指導計画を書こうと思うのですが、どこから考えていいのか…。

子どもの一人ひとりの発達や興味も知りながら、クラス全員のこともと思うと難しくて…。

「子どもたちの成長のためにどうしたらいいのか」という思いがあれば大丈夫！ポイントはふたつ。「子どもの主体性」と「指導の計画性」です。

計画を立て、実践をして、振り返る、そうして保育の質は高まっていくの。

まずは、子どもたちの姿から見ていきましょう。

はい！

※ここでは、3歳児の5月の計画の立案を例に紹介します。

5

# 子どもの姿

立案の
ポイント

## よく見られる姿に注目して！

これまでに見られない、今の時期に特に現れてきた姿を抜き出して、記載します。また、クラス全体を見渡し、よく見られる姿、あるいは共通に見られる姿などに絞って取り上げます。そういった姿こそが、子どもたちが「育とうとしている」姿です。

さぁ！書こう！

ちょっと待って！もう少し詳しく教えてちょうだい

生活にも少しずつ慣れ、保育者や友達と一緒に遊んでいる。

登園してきて、自分で身の回りのことを保育者も手伝いながら済ませ、友達と一緒に散歩に出掛けていきました。製作も楽しんで、うれしそうに風になびかせていました。

ここでポイントは、子どもの様子を「生活への取り組み方」「人との関わり方」「興味や関心、遊びの傾向」の3つの視点で捉えることです。

生活にも慣れ、 ➡ 保育者に親しみをもち、笑顔で登園する子どもが増えている一方、緊張や不安が見られる子どももいる。

保育者や友達と一緒に遊んでいる。 ➡ 保育者や友達と一緒に、絵本を見たり手遊びをしたりすることを楽しんでいる。

➡ 花摘みや虫探しなど春の自然にふれたり、戸外で体を動かしたりして遊んでいる。

生活

人との関わり

遊びへの取り組み

この3つですね！子どもの姿を捉えやすくなりました！

➡ P.8のマンガへ

書き方のヒント

## 個人とクラスの両面から見て3つの視点から書いてみよう

前月末の子どもの生活する姿の記録を読み返してみましょう。子どもの「生活への取り組み方」、「人との関わり方」、「興味や関心、遊びの傾向」などを具体的な3つの視点として重点的に見ていくと、まとめやすいでしょう。

生活への取り組み方

興味や関心、遊びの傾向

記録

人との関わり方

例文

生活 ● 保育者に親しみをもち、笑顔で登園する子どもが増えている一方、緊張や不安が見られる子どももいる。

人との関わり ● 保育者や友達と一緒に、絵本を見たり手遊びをしたりすることを楽しんでいる。

遊びへの取り組み ● 花摘みや虫探しなど春の自然にふれたり、戸外で体を動かしたりして遊んでいる。

気になる
こんな
**Q&A**

**Q** 4月の初めの姿はどう捉えて書けば良いのでしょうか?

**A** 前年の担任や保護者とのやり取りをヒントに!

進級児の場合は、前年のクラス担任に話を聞いておき、新入園児の場合は、年間指導計画にそって書きますが、入園式やその次の日の様子を見ながら、適宜修正していきます。

書き方の
ヒント

# 抽象的 → 具体的に書こう!

| 抽象的 | 具体的 |
|---|---|

## 生活

**抽象的**
● 園での生活に慣れ、自分でしようとする。

**具体的**
● 園での生活の流れが分かってきて、自分でしようとしたり、保育者に促されながらしたりしている。

**抽象的**
● 後片付けや着替えなど、自分でする子どもが増えてきている。

**具体的**
● 遊んだ後の片付けや支度、汚れていることに自分で気付いて着替えをするなど、進んでしようとする子どもが増えてきている。

## 人との関わり

**抽象的**
● 保育者に親しみ、一緒に遊んでいる。困ったことがあると伝えている。

**具体的**
● 保育者に親しみをもち、話し掛けたり一緒に遊んだりすることを喜んでいる。困ったことを言葉や表情などで伝えている。

**抽象的**
● 友達と一緒に遊びを楽しんでいる。

**具体的**
● 友達と一緒に、簡単なルールのある遊びやかけっこなどで思い切り体を動かすことを楽しんでいる。

## 遊びへの取り組み

**抽象的**
● 友達と一緒に遊んでいると、トラブルになることもある。

**具体的**
● 友達と同じ場で遊ぶことを喜んでいる一方で、遊具の取り合いになり、トラブルになることもある。

**抽象的**
● 秋の自然にふれて遊ぶ異年齢児の姿をまねたりしている。

**具体的**
● 落ち葉を集めて焼きイモごっこをしたり、イモのツルで遊ぶ4・5歳児の姿を見てまねたりしている。ドングリや落ち葉を集めて遊ぶことを楽しんでいる。

# ねらい

## どのような育ちを期待する？

「子どもの姿」の中から分かる育ちつつあるもの（こと）を踏まえて、そこに保育者が育てたいもの（こと）を加え、ねらいとして記載します。月の計画、週の計画、日の計画となるにつれ、具体性がより増していきます。

➡ P. 10のマンガへ

### 書き方のヒント

## 保育者の願いもあるけれど、子ども主体の表現で書こう

子どもがどのような思いをもって成長していってほしいか、という方向性を書くため、「〜を楽しむ。」や「〜を感じながら」といった子ども主体の表現を用いるとすっきりするでしょう。

**例文**

| 生活 | ● 園生活の仕方を知り、保育者に手伝ってもらいながら、自分でやってみようとする。 |
| 人との関わり | ● 保育者や友達に親しみを感じ、一緒に過ごすことを楽しむ。 |
| 遊びへの取り組み | ● 身近な自然にふれながら、戸外で遊ぶ心地良さを感じる。 |

子どもの発達の過程

ねらい

季節性

育てたい保育者の思い

子どもに育ちつつあるもの

### 書き方のヒント

## よく使う文末表現

指針、教育・保育要領のねらいの文末表現を特に抜き出しました。参考にしましょう。

**3歳以上児**

● 〜を味わう。
● 進んで〜しようとする。
● 〜をもって行動する。
● 〜を身につける。
● 〜に興味や関心をもつ。
● 〜を生活に取り入れようとする。
● 〜を豊かにする。
● 〜な感性をもつ。
● 〜を楽しむ。

# 項目別！ 立案のポイント

## 内容

**立案の ポイント**

## ねらいに向かうために必要な経験は？

ねらいに書いた方向性に向けて育っていくためには、子どもがどのような経験を積み重ねていけばよいか、また、保育者が指導することについても書いていきます。子どもの生活の流れに沿って考えましょう。

例えば、人との関わりでは…自分のしたいことや、やってほしいことを、言葉や動作で伝えることを経験してほしいなぁ。

そうね、それも OK よ。他にも考えられるかな？

他にも？

そう！ ねらいを達成するための経験はひとつではないのよ！ いろいろな経験が、そのねらいに向かうのよ。

なるほど〜！

ねらいを達成するための
● 保育者が適切に行なう事項
● 保育者が援助して子どもが環境に関わって経験する事項

が内容です。
決して保育者側からの押し付けにならないように、「子どもが自ら関わって」経験できるように考えましょう。

➡ P. 10 のマンガへ

---

 **書き方のヒント**

## ねらいひとつに対して、いくつかを思い浮かべて書いてみよう

ねらいに対して、それを達成するための経験はひとつとは限らないため、複数の内容が出てくることもあります。

**例文**

| | |
|---|---|
| 生活 | ● 身支度、排せつ、着脱など身の回りのことを、保育者と一緒に行なう。<br>● 遊具の使い方や片付け方などの園内の約束事を知る。 |
| 人との関わり | ● 保育者や友達がしている遊びに興味をもち、同じ場で遊んだり、まねようとしたりする。<br>● 保育者や友達と一緒に手遊びをしたり、体を動かしたりする。 |
| 遊びへの取り組み | ● 戸外で保育者と体を動かして遊ぶ。<br>● 夏野菜の苗を植えたり、夏に咲く花の種をまいたりする。 |

---

 **書き方のヒント**

## よく使う文末表現

指針、教育・保育要領の内容の文末表現を抜き出しました。参考にしましょう。

### 3歳以上児

● 行動する。
● 遊ぶ。
● 取り組む。
● 楽しむ。
● 身に着（付）ける。
● 自分でする。
● 進んで行なう。
● 味わう。
● 〜しようとする気持ちをもつ。
● 共感し合う。
● 気付く。
● 親しみをもつ。
● 表現する。
● 尋ねたりする。
● 話す。

# 環境の構成

**立案のポイント** ✏ しぜんと関わっていけるように

前月の子どもの姿から、今月のねらいや内容と関連する子どもたちの活動を予想してみましょう。そこから、それぞれの活動について、「ひと」や「もの」、「ば」をどのように構成していけば、子どもたちの主体的な活動を引き出していくことができるのかを様々にシミュレーションしていきます。

このねらいと内容を達成するために、何を準備すればいいのでしょうか？

準備…

環境づくりは、ねらいに基づいた遊具や用具をはじめとした「もの」はもちろん、私たち保育者の「ひと」、そして、空間や雰囲気といった「ば」も大事な要素なのですよ。

この3つの視点で書いていきましょう。

保育者自身も「環境」のひとつなのですね。

ひと・もの・ば

⇒ P. 12 のマンガへ

**書き方のヒント**

## 「ひと」「もの」「ば」と子どもの興味や関心から書いてみよう

三つの視点からみましょう。

ひと
もの
ば

### ひと … 人的環境

保育者や友達など、「ひと」の立ち位置をどうするか？

　各時期の遊びに取り組む姿や、保育者との関係などが環境の構成に関わってきます。子ども自らが遊びだせるのであれば、保育者の立ち位置は少し離れた所になります。しかし、子どもが主体的に活動するためのモデルや誘い掛けが必要であれば、保育者は環境の要因となりますから、子どもたちからよく見える所に立ちます。また友達のおもしろそうな遊びの姿も環境の要因となり広がっていきます。

## 気になる こんな Q&A

**Q** 初めに立てた環境と子どもの姿がずれてしまったらどうしたら良いでしょうか。

**A** 子どもに寄り添って環境を再構成する。

活動の途中で子どもの興味や関心が変わったり、夢中になって関わり、物が足りなくなったりすることがあります。柔軟の捉え、必要に応じて物の補充を行なったり、コーナーをつくっている場合はその内容を変更したりするなど、子どもの実現したいことに寄り添いながら再構成しましょう。また、子ども自身で環境を発展させていけるようにしておくことが大切です。

---

## もの … 物的環境

**遊具や素材などの「もの」は何が今の発達に合っているか？**

ねらいに向けて子どもの活動が発展するために必要な「もの」は何ですか？　また、どのくらい必要ですか。更に、どこに置いておくと、子ども自らが選択して使うことができるでしょうか。同じ「もの」でも、大きさや材質、また置き方などによっても、子どもの活動は変化していくことに留意します。

## ば … 空間・雰囲気

**時間や空間などの「ば」はどのように構成するか？**

予想されるそれぞれの活動は、どのような場の雰囲気があると発展するでしょうか。活動に参加してくる子どもの人数や、遊び方、遊びや生活の動線によって、広さや場所が異なります。場の構成では、隣接する遊びとの関係にも配慮します。日頃からの子どもたちの遊びの観察がヒントです。また時間の設定によって、ゆったりとした雰囲気を楽しむ要因となります。

### 例文

**生活**

- 身の回りのことを自分でしようとする気持ちを受け止めながら、手伝ったりやり方を知らせたりする。「自分でできた」ことを十分に認め、安心感や満足感をもてるようにする。　〔ひと・援助〕

- 5歳児に場や遊具の使い方を教えてもらいながら園探検をし、園への安心感や興味をもったり、約束事を知ったりできるようにする。　〔ひと・ば〕

**人との関わり**

- 友達や友達の遊びに興味をもてるように、同じ場で遊んでいる中で仲立ちをし、一人ひとりの名前を呼ぶ機会をもつ。　〔ひと・ば〕

- 遊具や順番の取り合い、思いが通らないことなどから起きるトラブルでは、子どもの思いを丁寧に受け止め、友達の思いを伝え、関わり方を知らせていく。　〔ひと・援助〕

**遊びへの取り組み**

- 保育者が一緒に、体を動かして遊んだり、飼育物や身近な草花、虫を見たり触ったりする中で、戸外で遊ぶ楽しさや興味をもったことに共感していく。　〔援助・もの〕

- 夏野菜の苗や花の種まきを子どもと一緒にし、土に触れたり水やりをしたりしながら、生長に興味をもてるようにする。　〔もの・ひと〕

# 援助

立案の
ポイント

## 受容的、応答的な関わりを心掛けよう

保育者の援助には、子どもがねらいの方向に向かうために、保育者がどのように関わっていけば良いかを記載します。

➡ P.14 のマンガへ

 書き方のヒント

## 具体的にどのような場面で、どのように関わるかを書こう

子どもが自分からやってみようと思えるようにするために、見守ったり、受け止めたり、思いに応えたりする受容と応答の関わりが基本となります。また子どもの遊びが行き詰まるなどしたときには、子どもと一緒に考えたり、共に試行錯誤したりする保育者（共同作業者）としての関わりも必要でしょう。

| 例文 | | |
|---|---|---|
| **生活** | ● 身の回りのことを自分でしようとする気持ちを受け止めながら、手伝ったりやり方を知らせたりする。「自分でできた」ことを十分に認め、安心感や満足感をもてるようにする。 | |
| **人との関わり** | ● 遊具や順番の取り合い、思いが通らないことなどから起きるトラブルでは、子どもの思いを丁寧に受け止め、友達の思いを伝え、関わり方を知らせていく。 | |
| **遊びへの取り組み** | ● 保育者が一緒に、体を動かして遊んだり、飼育物や身近な草花、虫を見たり触ったりする中で、戸外で遊ぶ楽しさや興味をもったことに共感していく。 | |

**Q** 援助と指導の違いは？

**A** 環境を通して行なう教育のほとんどは「援助」

　　環境を通して行なう教育では、子どもが環境に関わって生み出す活動を通して指導を行なっていくので、指導のほとんどが「援助」となります。保育者から子どもに直接に働き掛ける指導の場面は少なく、ねらいを環境に込めて行なう間接的な指導が行なわれています。

**Q** 人的環境と援助の違いは？

**A** 保育者が援助する姿が人的環境となる

　　人的環境の中で、保育者は大きな環境の要因です。「保育の中で、保育者が様々に援助している姿」が、子どもの活動に意味をもつ人的環境となっていくのです。
　　人的環境には、友達や園長先生や給食の調理員の方々、地域の方々などの様々な人々が、子どもの活動に意味をもつ環境の要因となる可能性があります。

 **書き方のヒント**

# 援助の手立てと文末表現のヒント

| | 援助の内容 | 子どもの心に育つもの | 文章表現 |
|---|---|---|---|
| **心のよりどころ** | ● 温かなまなざし<br>● 困っていることを察して動く | ● 人とつながる安心感<br>● 保育者との信頼関係を築く | 例<br>● 思いが言葉にならないことに配慮して、その気持ちを受け止める |
| **よき理解者** | ● 心の動きに寄り添う<br>● 言葉にできない思いを言葉にして知らせていく | ● 自分の思いを素直に表現する喜びや充実感を味わう | 例<br>● ～の気持ち受け止めていく |
| **憧れのモデル** | ● 少し大げさに、或いはゆっくり動きながら、遊び方ややり方を伝えていく | ● 喜んでいろいろな活動を楽しむようになる | 例<br>● 保育者の動きをまねながら遊び方を知っていけるようにする |
| **共同作業者** | ● 一緒に行動しながら、そのおもしろさを伝える<br>● 子どもが楽しんでいることを理解する | ● 共感が生まれ、心が豊かになる<br>● 活動への意欲をもつ | 例<br>● 一緒に行動しながら遊びの楽しさを感じ、遊びへの意欲をもたせていく |
| **必要な援助** | ● 考えるヒントを提供する | ● やり遂げることの喜びを味わう | 例<br>● できないところを援助し、やり遂げようとする気持ちをもたせていく |

# 反省・評価

> 立案の
> ポイント

## 子どもの育ちと自らの振り返りから考えよう

反省・評価には、子どもがどのように育ったかの評価と、自らの保育の振り返りの両面があります。

> **書き方のヒント**

## ねらいに立ち戻って考えてみよう

子どもの育ちは、一人ひとりが計画を立てる前と保育をした後、どのような良さを発揮してどのように育ったかを見る「個人内評価」が基本です。また、保育の振り返りは、自分の立てた計画（特にねらい）が目の前の子どもの興味や関心に沿っていたか、発達の流れに合っていたかなどを見ながら、ねらいに立ち戻って考え、次の計画を立てる際、より良くなるように努めます。

## 書き方の
## ヒント
# 次の保育に
# 生かそう

子どもの姿から指導計画を立てて保育を行ない、それを反省し、また子どもの姿と発達の道筋からねらいを立てていく、というサイクルを繰り返し行ないます。保育の計画や記録は、次の日、週、月、年の計画に反映されて、ますます子どもの姿に沿った保育を行なっていけるようになります。

## 書き方の
## ヒント
# 保育者間で
# 共有しよう

保育者間でも振り返りを行なってみましょう。そうすることで、互いの理解と協働性が強まります。その保育の見通しが、日々の指導計画の見直し、ひいては全体的な計画の改善へとつながります。

| ねらい | 例文 | 反省・評価のポイント |
|---|---|---|

**生活**
● 身の回りのことを自分でしようとする気持ちを受け止めながら手伝ったりやり方を知らせたりする。「自分でできた」ことを十分に認め、安心感や満足感をもてるようにする。
→ ● 身の回りのことを自分なりに、やってみようとしていたか。

**人との関わり**
● 遊具や順番の取り合い、思いが通らないことなどから起きるトラブルでは、子どもの思いを丁寧に受け止め、友達の思いを伝え、関わり方を知らせていく。
→ ● 好きな遊びを見つけたり、保育者や友達に親しみを感じながら遊んだりできるような援助や環境構成ができたか。

**遊びへの取り組み**
● 保育者が一緒に、体を動かして遊んだり、飼育物や身近な草花、虫を見たり触ったりする中で、戸外で遊ぶ楽しさや興味をもったことに共感していく。
→ ● 身近な自然にふれ、戸外で遊ぶ心地良さを感じられたか。

※上記のようにねらいに沿ったポイントを押さえて、反省・評価を具体的に書いていきましょう。

## 健康・食育・安全

### その月の大切なことを具体的に書く

それぞれの園の年間の計画を基に、その年齢・その月において特に大切なことを書きます。

**書き方のヒント**

季節の変わり目には衣服の調整を意識することや、旬の食材にふれることなどがあげられるでしょう。というように、健康・食育・安全それぞれに配慮することを具体的に思い浮かべながら書いていきます。

**例文**

- 保育時間が長くなることで疲れも出やすくなるので、体調を見ながらゆったりと過ごす時間を設けていく。
- 保育者や友達と食事をする楽しさを感じられるように環境の工夫をする。
- 場に慣れてきて行動範囲や動きが広がることから、保育者間の連携を密にし、安全に配慮する。

## 長時間保育

### 心身の疲れや午前中の保育との関連に留意

預かり保育や早朝・延長保育など、園で長時間にわたって保育を受ける子どものために考えます。

**書き方のヒント**

基本的には、午前中の保育で疲れた心と体を休め、切り替えていけるように、家庭的な雰囲気でゆったりと過ごすことを中心に書いていきましょう。

**例文**

- 安心して遊びを見つけて楽しめるように、ブロックや塗り絵など、親しみのある遊具を十分な数を用意する。

## 保育者等のチームワーク

**様々な職種とのチームワークを心掛けて**

クラス担任だけでなく、様々な職種との連携を取るために大切にしたいことを記載します。

**書き方のヒント**

クラス担任間、預かり保育担当、特別支援担当、早朝保育や延長保育の担当、看護師や栄養士など、いろいろな立場の人が子どもに関わって行なわれる保育が、スムーズにできるよう、チームワークがうまく働くようにしていきましょう。

**例文**

● 園や保育者に親しみをもって関われるように、子どもたちの遊びや様子の情報共有を図り、声を掛けたり見守ったりする。

## 家庭・地域との連携

**保護者に伝えることと、地域の子育て支援の拠点であることを考えて**

保護者に伝える園で行なっていることや、地域の子育て支援の拠点として家庭や地域との連携で特に留意することを記載します。

**書き方のヒント**

家庭への連絡や図書館や公園などの地域環境を生かすこと、地域の老人会など人と関わることなど、幅広く考えましょう。

**例文**

● 連休明けは、保護者から離れることを渋る姿が見られることもある。家庭での過ごし方を聞き援助に生かしたり、園で遊んでいる様子を伝えたりするなど、家庭との連携を密に取り、保護者も安心できるようにする。

# 指導計画作成の流れ

指導計画は、子どもたちの実態を把握し、発達と保育内容を見通して、『幼稚園教育要領』『保育所保育指針』『幼保連携型認定こども園教育・保育要領』に寄り添いながら、それぞれに計画を立案します。

## 指導計画ってなぜ必要？

指導計画とは、保育が行き当たりばったりにならないようにするためのものです。ざっくりとした計画を偶然に任せるような保育では、子どもが育つために必要な経験を得る機会を保障していくことはできません。しかし反対に、育てたい思いだけを書き込んだとしても、子どもの主体的な活動を確保できる訳でもありません。

一人ひとりの発達を保障する園生活をつくり出し、またそれが子どもの視点に立ったものであることを意識するために、指導計画は必要なのです。

## カリキュラム・マネジメントって？

カリキュラム・マネジメントとは、計画を作り、それを基に保育を行ない、その後評価していく中で、保育の改善を重ねていく一連のサイクルのことです。

園で目指す子どもたちの育ちに向けて、教職員全体で組織的に行なう必要があります。

園全体で作る計画はもちろん、日々の月の計画・週の計画にも関わってくることです。作った計画が実情に合っていたかどうか評価し、常に改善していくことは、園の保育の質の向上とともに、保育者の専門性の向上につながります。

## 全体的な計画とは

全体的な計画は、子どもが園に在籍している期間の全体にわたって、保育の目標を達成するためにどのような道筋をたどり、保育を進めていくかを示すものです。発達過程に沿い、それぞれの時期の生活や遊びで、子どもがしていく経験と、その際の援助を明らかにすることを目的とし、園全体で作成します。

## 各施設での仕組み

年の計画、月の計画、週の計画など作成する指導計画は全て、この全体的な計画を基盤として考えていきましょう。

### 幼稚園

登園してから預かり保育を受けて降園する子どもがいる場合、従来の教育課程だけでは、預かり保育の計画や安全の計画をカバーし切れない面があります。ですから、学校保健計画、学校安全計画、預かり保育の計画などとともに、より関連させて作成する必要があります。

### 保育園

2018年施行の保育所保育指針で、乳児・1歳以上満3歳未満児にねらい・内容が示され、全年齢に内容の取扱いが示されたことから、改めてこれらを組み入れながら全体的な計画を作成する必要があります。なお、これに基づいて、毎月の指導計画、保健計画、食育計画を立てていきます。

### 幼保連携型認定こども園

認定こども園は、教育及び保育を行なう学校としての機能と、児童福祉施設としての機能を併せもっており、更に特色として、子育て支援の義務化が挙げられます。そのため、右の図のように、一時預かり事業や延長・夜間・休日保育といった、子育て支援の計画も関連させながら作り上げる必要があります。

# よくわかる! 指導計画の全体

## 各計画とそのつながり

指針　要領
↓
全体的な計画
↓

子どもが園に在籍している期間の全体にわたって、保育の目標を達成するためにどのような道筋をたどり保育を進めていくか、園全体で示します。

全体的な計画で考えられる1年間の教育内容を基に、それぞれの時期に必要な子どもの経験を示します。

**年の計画**

それぞれの計画は歯車みたいに連動しているんだ!

**長期の指導計画**

**月の計画**

その月における子どもの生活の流れを見通して具体的なねらいや内容、環境の構成などを中心に作ります。

1週間の保育記録を読み返し、特によく見られる、またこれまで見られなかった子どもの姿から、「なぜこのような行動を取るのか」「何が育ちつつあるのか」「そのためにどうするのか」などについて検討します。

**週の計画**

**短期の指導計画**

それぞれの計画が毎日の保育とつながっているんだね!

**日の計画**

特に、前日の子どもの姿から、一人ひとりの行動への理解を深め、それを基にその日の子どもの活動の姿を思い描きながら、場のつくり方や必要な遊具・用具、その配置、保育者の関わりなどを最も具体的に記入します。

**毎日の保育**

# よくわかる！ 指導計画の全体

## 年の計画

**立案のポイント**

# 一年間の子どもの発達や園生活を見通して

『幼稚園教育要領』『保育所保育指針』『幼保連携型認定こども園教育・保育要領』の趣旨を踏まえ、全体的な計画を基に作成します。一年間の発達や生活を見通し、Ⅰ〜Ⅳ期に分け、それぞれの発達の時期に育てたいことやどのような保育内容を考えていくかについて明らかにします。月の計画の立案時のよりどころとなる重要なものなので、一年間、折に触れて参考にしましょう。

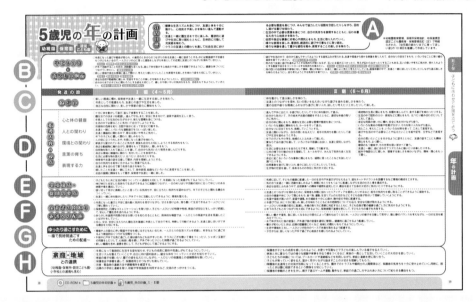

## Ⓐ 年間目標

園の保育・教育目標に沿って設定します。入園から終了までを見通し、どのような過程を経て目標に向かうことができるのか、子どもの発達の視点から考えることが大切です。

## Ⓑ 子どもの姿と育てたい側面

一年間の園生活の流れを予測し、その中で見せる子どもの姿です。各園において、毎年保育実践を重ねる中で捉えた姿なので、それぞれの時期に育てたい幼児の姿でもあります。

## Ⓒ ねらい

全体的な計画を念頭に置き、この時期に育てたいことを、子どもの実態を踏まえて具体的に示します。

## Ⓓ 指導内容の視点

ねらいを身につけていくために、指導する内容です。総合的に考えていくために、5つの発達の諸側面から捉えます。また、一年間という長いスパンなので、指導の「視点」として大まかに押さえましょう。

## Ⓔ 環境構成・援助の要点

指導内容に沿って、具体的な環境の構成や、必要な保育者の関わりや援助の要点を記入します。

## Ⓕ 保育者の関わり　養護への配慮

指導内容に沿って、必要な保育者の関わりや援助の中で、養護への配慮について記入します。

## Ⓖ ゆったり過ごすために　〜園で長時間過ごすための配慮〜

心身の疲れへの配慮や午前中の保育との連携などの留意すべき事項を記載します。

## Ⓗ 家庭・地域との連携　（幼稚園・保育所・こども園・小学校との連携も含む）

家庭への連携事項も含め、それぞれの時期に連携すべき内容や連携の仕方を記入します。

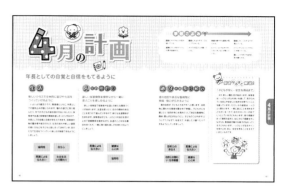

## よくわかる！指導計画の全体

# 指導計画とその展開

年の計画の内容を基に、その月の保育の方向を示しています。月の計画、週の計画、日の計画を考えるときのよりどころにしてください。

月の計画にある「幼児の姿」を読み取る視点とリンクするように、〈生活〉〈人との関わり〉〈遊びへの取り組み〉にふれています。また、「幼児期の終わりまでに育ってほしい姿」の10項目をマークにして記載しています。小学校以上の教育との接続に向けて特に重要性が増してくることに対応します。

## 月の計画

● 立案のポイント

### 月の中で具体的に子どもの育ちを考える

年の計画をよりどころとして、その月における子どもの生活の流れを見通して作成するものです。子どもが充実した生活を送ることができるよう、具体的なねらいや内容、環境の構成を考えます。

「ねらい」を身につけるための「幼児の経験する内容」と、それに沿った「具体的な環境の構成と保育者の援助」の三者のつながりに留意し、作成することが大切です。一人ひとりを大切にしながら、集団としての育ちを図りましょう。

文末のアルファベットは、月の計画と週の計画のねらいの関連を示しています。

### 指導計画から学ぶ　〜保育力アップ〜

本書では、月の計画の中から、子どもたちの「学びの芽」が強く意識できる部分を特に抜き出してマーカーを引き、解説しています。立案の参考にしてください。

## Ⓐ　前月末（今月初め）の幼児の姿

前月末（今月初め）の子どもの生活する姿の記録を読み返し、これまでには見られない、今の時期に顕著に現れてきた姿を特に捉え、記載します。

クラス全体を見渡し、よく見られる、あるいは共通に見られる姿に絞って取り上げます。特に、子どもの生活への取り組み方、人との関わり方、興味や関心・遊びの傾向などを具体的な３つの視点として重点的にまとめます。

### 幼児の生活する姿を捉えるポイントとして

幼児の姿を捉える際に、各園で保育者が共通の視点をもつように努めることが大切です。保育は総合的に指導されるものなので、５領域を踏まえますが、教科のように区切ることはしません。いきなり５領域で具体的な姿を読み取ることが難しいからです。本指導計画では、より子どもの姿を具体的に捉えやすい視点として「生活」「人との関わり」「遊びへの取り組み」の３点を挙げています。保育指針や教育・保育要領でも総合的に保育していくことの大切さが示されています。

参考文献：文部科学省『幼稚園教育指導資料第1集・指導計画の作成と保育の展開』平成25年7月改訂、P.43

## Ⓑ　クラスづくり

クラスが子ども一人ひとりを生かす集団であるためには、保育者の働き掛けが必要です。一年間を見通し、時期に応じて適切な働き掛けをするための視点として今月のクラスがどうなってほしいかを記載します。

## Ⓒ　ねらい

前月末（今月初め）の子どもの姿から、育ちつつあるもの（こと）や保育者が育てたいもの（こと）をねらいとして記載します。

ねらいを設定するには、一人ひとりの興味や関心などに目を向けることが大切です。

ねらいと内容は、園生活における子どもの発達過程を見通した、子どもの生活の連続性、興味や関心、発達の実情などに応じたものにします。

## Ⓓ　幼児の経験する内容

子どもがねらいを身につけていくためには、どのような経験を積み重ねていくことが必要なのか、具体的な子どもの生活に沿って考えます。

子どもが経験する事項は、保育者の指導する事項でもあります。

## Ⓔ　環境の構成と保育者の援助

環境の構成として、子どもが発達に必要な経験をしぜんに積み重ねていくために適切な環境や、具体的に必要な物などを記載します。特に季節などの周囲の環境を取り入れながら、その月のねらいや内容に沿った環境の構成を考えます。

保育者の援助には、子どもがねらいを身につけていくために適切な保育者の援助を記載します。遊びの動線に配慮した空間の構成、遊具や物の吟味や、子どもとどう関わるかなど、子どもが自ら展開できるものについて、具体的に記述します。

※本書の月の計画では、それぞれの環境構成と援助に込める保育者の意図を、視点として小見出しにしています。

## Ⓕ　ゆったり過ごすために　〜園で長時間過ごすための配慮〜

○幼稚園では教育課程時間外の預かり保育など、保育所では開所時間の最大の利用などにより、園で長時間過ごす子どもへのニーズが高まっています。特に心身の疲れへの配慮や午前中の保育との連携などの留意すべき事項を記載します。

○季節や年中行事など、その月ならではの体験を取り入れたり、地域資源を活用したりするなど、地域や家庭での生活を支援することにも配慮します。

○幼稚園・保育所・認定こども園を想定し、「幼保連携型認定こども園教育・保育要領」の総則（※）に基づき、指導計画に位置付けます。

※長時間にわたる保育については、園児の発達の過程、生活リズム及び心身の状態に十分配慮して、保育の内容や方法、職員の協力体制、家庭との連携などを指導計画に位置付けること。

## Ⓖ　健康・食育・安全への配慮　（養護の視点も含む）

要領、指針、教育・保育要領に、健康・食育・安全に関する内容が書かれていることを受けて、養護の視点も含みながら、当月配慮することを具体的に記載します。

## Ⓗ　家庭・地域との連携　（保護者への支援も含む）

保護者の幼児期の教育に関する理解を深めることと、小学校教育との円滑な接続のための連携を目的とします。その月の園生活を考えるにあたって、家庭や地域との連携で特に留意することを記載します。この欄は、家庭への連絡から地域環境を生かすことまで、幅広く考えています。特に、家庭との連携については、家庭で自信をもって子育てができるための支援について具体的に書きます。

## Ⓘ　保育者のチームワーク

クラス担任間、預かり保育担当、特別支援担当、早朝保育や延長保育の担当、看護師や栄養士など、様々な保育者が子どもに関わります。チームワークとして大切にしたいことを記載します。

## Ⓙ　反省・評価のポイント

指導計画の改善を図ることが目的です。その月の反省・評価の観点を記載しています。保育の評価は、指導の過程の全体に対して行なわれるものであり、「子どもの発達の理解」と「保育者の指導の改善」の両面から行なうことが大切です。

# 週の計画

## 一週間の保育記録を読み返して

月の計画を基に、前週のねらい、内容、環境の構成、保育者の援助のそれぞれについて反省・評価することが、週の計画を作成するスタートです。
一週間の保育記録を読み返し、心に残る子どもの姿から、「なぜこのような行動を取るのか」「何が育ちつつあるのか」「そのためにどうするのか」などについて検討し、ねらい、内容、環境の構成、保育者の援助を考えます。

※月により5週分を4週分に分けている場合があります。

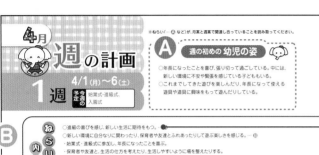

ねらいの文末のアルファベットは、月の計画と週の計画のねらいの関連を示しています。

## Ⓐ 前週（週の初め）の幼児の姿

前週（週の初め）の生活について記録を参考にしながら振り返り、特に心に残る幾つかの出来事から、子どもの思いや経験していることを捉えて記載します。

## Ⓑ ねらい

前週の幼児の姿から、子どもの中に育てたいことを「ねらい」とします。ねらいは様々な経験を積み重ね、次第に身につくものなので、同じようなねらいが何週間か続くこともあります。
前週の週の計画を反省・評価し、週のねらいと照らし合わせ、その週のねらいを設定することが大切です。

## Ⓒ 内容

週のねらいを身につけるために、子どもがどのような経験をすればよいのか、前週の子どもの活動を思い浮かべながら、具体的に記載します。子どもが経験する事項は、保育者の指導する事項でもあります。

## Ⓓ 具体的な環境

その週のねらいを子どもが身につけていくためには、あらかじめどのような環境が用意されれば良いのか、前週の子どもの活動に沿って具体的に考えます。子どもの興味や関心、遊びの動線が手掛かりとなります。

## Ⓔ 保育者の援助

子どもがねらいを身につけていくために活動する中で必要な保育者の援助を記載します。

## Ⓕ 予想される幼児の活動

あらかじめ用意された環境に関わって生み出される子どもの活動を予想して記載します。

## Ⓖ 反省・評価のポイント

その週の反省・評価の観点を記載します。具体的な指導に対する子どもの姿を捉えることが、次のよりよい指導を生み出すことを踏まえ、指導と発達の姿の両面から考慮した主なポイントを示します。

# よくわかる！ 指導計画の全体

## 日の計画

### 立案のポイント

## 昨日から今日、明日へ、生活の流れを捉えて

週の計画から更に掘り下げて、「昨日から今日へ」「今日から明日へ」の生活の流れを見通して作成します。
特に、前日の子どもの姿から、一人ひとりの行動の理解を深め、その日の子どもの活動の姿を思い描きながら、場のつくり方や必要な遊具・用具、その配置、保育者の関わりなどを具体的に記入します。

### B 内容

日のねらいを身につけるために、子どもがどのような経験をすればよいのか、前日の子どもの活動を思い浮かべながら、具体的に記載します。子どもが経験する事項は、保育者の指導する事項でもあります。

### C 環境を構成するポイント

その日のねらいを子どもが身につけていくためには、あらかじめどのような環境が用意されれば良いのか、前日の子どもの活動に沿って具体的に考えます。子どもの興味や関心、遊びの動線が手掛かりとなります。

### D 予想される幼児の活動

あらかじめ用意された環境に関わって生み出される子どもの活動を予想して記載します。

### E 保育者の援助

子どもがねらいを身につけていくために活動する中で必要な保育者の援助を記載します。

### A ねらい

前日の姿から、子どもの中に育てたいことを「ねらい」とします。ねらいは様々な経験を積み重ね、次第に身につくものなので、同じようなねらいが何日間か続くこともあります。
前日の日の計画を反省・評価し、日のねらいと照らし合わせ、その日のねらいを設定することが大切です。

### F 反省・評価のポイント

その日の反省・評価の観点を記載します。具体的な指導に対する子どもの姿を捉えることが、次のよりよい指導を生み出すことを踏まえ、指導と発達の姿の両面から考慮した主なポイントを示します。

第1章　指導計画の基本を学ぼう

25

# その他の保育に関わる 様々な計画

## 園生活全体を捉えて

全職員で共通理解をもったり、家庭や地域と協力したりしながら立案します。

### 施設の安全管理

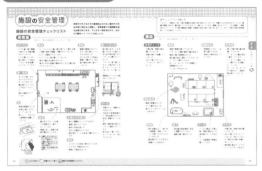

保育中の事故防止を目的に、保育室内外の安全点検が求められます。全職員で共通理解をもつためにも、特に気を付けておきたい項目について、チェックリストを作成しておくことは有効です。

### 避難訓練

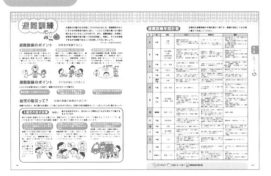

火災や地震などの災害発生に備えて、園全体で避難訓練を実感したり、職員の役割分担について把握したりすることで、「災害時に取るべき行動を知り、身につける」ことをねらいに進めましょう。

### 健康支援

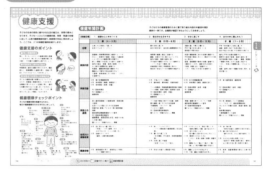

一人ひとりの子どもの健康の保持及び増進に努めるために、日々の健康観察や、保健活動、家庭と連携して行なう内容についても、把握しておくようにしましょう。

### 食育

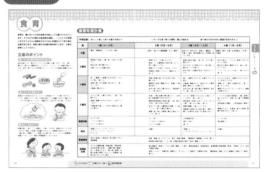

子どもにふさわしい食生活を展開できるように、食育に関する計画を立てて取り組みましょう。

### 子育て支援

通園する子どもの保護者に対する支援だけでなく、地域での子育て支援の拠点としても、園の役割があります。

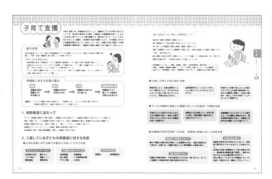

## 指導計画 作成のヒント

# 書き方のコツ

指導計画を書くうえで、押さえておきたい実践的な書き方のルールから、より書きやすくなるためのヒントまで、全体にわたって活用できる6つの項目をご紹介します。

## ❶ 子ども主体で書く

「させる」という表現を使うと、保育者主導で従わせる保育のニュアンスが強まってしまいます。子どもが自ら環境に関わって保育をするためにも、子ども目線の文章を心掛けましょう。

**ねらい**
✕ 身近な自然にふれさせながら、戸外で遊ぶ心地良さを感じさせる。➡
○ 身近な自然にふれながら、戸外で遊ぶ心地良さを感じる。

## ❷ 現在形で書く

指導計画はその時期の子どもの姿をイメージして書くものです。ですが、すべて現在形で書くようにします。

**内容**
✕ 園庭の草花や虫を見たり触ったりするだろう。
➡
○ 園庭の草花や虫を見たり触ったりする。

## ❸ 子どもを肯定的に捉える

子どもの姿を捉えるとき、「〜できない」とばかり書くのではなく、「〜はできるようになってきた」など、プラス視点で捉えることを心掛けましょう。子どもがどこまでできるようになってきたかを見る目も養えます。

**子どもの姿**
✕ 身の回りのことを一人でできない。➡
○ 身の回りのことを保育者に手伝ってもらいながら、取り組んでいる。

## ❹ 目に浮かぶように書く

保育を進めるためにはある程度の具体性が必要です。子どもの姿を見極めてもう少し詳しく書くことで、子どもの姿を書きやすく、ねらいを立てやすく、援助を考えやすくなります。

**子どもの姿**
✕ 春の自然にふれたり、運動したりして遊んでいる。➡
○ 花摘みや虫探しなど春の自然にふれたり、戸外で体を動かしたりして遊んでいる。

## ❺ 前の月の計画を参照する

前の月の計画は子どもの育ちを知るための重要な手掛かりです。発達の連続性を踏まえて、子どもの育ちにつなげましょう。

## ❻ より大きな計画を参照する

全体的な計画や年の計画など、より長期で子どもの姿を捉えた計画を参照し、月の計画に下ろしていくことが大切です。

全体的な計画
↓
年の計画
↓
月の計画

# 0〜5歳児の発達を見通す目安

| | 0歳児 | 1歳児 | 2歳児 |
|---|---|---|---|
| **発達の過程** | 特定の保育者との愛着関係が形成され、寝返りやお座りができるように。周囲の環境に自発的に興味を示し、手を伸ばして触り、口に持っていくようになる。また、自分の気持ちを表情や喃語（なんご）などで表現する。 | 一人で歩き始め、自分から周囲の環境を積極的に探索する。親しい保育者には簡単な言葉で要求や思いを表現するが、知らない人に対しては、人見知りもする。また、物を見立てて楽しむようになる。 | 手指や体の運動機能が向上し、生活習慣に自ら取り組もうとする。自我の芽生えや言葉の発達に伴い、自己主張も強くなり、友達と物の取り合いが多くなる。また、好きなヒーローなどになり切る遊びが盛んになる。 |

## 子どもの姿

### 健やかに伸び伸びと育つ

**0歳児**

**ごくごく飲んでぐっすり眠る**
生活リズムが大切にされることで、生理的欲求、依存的欲求が満たされ、生命の保持と生活の安定が図られます。清潔で気持ちの良い生活をします。

**抱っこ大好き**
抱っこでにっこりと見つめ合ったり、笑顔を交わしたり、優しく話し掛けてもらったりなど、特定の保育者との愛情豊かで応答的な関わりにより、情緒が安定します。

### 身近な人と気持ちが通じ合う

**手足ぐんぐん・のびのび**
首が据わり、寝返り、腹ばい、ハイハイ、伝い歩きなど、全身の動きが活発になり、自分の意思で体を動かそうとします。

**なんでも口で試してみたい**
オッパイを吸って、たっぷり口唇の力を使います。気になる物があると、すぐに口元へ持っていき、口の中で感触を確かめ、試してみようとします。

**ねえ、ねえ、こっち見て・喃語**
泣く、笑う、喃語を発するなどで、自分の欲求を表現して、特定の大人と関わろうとするようになります。

### 身近なものと関わり感性が育つ

**おんも（お外）、大好き!**
安心できる人的・物的環境の下で、見たり触れたりする機会を通して、周りの環境に対する興味や好奇心が芽生えてきます。

**先生がいるから遊べるよ**
保育者に見守られて、玩具や身の回りの物で一人遊びを十分に楽しむようになります。

---

**1歳児**

**健康**

**わーい、歩けた**
一人立ち、歩行へと移っていきます。体全体を動かし、移動を楽しむようになります。子どもの視野が広がり、好奇心が旺盛になります。

**おいしく食べて、よく眠り**
楽しい雰囲気の中で、食事、間食をとるようになり、自分で食事をしようとするようになります。安全で健康な環境の中、生活リズムが大切にされ、安心して睡眠をとります。

**人間関係**

**自分で、自分で**
安心できる保育者との関係の下、食事、排せつ、衣服の着脱などの身の回りのことを通して自分でしようとし、「自分にもできる」という気持ちが芽生えます。

**いつも一緒にいたいの**
親しい大人、安心できる人と一緒にいたいと思い、人見知りもするようになります。親しい大人を確かめながら、様々に探索します。

**環境**

**登りたい、滑りたい**
段差を登ったり、乳児用滑り台を滑ったりすることを楽しみます。自分からいろいろな環境に関わろうとするようになります。

**何でも見たい触りたい**
手先・指を使って、物のやり取りをしたり、玩具を触ったり、紙を破いたり、穴に小石を落としたりなど、探索活動が活発になります。

**言葉**

**「マンマ」「マンマ」片言でお話**
応答的な大人との関わりにより、指さし、身振り、片言などを使って、自分の気持ちを伝えようとするようになります。

**表現**

**これなあに?**
言語の理解が進みます。「なに?」と聞いたり、指さしをしたりして、物の名前を知りたがるようになります。

---

**2歳児**

**いっぱい走りたい!**
歩く・走る・跳ぶなどの基本的な運動機能が整い始め、体を自分の思うように動かすことができるようになります。速い・遅い・強い・弱いなどの動きもできるようになってきます。

**よいしょ よいしょ 楽しいね**
またぐ・くぐる・よじ登る・押すなど、全身を使う動きや、つまむ・丸める・めくるなどの手や指を使う動きができるようになり、それを遊びとして楽しむことができるようになります。

**なんでも「ジブンデ」するの**
大人に手助けされながら、食事・排せつ・着脱など、簡単な身の回りのことを自分でしようとします。「ジブンデ」と、よく言うようになります。

**イヤダイヤダ**
何でも意欲的にやろうとしますが、うまくいかないときは、癇癪（かんしゃく）を起こしたり、「イヤ」と自己主張をしたりします。保育者との関係を中心にするのではなく、一人で行動しようとし、自我がはっきりしてきます。

**いろんなものと関わりたい**
行動範囲が広がり、友達との関わりを少しずつ求めるようになります。興味を惹かれるものがあると、ますます探究心を発揮します。

**「なんで?」**
挨拶や返事など、生活に必要な言葉を使ったり、「なんで?」などの質問が盛んに出てきたりします。繰り返しのある言葉を喜んだりもします。

**何でも言えるよ**
自分のしたいこと、してほしいことを言葉で表現できるようになってきます。また、「おはよう」「いただきます」などの簡単な日常の挨拶をしようとします。

**まねっこ、大好き**
周りの人の行動に興味を示し、盛んにまねたり、歌ったりするようになります。○○になったつもりの遊び・見立てる遊びが盛んになります。

子どもたちの6年間の発達していく姿を見通す目と、子どもたちの今の姿を読み取る目をもち、指導計画を立てていきましょう。

※発達には個人差があります。
※指導計画を理解するときの基盤としてください。

## 3歳児

生活習慣が次第に自立に向かう。気の合う友達と一緒の遊びが盛んになり、ごっこ遊びを楽しむようになる。また、言葉への関心が強くなり、新しい言葉や直接体験を通した知識を積極的に取り入れていく。

### 全身を使って おもしろーい
土踏まずが形成され、たくさん歩いたり走ったりできるようになります。また、右足だけで立つなど、左右別々の行動ができ始めます。

### 見て見て 自分で…
食事、排せつ、衣服の着脱、清潔など、基本的生活習慣がほぼ自分でできるようになり、認めてもらって自信をもち始めます。

### そばにいるだけで楽しい
子ども同士の関わりが楽しくなり、みんなのそばにいて同じことをしているだけでうれしさを感じます。保育者に見守られている安心感が基盤となります。

### お友達大好き
自我が芽生え、大人との関係から次第に周りの人のことが分かるようになって、友達に興味をもち始め、気の合う友達と遊びだします。

### みんなと「おんなじ」がおもしろい
友達とイメージを共有して同じ遊びをするようになり、仲間意識が高まります。みんなと「同じ」がうれしく、一緒に遊ぶ中で、少しずつ、分け合ったり順番を守ったりすることができるようになってきます。

### 何でも触って…
水、砂、土などの自然物や、身近な動物、昆虫などに関心をもち、怖がらずに見たり、触れたりして、好奇心いっぱいに遊びます。

### おしゃべり大好き
自分の思いを言葉にできることを楽しむ姿が見られます。また、「だって…」と理由を主張することもできるようになります。

### 「わたし」「あなた」
イメージが豊かになり、ごっこを好み、言葉によるやり取りを楽しむ中で「わたし」などの一人称や、「あなた」などの二人称を使えるようになって喜んで遊びます。

### ウサギさん ぴょーん
ウサギになって2拍子で跳んだり、ギャロップでウマになったり、リズムを聞き分けて身体表現をしたり、盛んに歌うようになったりします。スキップに挑戦し始める子どももいます。

## 4歳児

幾つかの動きを同時にでき、思い切り走る、ボールを蹴る、回転するなどの動きに挑戦するようになる。友達に言葉で気持ちや意思を伝え、一緒に遊びを進める。また、様々な表現を楽しめるようになる。

### 何でも一人でするよ
身の回りの始末はほとんど自分でできるようになり、生活の流れに見通しがもてます。

### こんなに動けるよ
全身のバランスが取れて、体の動きが巧みになり「〜しながら〜する」という二つの動きを同時にでき、片足跳びやスキップができます。

### 仲間と一緒が楽しい
自意識がしっかりし、自分と他人の区別もはっきりしてきます。人や物をじっくり見たり、強い関心をもって関わったりして活動が広がります。とにかく仲間と一緒にいることが楽しく、やがて仲間との関わり方、遊び方を体得していきます。

### どうぞ、いいよ…
友達の思いに気付き「〜だけど〜する」という自分の気持ちを押さえて我慢したり、譲ったりができるようになってくる反面、抑えがきかずトラブルも起きます。

### やってみたい!
新しい活動にも取り組めるようになり、試す・工夫する・頑張ろうとするなどの気持ちが見られるようになります。

### 生き物や植物にも心があるよ
鳥や虫、花にも目には見えないけれど、心があると思い、子どもらしい空想力や想像力を広げていきます。そのため、お化けや夢、暗闇に恐れも強くなります。

### 「どうして?」
身近な自然など、興味をもったこと、疑問に思ったことの理由を尋ねたり、試したりするようになり、自分のイメージをもって話すようになります。

### 言葉で何でも伝えたい
周りの様々なことに関心が高まり、他人の判断や行動と自分の考えとの相違に気付き、盛んに保育者に伝えてきます。言葉に出して、伝えることが満足で、聞いてもらっただけで安心感を味わいます。

### こんなのできたよ
自分なりのイメージをもって、身近な素材を使って、描いたり作ったりするようになり、感じたこと、考えたことを表せるようになります。

### できない! 教えて!
どうしてもできないことは「やって!」と言ってきます。保育者のやることをじっと見て学んでいき、やがて保育者がしたような方法で物や人との関わりを表していきます。

## 5歳児

基本的な運動や生活習慣が身につき、生活や遊びを仲間と協調的に進めていくことができる。友達と協同的な集団活動を展開できるようになり、自分の思いを言葉や様々な方法で表現できるようになる。

### 園が楽しい!
基本的な生活習慣が自立し、見通しをもって自ら健康で安全な生活(食事を含む)を楽しむようになります。年長児として、年下の子どもをいたわるようになります。

### 動いて、元気! 先生より跳べるよ!
目と手と体の全ての部位が自由に動かせるようになり、複合応用運動ができます。

### みんなと一緒に!
友達同士の仲間意識ができ、集団を意識するとともに友達の良さに気付きます。また、規範意識が高まり、決まりや時間配分をつくり、園生活を自主的に送ろうとします。

### そうだ そうだ 分かるよ
友達の気持ちや立場が理解でき、他者から見た自分も分かるようになり、葛藤しながら共感性が高まって、協同しつつ、共通の目的に向かう姿が見られます。

### なにか おもしろそうだな
日常生活の中で、数量、図形、記号、文字、磁石などへの理解が深まり、比べたり、数えたり、科学遊びをしたりして興味をもって関わります。

### みんな命があるんだね
動植物の飼育栽培など、様々な環境に関わる中で、友達の違う考えにふれて新しい考えを生み出したり、命の大切さが分かったりするようになります。

### 黙って考えてるの
独り言が少なくなり、自分の行為、計画を頭の中で思考するようになり、言葉で自分をコントロールするようになります。落ち着いて人の話が聞けるようになります。

### 言葉遊びができるよ
語彙(ごい)が増え、想像力が豊かになるとともに、日本語の仕組みに気付き、しりとり遊びや逆さ言葉で遊んだり、伝える喜びを感じたりするようになります。

### 自分で作ったよ
生活の中での感動によりイメージを膨らませたり、友達の表現にふれたりして、自己表現をしようとするようになります。

### みんなで作ったよ
友達と共通のイメージや目的意識をもって、素材や用具を適切に使い、協同で様々な表現をするようになります。

心と体 健康な／自立心 協同性／道徳性・規範意識の芽生え／社会生活との関わり／思考力の芽生え／自然との関わり・生命尊重／数量や図形、標識や文字などへの関心・感覚／言葉による伝え合い／豊かな感性と表現

# 要領、指針、教育・保育要領から ねらい・内容をチェック！

幼稚園教育要領と、保育所保育指針と幼保連携型認定こども園教育・保育要領の（満）3歳以上児の保育に関するねらい及び内容は、ほぼ共通の表現です。じっくり読んで、指導計画に生かしましょう。

## （満）3歳以上児

### ア 健康

健康な心と体を育て、自ら健康で安全な生活をつくり出す力を養う。

（ア）ねらい

① 明るく伸び伸びと行動し、充実感を味わう。

② 自分の体を十分に動かし、進んで運動しようとする。

③ 健康、安全な生活に必要な習慣や態度を身に付け、見通しをもって行動する。

（イ）内容

① （先生／保育士等／保育教諭等）や友達と触れ合い、安定感をもって行動する。

② いろいろな遊びの中で十分に体を動かす。

③ 進んで戸外で遊ぶ。

④ 様々な活動に親しみ、楽しんで取り組む。

⑤ （先生／保育士等／保育教諭等）や友達と食べることを楽しみ、食べ物への興味や関心をもつ。

⑥ 健康な生活のリズムを身に付ける。

⑦ 身の回りを清潔にし、衣服の着脱、食事、排泄などの生活に必要な活動を自分でする。

⑧ （幼稚園／保育所／幼保連携型認定こども園）における生活の仕方を知り、自分たちで生活の場を整えながら見通しをもって行動する。

⑨ 自分の健康に関心をもち、病気の予防などに必要な活動を進んで行う。

⑩ 危険な場所、危険な遊び方、災害時などの行動の仕方が分かり、安全に気を付けて行動する。

### イ 人間関係

他の人々と親しみ、支え合って生活するために、自立心を育て、人と関わる力を養う。

（ア）ねらい

① （幼稚園／保育所／幼保連携型認定こども園）の生活を楽しみ、自分の力で行動することの充実感を味わう。

② 身近な人と親しみ、関わりを深め、工夫したり、協力したりして一緒に活動する楽しさを味わい、愛情や信頼感をもつ。

③ 社会生活における望ましい習慣や態度を身に付ける。

（イ）内容

① （先生／保育士等／保育教諭等）や友達と共に過ごすことの喜びを味わう。

② 自分で考え、自分で行動する。

③ 自分でできることは自分でする。

④ いろいろな遊びを楽しみながら物事をやり遂げようとする気持ちをもつ。

⑤ 友達と積極的に関わりながら喜びや悲しみを共感し合う。

⑥ 自分の思ったことを相手に伝え、相手の思っていることに気付く。

⑦ 友達のよさに気付き、一緒に活動する楽しさを味わう。

⑧ 友達と楽しく活動する中で、共通の目的を見いだし、工夫したり、協力したりなどする。

⑨ よいことや悪いことがあることに気付き、考えながら行動する。

⑩ 友達との関わりを深め、思いやりをもつ。

⑪ 友達と楽しく生活する中できまりの大切さに気付き、守ろうとする。

⑫ 共同の遊具や用具を大切にし、皆で使う。

⑬ 高齢者をはじめ地域の人々などの自分の生活に関係の深いいろいろな人に親しみをもつ。

### ウ 環境

周囲の様々な環境に好奇心や探究心をもって関わり、それらを生活に取り入れていこうとする力を養う。

（ア）ねらい

① 身近な環境に親しみ、自然と触れ合う中で様々な事象に興味や関心をもつ。

② 身近な環境に自分から関わり、発見を楽しんだり、考えたりし、それを生活に取り入れようとする。

① 自分の気持ちを言葉で表現する楽しさを味わう。
② 人の言葉や話などをよく聞き、自分の経験したことや考えたことを話し、伝え合う喜びを味わう。
③ 日常生活に必要な言葉が分かるようになるとともに、絵本や物語などに親しみ、言葉に対する感覚を豊かにし、（先生／保育士等／保育教諭等）や友達と心を通わせる。

**（イ）内容**

① （先生／保育士等／保育教諭等）や友達の言葉や話に興味や関心をもち、親しみをもって聞いたり、話したりする。
② したり、見たり、聞いたり、感じたり、考えたりなどしたことを自分なりに言葉で表現する。
③ したいこと、してほしいことを言葉で表現したり、分からないことを尋ねたりする。
④ 人の話を注意して聞き、相手に分かるように話す。
⑤ 生活の中で必要な言葉が分かり、使う。
⑥ 親しみをもって日常の挨拶をする。
⑦ 生活の中で言葉の楽しさや美しさに気付く。
⑧ いろいろな体験を通じてイメージや言葉を豊かにする。
⑨ 絵本や物語などに親しみ、興味をもって聞き、想像をする楽しさを味わう。
⑩ 日常生活の中で、文字などで伝える楽しさを味わう。

## オ　表現

感じたことや考えたことを自分なりに表現することを通して、豊かな感性や表現する力を養い、創造性を豊かにする。

**（ア）ねらい**

① いろいろなものの美しさなどに対する豊かな感性をもつ。
② 感じたことや考えたことを自分なりに表現して楽しむ。
③ 生活の中でイメージを豊かにし、様々な表現を楽しむ。

**（イ）内容**

① 生活の中で様々な音、形、色、手触り、動きなどに気付いたり、感じたりするなどして楽しむ。
② 生活の中で美しいものや心を動かす出来事に触れ、イメージを豊かにする。
③ 様々な出来事の中で、感動したことを伝え合う楽しさを味わう。
④ 感じたこと、考えたことなどを音や動きなどで表現したり、自由にかいたり、つくったりなどする。
⑤ いろいろな素材に親しみ、工夫して遊ぶ。
⑥ 音楽に親しみ、歌を歌ったり、簡単なリズム楽器を使ったりなどする楽しさを味わう。
⑦ かいたり、つくったりすることを楽しみ、遊びに使ったり、飾ったりなどする。
⑧ 自分のイメージを動きや言葉などで表現したり、演じて遊んだりするなどの楽しさを味わう。

③ 身近な事象を見たり、考えたり、扱ったりする中で、物の性質や数量、文字などに対する感覚を豊かにする。

**（イ）内容**

① 自然に触れて生活し、その大きさ、美しさ、不思議さなどに気付く。
② 生活の中で、様々な物に触れ、その性質や仕組みに興味や関心をもつ。
③ 季節により自然や人間の生活に変化のあることに気付く。
④ 自然などの身近な事象に関心をもち、取り入れて遊ぶ。
⑤ 身近な動植物に親しみをもって接し、生命の尊さに気付き、いたわったり、大切にしたりする。
⑥ 日常生活の中で、我が国や地域社会における様々な文化や伝統に親しむ。
⑦ 身近な物を大切にする。
⑧ 身近な物や遊具に興味をもって関わり、自分なりに比べたり、関連付けたりしながら考えたり、試したりして工夫して遊ぶ。
⑨ 日常生活の中で数量や図形などに関心をもつ。
⑩ 日常生活の中で簡単な標識や文字などに関心をもつ。
⑪ 生活に関係の深い情報や施設などに興味や関心をもつ。
⑫ （幼稚園／保育所／幼保連携型認定こども園）内外の行事において国旗に親しむ。

## エ　言葉

経験したことや考えたことなどを自分なりの言葉で表現し、相手の話す言葉を聞こうとする意欲や態度を育て、言葉に対する感覚や言葉で表現する力を養う。

**（ア）ねらい**

## 要領、指針、教育・保育要領から 幼児期の終わりまでに 育ってほしい姿をチェック！

幼稚園教育要領、保育所保育指針、幼保連携型認定こども園教育・保育要領に、幼児期の終わりまでに育ってほしい姿が共通にあります。子どもの育ちを見通しながら、指導計画に生かしましょう。

### ア　健康な心と体
（幼稚園／保育所の／幼保連携型認定こども園における）生活の中で、充実感をもって自分のやりたいことに向かって心と体を十分に働かせ、見通しをもって行動し、自ら健康で安全な生活をつくり出すようになる。

### イ　自立心
身近な環境に主体的に関わり様々な活動を楽しむ中で、しなければならないことを自覚し、自分の力で行うために考えたり、工夫したりしながら、諦めずにやり遂げることで達成感を味わい、自信をもって行動するようになる。

### ウ　協同性
友達と関わる中で、互いの思いや考えなどを共有し、共通の目的の実現に向けて、考えたり、工夫したり、協力したりし、充実感をもってやり遂げるようになる。

### エ　道徳性・規範意識の芽生え
友達と様々な体験を重ねる中で、してよいことや悪いことが分かり、自分の行動を振り返ったり、友達の気持ちに共感したりし、相手の立場に立って行動するようになる。また、きまりを守る必要性が分かり、自分の気持ちを調整し、友達と折り合いを付けながら、きまりをつくったり、守ったりするようになる。

### オ　社会生活との関わり
家族を大切にしようとする気持ちをもつとともに、地域の身近な人と触れ合う中で、人との様々な関わり方に気付き、相手の気持ちを考えて関わり、自分が役に立つ喜びを感じ、地域に親しみをもつようになる。また、（幼稚園／保育所／幼保連携型認定こども園）内外の様々な環境に関わる中で、遊びや生活に必要な情報を取り入れ、情報に基づき判断したり、情報を伝え合ったり、活用したりするなど、情報を役立てながら活動するようになるとともに、公共の施設を大切に利用するなどして、社会とのつながりなどを意識するようになる。

### カ　思考力の芽生え
身近な事象に積極的に関わる中で、物の性質や仕組みなどを感じ取ったり、気付いたりし、考えたり、予想したり、工夫したりするなど、多様な関わりを楽しむようになる。また、友達の様々な考えに触れる中で、自分と異なる考えがあることに気付き、自ら判断したり、考え直したりするなど、新しい考えを生み出す喜びを味わいながら、自分の考えをよりよいものにするようになる。

### キ　自然との関わり・生命尊重
自然に触れて感動する体験を通して、自然の変化などを感じ取り、好奇心や探究心をもって考え言葉などで表現しながら、身近な事象への関心が高まるとともに、自然への愛情や畏敬の念をもつようになる。また、身近な動植物に心を動かされる中で、生命の不思議さや尊さに気付き、身近な動植物への接し方を考え、命あるものとしていたわり、大切にする気持ちをもって関わるようになる。

### ク　数量や図形、標識や文字などへの関心・感覚
遊びや生活の中で、数量や図形、標識や文字などに親しむ体験を重ねたり、標識や文字の役割に気付いたりし、自らの必要感に基づきこれらを活用し、興味や関心、感覚をもつようになる。

### ケ　言葉による伝え合い
（先生／保育士等／保育教諭等）や友達と心を通わせる中で、絵本や物語などに親しみながら、豊かな言葉や表現を身に付け、経験したことや考えたことなどを言葉で伝えたり、相手の話を注意して聞いたりし、言葉による伝え合いを楽しむようになる。

### コ　豊かな感性と表現
心を動かす出来事などに触れ感性を働かせる中で、様々な素材の特徴や表現の仕方などに気付き、感じたことや考えたことを自分で表現したり、友達同士で表現する過程を楽しんだりし、表現する喜びを味わい、意欲をもつようになる。

これなら書ける！ 5歳児の指導計画

# CONTENTS

## 第1章 指導計画の基本を学ぼう ・・・・ 5

### 項目別！ 立案のポイント

### よくわかる！ 指導計画の全体

### 指導計画 作成のヒント

# CONTENTS

## 第2章 子どもの発達に合わせて計画を立てよう ……… 37

# 第2章

# 子どもの発達に合わせて計画を立てよう

年、月、週、日の指導計画例を掲載しています。
月の計画と週の計画の「ねらい」の関連や、子どもたちの「学びの芽」が意識できる解説つきで、保育力が高まります。また、「環境づくりの例」「援助の例」など、どんな園でも応用しやすい文例をたっぷり掲載しています。参考にしながら、自分の園の子どもたちに合わせて指導計画を立てましょう。

# 5歳児の 年の計画

幼稚園　保育園　認定こども園

## 子どもの姿と育てたい側面

○年長になった喜びや期待が見られ、4歳児のときからのつながりのある友達と一緒に遊ぼうとする。中には緊張感や不安感をもつ子どももいるので、一人ひとりの心に添った援助をしながら年長としての自覚と友達とのつながりを深めていきたい。　自立心　協同性　言葉による伝え合い
○戸外で活動することを好み、活動量も多くなる。進んで体を動かす心地良さや楽しさを経験できるようにし、健康な体づくりにつなげていきたい。　健康な心と体
○新しい環境や身近な環境に進んで関わり、考えたり感じたりしたことを表現する楽しさを味わう姿を大切にしていきたい。　思考力　数量や図形　豊かな感性
○身近な自然や動植物に親しみ、世話をすることの楽しさを味わえるようにしたい。　自然との関わり
○自分から年下の子どもに関わろうとする姿を大切にして、優しさや思いやりの気持ちをもち、自信をもてるようにしていきたい。　道徳性・規範意識　社会生活との関わり

## 発達の節　　Ⅰ期（4〜5月）

### ねらい
○新しい環境に慣れ、保育者や友達と一緒に生活する楽しさを味わう。
○年長としての意識をもち、友達との遊びや生活を楽しむ。
○身近な自然に関わり、美しさや季節の変化に興味をもつ。

## 指導内容の視点

**心と体の健康**
**人との関わり**
**環境との関わり**
**言葉の育ち**
**表現する力**

○十分に体を動かして遊び、進んで食事をすることを楽しむ。
○園生活での決まりを確認し、進んで守る。また、安全に気を付けて、遊具や道具を正しく使う。
○年長としての生活の仕方が分かり、新たな習慣を身につける。
○生活の中で必要なことに気付いて自分でする。
○災害時の危険を知り、合図や指示に従って安全に行動する。
○友達と一緒に、いろいろな運動遊びを力いっぱい楽しむ。
○友達と積極的に関わる中で、異なる思いや考えに気付く。
○年下の子どもに優しく関わり、親しみをもつ。
○人の役に立つうれしさや、年長になった喜びを味わう。
○家族から愛されていることに気付き、家族も自分も大切にしようとする気持ちをもつ。
○身近な動植物に触れながら、愛情をもって世話をし、親しみをもつ。
○自然物を取り入れて遊ぶことを通して、自分から気付いたり発見を楽しんだりする。
○身近な環境に積極的に関わり、気付いたことを表現する。
○生活に必要な物を数えたり、比べたり、合わせたりする。
○保育者や友達の話を注意して聞き、内容を理解しようとする。
○自分の気持ちを相手に分かるように言葉で伝える。
○友達と声を合わせて歌う気持ち良さを味わう。
○感じたことを友達と一緒に工夫して、身体表現、絵画などいろいろに表現することを楽しむ。
○お話の展開に興味をもって聞き、保育者や友達と一緒に楽しむ。

## 環境構成・援助の要点

○子どもたちと共に生活の場をつくっていく過程を大切にして、年長組になった実感がもてるようにしていく。
○伸び伸びと安定した気持ちで生活ができるように経験のつながりや、一日のめりはりや活動の流れに沿ってゆとりのある時間や場を構成していく。
○張り切って何かに挑戦したいと思っている気持ちや、役に立ちたい気持ちを認めながら、年下の子どもと関わる機会をつくっていく。
○友達と一緒に体を動かしたり、戸外で十分に活動したりできるように、環境を整える。

## 保育者の関わり　養護への配慮

☆年長になった喜びと不安に揺れ動く気持ちを見守りながら、甘えを受け止め、落ち着いて生活できるよう一人ひとりに丁寧に関わっていく。
☆保育者同士、円滑なコミュニケーションを取り合い、子ども一人ひとりの特徴や性格、家庭の状況などをしっかり把握して、安心して園生活を送れるようにする。
☆あらかじめ遊具や用具の安全な使い方を知らせるとともに、具体的な場面では、一人ひとりの発達や生活を見通したことばがけをしていく。
☆安心、安全、安定に支えられた園生活を基盤に年長として自分で考え、判断して行動できるよう、友達と話し合いができる機会を大切にする。

## ゆったり過ごすために
〜園で長時間過ごすための配慮〜

・環境や人の変化に伴い緊張や不安を感じる子どももいるため、一人ひとりの生活リズムを把握し、好きなように過ごせるよう家庭的なくつろげる空間をつくる。
・午前中に戸外で元気に過ごした後は疲れなども出やすいため、テラスにござを敷いて場をつくったり、シャボン玉遊びの用意をしたりして、心地良い風を感じ、戸外でゆったりとした時間が過ごせるようにしていく。
・新しい職員を含め、連携を密にして、子どもが安心して過ごせるようにする。

## 家庭・地域との連携
（幼稚園・保育所・認定こども園・小学校との連携も含む）

○年長になって意欲的に生活する姿を知らせ、子どもの成長に期待や見通しがもてるようにしていく。
○生活リズムを整えていくことや、自立に向け認め励まし、健全な体をつくっていく大切さを知らせていく。
○家庭の様子を聞いたり、園での様子を伝えたりしながら、一人ひとりの保護者との信頼関係を築いていく。
○保護者会や参観を通して、保護者同士のつながりを育んでいく。
○災害・緊急時の連絡方法や避難場所を確認する。
○近隣の小学校と連絡を取り、校庭や学校施設を利用するなど、交流のきっかけをつくる。

○る必要な態度を身につけ、みんなで協力したり役割を分担したりしながら、目的を成し遂げる喜びを味わう。
○生活の中で必要な言葉を身につけ、自分の気持ちを表現するとともに、伝わる喜びや伝え合う心地良さを味わう。
○自然や身近な事象に好奇心や探究心をもち、生活に取り入れていく。
○様々な表現を楽しみ、意欲的、創造的に遊びや行事などに取り組む。
○様々な体験を通して豊かな感性を育み、表現することの楽しさを味わう。

※幼稚園教育要領、保育所保育指針、幼保連携型認定こども園教育・保育要領改訂（定）で明確化された、「幼児期の終わりまでに育ってほしい姿」の10項目を意識して作成しています。

○遊びや生活の中で、自分から進んでやってみようとする意気込みが見られる。友達や環境から受ける刺激を取り入れて、自分なりの目当てをもち、いろいろなことに取り組む意欲を育てていきたい。 健康な心と体 自立心
○気の合う友達と遊びを進めようとする気持ちが強くなるが、互いに主張がぶつかったり、考えが伝わらなかったりすることもある。互いの思いや考えに気付き、受け入れようとする態度や自分をコントロールする気持ちを育みたい。 自立心 協同性 言葉による伝え合い 道徳性・規範意識
○身の回りの自然事象や事物に対して興味・関心が高まり、友達と一緒によく見たり考えたりしている。直接体験の中で、友達と一緒に試したり工夫したりしながら遊ぶ楽しさを味わえるようにし、自ら考えようとする気持ちを育てたい。 思考力 自然との関わり 豊かな感性

## Ⅱ　期　（6〜8月）

○体を動かして遊ぶ楽しさを味わう。
○友達とのつながりを深め、互いの思いを伝え合いながら遊びを進める楽しさを味わう。
○夏の自然や様々な環境にふれながら遊びに取り入れ、試したり考えたり工夫したりして楽しむ。

○進んで戸外に出たり、水遊びをしたりして十分に体を動かして遊ぶ。
○自分から気付いて、汗の始末や衣服の調節をするとともに、適切な休息の取り方に気付く。
○自分の体に関心をもち、健康な生活に必要な習慣や態度を身につける。
○いろいろな運動に興味をもち、ルールを守って遊ぶ。
○自分なりに目当てをもち、挑戦していこうとする。
○友達と関わりながら、自分の思いを伝えたり、相手の気持ちを聞いたりして遊びや生活を進めようとする。
○年下の子どもや小学生、地域の人とふれあって親しむ。
○夏ならではの遊びを通して、いろいろな不思議に出会い、友達と探究しながら遊ぶ。
○生活に必要な決まりを自分たちで考え、理解して行動する。
○公共の場での行動の仕方を理解して、ルールを守り、みんなで気持ち良く生活できるようにする。
○身近に起こるいろいろな事象に関心をもち、疑問に思ったことなどを試したり調べたりする。
○自然事象を遊びに取り入れ、様々に試したり工夫したりしてみる。
○生き物の世話を通して、命あるものの存在に気付き大切にする。

○栽培物の生長に関心をもち、収穫を楽しんだり、食する喜びを味わったりする。
○生活の中で図形の大小・長短などに関心をもち、比べたり組み合わせたりして工夫して遊ぶ。
○身近な用具の使い方に慣れ、安全に気を付けながら使う。
○いろいろな素材の特徴や性質が分かり、それを取り入れながら遊ぶ。
○見たこと、考えたことを、いろいろな材料を使って、工夫して表現する。
○遊びや生活の中で必要なことや伝えたいことを絵や記号、文字などで表現する。
○自分の言いたいことを分かるように話すとともに、友達の話すことにも興味・関心をもち、よく聞く。
○歌詞のもつ意味や、その世界を思い浮かべて歌う。
○友達と一緒に、曲に合わせてリズミカルに動いたり合奏したりする。
○絵本や物語などに親しみ、想像する楽しさを味わいながら、興味・関心をもって聞く。

○気候に応じて、子どもの健康に配慮した一日の生活や戸外遊びが行えるよう、遮光ネットやパラソルを設置するなど環境の構成を工夫する。
○気の合う友達と一緒に活動を楽しめるよう、時間にゆとりをもつように配慮しながら生活の仕方と場を構成する。
○身近な自然とふれあう中で、自然事象への興味や疑問を追究したり、機会を捉えて生命の大切さに気付いたりできるようにする。

☆友達とのつながりを深めるために、保育者も仲間に加わったりアイディアを提供したりするなど、相手の気持ちを感じ取ることができるように援助する。
☆自分の健康や体について関心をもち、食べ物、運動、生活リズムの大切さなどに子ども自身が気付いて理解していくようにする。
☆気温や湿度が高いので、室温や通風、水分補給を十分に心掛け、熱中症の予防に配慮する。
☆水遊びでは、水に十分に親しみ、楽しさを味わうとともに水の危険性についても伝え、安全な行動が取れるようにする。
☆一人ひとりの体調の変化に配慮し、休息の取り方に柔軟に対応するとともに、子ども自身が夏の健康な過ごし方に気付けるようにする。
☆年下の子どもとのつながりを大切にできるように、保育者間で連携を密にして、子どもたちの様子を共有する。

・厳しい暑さや湿気、急に涼しくなるなどの変化によって疲れも出てくるため、一人ひとりの様子を注意して見守り、動と静のバランスを考えながら、一日の生活を組み立てていく。
・水で体が冷えた後の室温と、戸外遊び後の室温を適切に管理し、健康的に過ごせるよう配慮していく。
・暑さが和らいだときは、近隣の図書館に行くなど、地域との関わりをもてるようにしていく。
・生活や環境を工夫し、一人ひとりが自分のペースで休息を取れるよう配慮する。
・夕方からは、涼しくなった戸外で過ごす心地良さを感じられるようにしていく。

○保護者が子どもの成長を感じられるように、お便りや写真などで子どもの楽しんでいる様子を伝えていく。
○家族と共に夏ならではの様々な経験や家事を手伝う場をつくるなど、家族の一員として生活していくことの大切さを話していく。
○子どもたちの体調については、プールカードや連絡帳などを利用しながら、家庭と連絡を密に取り合う。
○子どもが育っていく姿を伝え、温かく見守りながら励ますことの大切さを理解してもらう。
○降園後の友達同士の交流が活発になってくることから、園外でのトラブルや親同士の人間関係など、保護者の気持ちを十分に受け止めていく。同時に、困ったときは園に相談できるという関係を大切にしていく。
○保護者の参観のときを生かし、親子で遊ぶゲームや運動、製作など、家庭での過ごし方やふれあい方について知らせる機会をもつ。

# 5歳児の年の計画  幼稚園 保育園 認定こども園

| | |
|---|---|
| ○力いっぱい体を動かすことを好み、自分なりの目的をもって頑張ろうとする気持ちが高まっている。また、みんなで一つの目的をもって何かをやり遂げようとする姿が見られる。いろいろな運動遊びを通して、進んで物事に取り組む意欲を育みたい。 健康な心と体 自立心 協同性<br>○良いこと、悪いことについて自分で考え、判断できるようにしていきたい。 道徳性・規範意識<br>○生活経験が広がると同時に友達同士の会話が盛んになり、言葉の表現が豊かになる。自分が話すだけでなく、人の話を聞いて理解する態度を育てたい。 言葉による伝え合い<br>○季節感を味わいながら、自然とじっくり関わる体験を通して、感じる心や考える力を豊かにしたい。 思考力の芽生え 自然との関わり 豊かな感性<br>○地域の人々や高齢者と、ゆったりと関わり、心を通わせる経験を大切にしたい。 社会生活との関わり | ○友達の考えにふれ、試したり工夫したりして新しい考えを生み出す喜びや楽しさを味わえるようにし、自ら考えようとする気持ちを育てたい。 思考力の芽生え<br>○遊びの内容が豊かになり、また、友達の思いや考えを受け入れようとする姿が見られる。共通の目的をもってグループの友達と考えたり工夫したりすることを楽しむ。みんなで取り組み、協力してやり遂げる喜びを味わうことを大切にしたい。 自立心 協同性 道徳性・規範意識<br>○知的好奇心や探究心が高まり、様々なことに積極的に関わろうとする姿が多くなる。思ったこと、感じたことを表現する意欲やイメージを実現する楽しさ、自然に関わって感動する気持ち、数量、図形、文字にも関心をもつなど、知識を獲得する喜びを十分に味わうことを大切にしたい。 自然との関わり 数量や図形 豊かな感性<br>○一人ひとりが大切な存在であることを知り、互いに良さを認め合うようにしたい。 道徳性・規範意識 |
| **Ⅲ 期 （9〜10月）** | **Ⅳ 期 （11〜12月）** |
| ○戸外で体を十分に動かし、友達と一緒にルールを守って遊びや生活を進める楽しさを味わう。<br>○身近な秋の自然にふれ、考えたり、感動したりする。<br>○感じたこと、考えたことを友達と工夫しながら様々な方法で表現する。 | ○身近な自然、社会事象に興味・関心をもち、見通しをもって行動する。<br>○遊びや生活の中で、友達と共通の目的をもち、工夫しながら活動に取り組むことを楽しむ。<br>○友達の気持ちを理解し共感したり、振り返ったり考えたりする。 |
| ○園生活の流れが分かり、大まかな見通しをもって行動する。<br>○安全な使い方を理解して、遊具や用具を使う。<br>○いろいろな運動に興味をもち、進んで行なう。<br>○目的に向かって力を出し、競い合ったり応援したりして、全身を動かして遊ぶ満足感を味わう。<br>○災害時の身の守り方が分かり、保育者や友達と一緒に機敏に避難する。<br>○友達と積極的に体を動かす活動に取り組み、ルールを守って一緒に遊ぶ充実感を味わう。<br>○グループの友達と役割を分担したり、力を合わせたりして、遊びや生活を進める。<br>○友達との関わりの中で、相手の気持ちに気付き受け止め、言葉で伝え合うようになる。<br>○地域の人々や高齢者との関わりを通して親しみをもって心を通わせる。<br>○いろいろな国に関心をもち、親しむ。<br>○身近な動植物に親しみ、遊んだり観察したり調べたりして興味をもって関わる。<br>○様々な自然物を遊びに取り入れながら、季節の変化に関心をもつ。<br>○日常生活の中で数量・図形・位置・時間に関心をもち、生活の中で使って遊ぶ。<br>○体験したり、感じたりしたことを伝わるように言葉で表現する。<br>○遊びに必要な物を、適切な材料を使い、工夫して作ったり飾ったりすることを楽しむ。<br>○友達と表現を工夫して、動いたり踊ったりすることを楽しむ。<br>○友達といろいろな歌をうたったり楽器を使ったりして、曲の感じやリズムの変化を楽しむ。 | ○健康な体づくりに関心をもち、生活のリズムを整えたり、嫌いな食べ物にも挑戦したりして、健康的な生活の習慣を身につける。<br>○遊びの進め方などを友達と話し合い、協力したりルールを守ったりして遊びに取り組む。<br>○友達と思いや考えを伝え合い、試行錯誤して物との関わりを楽しむ。<br>○自分たちで遊びの場を整え、身近に使う物を大切にして丁寧に扱う。<br>○自分の生活に関係の深い情報や、地域の人々に関心をもって関わり、心を通わせる。<br>○身近な自然の美しさや季節の移り変わりに関心をもつ。<br>○自然物など様々な環境を使って遊びを楽しみ、素材の感触や物の性質などに気付いたり調べたりして探究する。<br>○身近な機器や用具の適切な使い方を知り、遊びに生かす。<br>○生活の中の言葉や文字・標識・記号に関心をもち、自分たちの表現したいことを伝える手段として、取り入れて遊ぶ。<br>○生活や遊びの中で数量や図形に興味・関心をもち、数えたり競ったり見通しをもったりする。<br>○友達と一緒に考えたことを遊びの中で実現したり、言葉で表現したりする楽しさを味わう。<br>○様々な素材や用具を活用してイメージを実現しようとする。<br>○いろいろな美しい音、曲に耳を傾け、想像を豊かにしたり、音色の違いを試したり、遊びに生かしたりして楽しむ。<br>○絵本や物語、経験したことから、想像力を豊かに膨らませ、動きや言葉などで表現したり遊びに取り入れたりする。 |
| ○興味や活動意欲の高まりを受け止め、多様な動きが体験できるような環境を工夫する。<br>○園内外の場や地域の施設などを活用し、地域を身近に感じられるようにする。<br>○固定遊具などは、日々安全点検をし、扱い方を正しく指導して、安全に配慮する。<br>○秋の自然物を遊びに取り入れたり、収穫したり味わったりする機会をもつ。<br>☆夏の生活からリズムを立て直し、健康で安全な園生活を送れるようにする。<br>☆一人ひとりの成長の様子を見逃さず、心地良く過ごせるようにしていく。<br>☆活動意欲の高まりとともに生じる競争心や達成感を認め、自信がもてるようにする。<br>☆トラブルの場面では、一人ひとりの気持ちに添いながら、周囲の仲間に伝えたり、クラスで考えたりする機会をつくる。<br>☆クラスの一人ひとりが大切な仲間であり、掛け替えのない存在であることを、機会を捉えて伝え、気付いていくことができるようにする。<br>・運動会に向けて活動が増えることから、一人ひとりの体調に合わせて自分の思うままにゆったり落ち着いて遊べる環境や、休息を取れる場を用意する。<br>・夕方に咲く花や夕焼けの美しさや虫の声を楽しみながら過ごせるようにする。 | ○一人ひとりの多様な取り組み方を受け止め、知的好奇心や探究心をもって関われるように、様々な素材を用意する。<br>○初冬の自然にふれ、自然物を生かしていろいろな表現を楽しめる機会をつくる。<br>○グループ活動を継続して行なえるように、活動の場を保障する。<br>○子どもたちが相談したり、協力したりできるよう、十分な時間を確保し、見通しをもって活動ができるようにする。<br>☆友達の良さと自分の良さに気付き、互いに認め合うように援助していく。<br>☆作品展などでは、イメージを受け止めながら、実現できるように工夫する姿を認めるなど、自分たちで取り組んだという充実感が味わえるようにする。<br>☆自分たちで考えて進めていく活動を通して自分の力を発揮したり、気持ちをコントロールしたりできるように、トラブルなどの機会を捉えて援助する。<br>☆手洗い・うがいの必要性に気付き、自ら健康に過ごそうとする意識をもてるようにしていく。<br>☆流行性の感染症などが見られる時期なので、体調管理に気を付け、換気や室内の温度管理を適切に行なう。<br>・日没が早く、気温も低くなるので、暖かく楽しい雰囲気の中で過ごせるように室内を整える。<br>・友達と取り組む活動が増える時期であることを踏まえ、落ち着いた雰囲気の中で友達と遊べるよう、カードゲームやあやとりなどの遊具を用意する。 |
| ○運動会への取り組みのプロセスを保護者に伝え、子どもの成長する姿を実感し、共に喜び合う。<br>○小学校の運動会に参加しながら、親しみを感じるように小学生との交流を図る。<br>○地域の人々や高齢者との交流にあたっては、事前・事後の細やかな連携に努める。 | ○地域の人材や資源を活用していろいろな人々の仕事に関心をもてるような機会をもつ。<br>○行事や活動への取り組みのプロセスを通して、子ども同士が育ち合う姿を共有していく。<br>○年末年始の体験を通して挨拶の仕方やマナーなどを育んでいけるよう、保護者に協力を依頼する。<br>○小学校行事の参観や小学生との交流を通して子どもの姿を保護者に伝え、就学への見通しをもてるようにする。 |

○生活や活動に見通しをもって自立的に行動し、自ら健康で安全な生活をつくり出すようになる。小学校への入学に期待をもち、自分の力を発揮しながら自信をもって主体的に行動できるようになってほしい。　健康な心と体　自立心
○互いの良さを認め合いながら活動を進める中で目的を共有したり、工夫したり、協力したりするようになってほしい。　協同性
○身近な自然事象や社会事象に対する関心が高まり、積極的に関わるようになる。感じたこと、考えたことを様々な方法で表現しながら探究心を育んでほしい。　社会生活との関わり　思考力の芽生え　自然との関わり　豊かな感性
○言葉による伝え合いを楽しむようになる。相手の気持ちを考えて、自分の思いに折り合いをつけながら行動できるようにしていきたい。　道徳性・規範意識　言葉による伝え合い
○遊びや生活の中で、数量や図形、標識や文字などに関心をもつようになる。場面を捉えて、興味・関心がもてるようにしていきたい。　数量や図形

子どもの姿
と
育てたい側面

## Ⅴ　期　（1〜3月）

発達の節

○それぞれが自分らしさを大切にしながら自信をもって行動し、協力して遊びや生活を進めていく充実感を味わう。
○身近な生活に必要な事物や自然事象に関心をもち、興味をもって関わったり、考えたりして、生活を広げていく。
○友達といろいろな活動に楽しんで取り組みながら、自分の思いや感じたことを言葉で伝えたり豊かに表現したりし、互いの成長を喜び認め合う。

ねらい

○園生活を通して自分で考えながら場面に応じた行動ができる。
○戸外で十分に体を動かし、友達と一緒にいろいろな運動遊びに取り組み、多様な動きを楽しむ。
○風邪やインフルエンザなどの感染症を予防する意識をもって、手洗い・うがいを進めて行なう。
○遊びや生活の中で、安全に気を配り、災害などの緊急時の適切な行動が分かり、安全に行動する。
○生活を共にしてきた友達や年下の子ども、身近な人々と心を通わせ、大きくなった喜びを味わい、感謝の気持ちをもつ。
○友達と共通の目的に向かって、自分たちで役割を分担したりルールを決めたりしながら、主体的に生活や遊びを進める。
○トラブルや困ったことを自分たちで解決しようとする。
○園の生活に見通しをもち、時間を意識して行動する。
○正月、節分、ひな祭りなど、地域の伝統的な行事にふれ、地域の人々や文化に親しみをもつ。
○クラスのみんなで目的や願いを共有し、必要な情報を得て、問題解決のために工夫したり協力したりして、やり遂げようとする。
○地域の公園や図書館での過ごし方が分かり、公共のマナーやルールを守る。
○友達と一緒に身近な環境に関わり、予想したり確かめたり振り返ったりするなど、新しい考えを生み出す喜びを味わう。

○自分の成長を感じ、入学への喜びや期待を膨らませ、意欲的に生活する。
○冬の身近な事象に関心をもち、それを取り入れて遊んだり、物の性質や仕組み、変化に気付いたりする。
○冬から春への自然の変化に興味・関心をもち、不思議などに思いを巡らして友達と一緒に発見を楽しむ。
○身近な動植物の命に気付き、大切にする気持ちをもって関わる。
○自分たちが生活してきた場をみんなで協力しながら、使いやすく整えたり飾ったりする。
○自然事象や様々な出来事の中でイメージを膨らませ、感動したことを言葉や歌、絵など、様々な方法で表現し、伝え合う。
○考えたことや感じたことを相手に分かるように話したり、相手の話を聞いて受け入れたりし、言葉による伝え合いを楽しむ。
○簡単な標識や文字、数、図形などに関心をもち、考えたり、日常生活に取り入れて使ったりする。
○遊びや生活で必要な文字に興味をもち、読んだり書いたりする。
○材料や用具を目的に合わせて選び、友達と一緒に伸び伸びと表現する。
○音楽に親しみ、感じたこと、考えたことなどを、音やリズム、動きで表現する楽しさを味わう。
○絵本や童話に親しみ、物語の世界を想像して友達と表現する。

心と体の健康

人との関わり

環境との関わり

言葉の育ち

表現する力

指導内容の視点

年の計画

○友達やクラス全体で、創作や表現を楽しめるような活動を取り上げ、協同する楽しさや充実感を味わえるような機会を設ける。
○自然とふれあうチャンスを大切にし、発見したり試行錯誤したりする楽しさを十分に味わえるように環境を工夫する。
○5歳児として自分たちが誇りに思ってやってきた役割を、4歳児に分かるように伝える場をつくる。
○小学校生活への移行を意識して一日の生活の流れを知らせ、子ども自身が場や時間に即した行動ができるようにしていく。

環境構成・
援助の要点

☆クラスの中で一人ひとりの良さを認め合い、子ども同士のつながりが更に深まるような援助をする。
☆卒園までの時間を大切にし、園生活を振り返り、仲間といる楽しさや友達と過ごす心地良さを子どもたちと共に味わう。
☆一人ひとりが園生活を通じて培われた力や、自信・誇りをもって就学を迎えられるようにする。
☆風邪やインフルエンザなどが流行する時期なので、保育者間や保護者との連携を密にし、一人ひとりの体調の変化に留意する。
☆非常時の訓練を通してその大切さを知らせ、子どもと約束などを確認しながら、落ち着いて行動できるようにする。

保育者の関わり
養護への配慮

・卒園に向けて緊張や不安を感じることが多くなるので、クラスの友達とゆったりしたり、一人で集中して遊んだりできるものを提案する。
・就学に向けて早寝・早起きの習慣などに配慮し、一日の園生活のリズムを整えていくようにする。

ゆったり過ごすために
〜園で長時間過ごす
ための配慮〜

○小学校への体験入学の参加など、交流の機会が5歳児にふさわしい活動として、入学への期待につながるよう、小学校と連携し、担任間の打ち合わせを行なう。また、小学校の教諭との合同研究の機会を設け、子どもの姿を共有するなどの連携を図り、円滑な接続を図るよう努める。
○初めて就学を迎える保護者の不安が少なくなるよう、小学校と連携し、交流の様子などを保護者に知らせる機会をもつ。
○就学に向けて安心して生活リズムを整えたり、生活に必要な物を自分で用意したりすることができるように園と家庭が協力する。
○園生活を通して経験した様々な人との関わりは、大切な宝であることを感じ、共に卒園を祝えるようにする。

家庭・地域
との連携
（幼稚園・保育所・認定こども園・
小学校との連携も含む）

# 4月の計画

## 年長としての自覚と自信をもてるように

### 新しいクラスで主体的に遊びや生活を
### つくっていけるように

　いよいよ5歳児クラス。緊張感とともに、年長としての意気込みが感じられます。憧れの遊びに取り組んだり、年下の子どもの身支度の手伝いをしたり、保育者や友達と保育室の環境を話し合ったりする中で、年長としての自覚と自信が芽生えてきます。保育室の物の置き場や表示の仕方、生活の流れや新しい遊具の使い方などを子どもと話し合って決めていき、自分たちで生活をつくっていく楽しさが実感できるようにしましょう。

| 協同性 | 自立心 |
|---|---|
| 言葉による伝え合い | 社会生活との関わり |

### 新しい友達関係を築きながら一緒に
### 遊ぶことを楽しめるように

　新しい保育室で保育者や友達との新たな関係づくりが始まります。友達を誘ったり、自分の興味のあることを見つけて遊んだりする中で、新たな友達関係が生まれます。保育者は子ども一人ひとりの良さを受け止めて信頼関係を築きながら、友達のことを知る機会を多くもち、一緒に取り組む楽しさを味わえるようにしましょう。

| 言葉による伝え合い | 健康な心と体 |
|---|---|
| 協同性 | |

## 季節ごよみ

○園庭にサクラなどの花が咲いている。

○道端にタンポポやツクシの芽が出始める。

○園庭にチョウやダンゴムシ、アリがいる。

○サクラの花びらが散っている。

○新緑の鮮やかな緑色が見られる。

○ヒメリンゴ、ヤエザクラ、ハルジオンなどが咲いている。

○園庭にモンシロチョウが飛んでいる。

○ツツジやシロツメクサなどが咲いている。

○園にこいのぼりや五月人形が飾られる。

## 遊びへの取り組み

### 春の自然や身近な動植物に興味・関心が広がるように

　春の自然が、子どもたちを戸外へと誘います。自然物に関われる環境を園全体で準備し、子どもが心を癒したり、知的好奇心を高めたりして身近な動植物に興味・関心が広がるようにし、子どものつぶやきや「どうして？」「なぜ？」を捉えて、共感したり調べたりできるようにしていきましょう。

| 思考力の<br>芽生え | 言葉による<br>伝え合い |
|---|---|
| 自然との関わ<br>り・生命尊重 | 健康な<br>心と体 |

## 保育なるほど解説！

### 「子どもが安心・安定を得るまで」

　4月、新しい園生活が始まります。保育者は、一人ひとりがふれあいを通して、見守られている安心や安定した気持ちを得ていくことを願っています。ただしその過程は、一人ひとり異なります。一緒に遊ぶことを求める子どもがいる一方で、自分のロッカーの前でじっとしている子どももいます。時々視線が合って微笑み返すと、はにかんで視線を外しながらも、緊張感が解ける様子が伝わってくる子どももいます。一人ひとりが送るサインを受け止め、安心・安定を得ることを支えていきたいものです。

# 4月 月の計画

※ねらい(… **Ⓐ** など)が、月案と週案で関連し合っていることを読み取ってください。

## クラスづくり

○進級した喜びを味わいながら、年長としての自覚をもって、新しい生活に意欲的に取り組めるようにしたい。保育者や友達と一緒に場を整えたり、当番活動をしたりしながら、自分たちで生活をつくっていけるようにする。担任や保育室が変わるなど、環境の変化による緊張も受け止め、保育者との信頼関係を築いていく。

## 今月初めの 幼児の姿

### 生活
○年長になった喜びを感じ、張り切って生活している。環境の変化により、戸惑いを感じる子どももいる。
○引き継いだ当番活動に意欲的に取り組もうとしている。
○新たな生活の場に興味をもち、探索したり試したりしている。気付いたことを保育者や友達に話す姿も見られる。

### 人との関わり
○これまで楽しんでいた遊びに取り組んだり、昨年度の5歳児の姿を思い出しながら、新たな遊具や場に興味をもって遊んだりしている。

### 遊びへの取り組み
○4歳児のときから一緒に遊んでいた友達と遊んだり、年下の子どもたちの様子を気に掛けて自分なりに関わろうとしたりしている。
○春の草花や、昨年度中に種をまいた栽培物の様子に関心をもって、見たり触れたりしている。

## ねらい

○進級した喜びを味わい、新しい生活に進んで取り組もうとする。…**Ⓐ**

○興味のあることを見つけたり、友達と関わったりして遊ぶことを楽しむ。…**Ⓑ**

○春の自然や身近な動植物に関わり、興味・関心を広げる。…**Ⓒ**

## 幼児の経験する 内容

○年長になったうれしさや、新しい保育者や友達と関わる喜びを感じる。
○新しい保育室や遊具に興味をもって関わったり、保育者や友達と場を整えたりする。
○新しい生活の流れを知り、しなければならないことを考えて動こうとする。
○当番活動や片付けなどに、進んで取り組む。
○友達と言葉でやり取りを楽しみながら、生活を進めていこうとする。
○クラスの友達と一緒に遊ぶことを楽しみ、つながりを感じる。
○年下の友達に優しく関わり、自分なりにできることをしようとしたり、相手に応じて動こうとしたりする。
○保育者や友達と一緒に、新しい遊びや4歳児のときにしていた遊びをする。
○大型遊具の使い方が分かり、約束をつくり、守って遊ぶ。
○友達と互いの思いを言葉で出し合いながら遊ぶ。
○戸外で様々に体を動かしたり、ルールのある遊びをしたりすることを楽しむ。
○春の自然物に関心を広げ、遊びや生活に取り入れる。
○保育者や友達と一緒に動植物の世話をし、親しみをもったり、生命を感じたりする。

## 家庭・地域 との連携
### 保護者への支援も含む

★年長として張り切って生活している姿をクラス便りや掲示物、送り迎えのときの会話などで、保護者に具体的に伝え、保護者と共に喜び合えるようにする。一方で環境の変化による戸惑いや疲れがあることも伝え、家庭でも"5歳児クラスだから"と期待や負担を掛け過ぎずにゆったりと受け止めてもらえるよう促す。

★保護者会では、年間の保育・教育目標や育ちの見通し、方針などを分かりやすく伝え、信頼関係を築いていく。

★食物などのアレルギーの有無や緊急時の連絡方法などについて、一人ひとりの情報を丁寧に確認し、園内でも対応を共通理解しておく。

## 健康・食育・安全への配慮
### 養護の視点も含む

○体質や既往歴などを、一人ひとりの保護者と丁寧に話し合い、保育者全員で対応を共通理解しておく。また、子どもたちの体調や様子についてこまめに連絡を取り合い、情報を共有していく。

○新しい場や遊具の使い方を、子どもたちと一緒に考えたり確認したりして、安全に遊べるようにしていく。

指導計画から学ぶ　保育力アップ

### 好奇心や探究心をもって春の自然と関わる環境づくり

保育者は、園内外の春の自然環境を把握して積極的に取り入れるなど、子どもの体験を豊かにする環境をつくり出し、子どもが好奇心や探究心をもって見たりふれたりする姿を見守ることが大切です。子どもの気付きを言葉にして伝えることによって自覚を促し、更に自然との関わりが深まるようにしましょう。

# 環境の構成と保育者の援助

## 進級を喜び、新たな生活に進んで取り組めるように

○進級して張り切る姿、環境の変化や新しい生活に不安や緊張を感じる姿など、一人ひとりの気持ちに寄り添い、丁寧に受け止めながら信頼関係を築いていく。

○子どもたちが、新たな環境に興味をもって探索したり試したりする姿を見守っていく。子どもの気付きに共感したり、相談したりし、一緒に保育室の環境をつくり変えたり、クラスの約束を考えたりして生活しやすいように整えていく。

○飼育物の世話は、最初は興味をもった子どもと遊びの中で取り組み、徐々に広まるように働き掛け、段階を踏んで身につくようにする。子どもたちが、生き物と関わる楽しさや喜びを感じ、次第に興味・関心をもてるようにしていく。また、世話の手順を共通理解できるような表示を準備しておく。

○グループ活動を取り入れ、共同製作の楽しさを感じられるように、一人ひとりが主体的に取り組めるようメンバー構成に配慮したり、話しやすいように相談の内容を具体的に示したりする。

## 興味のあることや友達との関わりを楽しむために

○4歳児のときに使っていた材料や物も置いておき、遊びだすきっかけにしていく。また、昨年度の5歳児がしていた遊びをモデルにしながら、遊びを楽しめるようにする。

○環境や友達関係の変化から、遊びを見つけにくい姿や続かない姿にも寄り添っていく。簡単な製作ができる場や材料を知らせたり、身近な自然に保育者も共に関わったりするなど、したいことを見つけるきっかけとなる援助を心掛ける。

○年下の子どもの身支度や午睡などに関わる機会を大切にする。相手の様子を見てできることを考えたり、相手の気持ちに気付いて動いたりする姿を認め、年長としての自信につながるようにする。

## 自然や動植物に興味・関心を広げるように

○身近な自然や栽培物の変化、飼育物の様子など、子どもの気付きを受け止め、共感していく。

○春の自然物に関わり、心地良さを感じながら戸外での遊びを楽しめるような環境を工夫する。

## ゆったり過ごすために… ～園で長時間過ごすための配慮～

### 張り切った気持ちを緩められるように

○年長として、張り切って行動していることから、疲れや緊張も出てくることを考え、体を休めながら、ゆったりと落ち着いて過ごせる時間や雰囲気、環境を整える。パーティションなどで遊びの場を区切り、家庭的な雰囲気の中で自分のペースで過ごせるようにする。

○緊張や不安など、一人ひとりの子どもの様子を受け止め、保育者同士で情報を共有し、安心して過ごせるようにしていく。

### 保育者のチームワーク

★年長としての自信につながるよう、保育者間で連携を取り、様々な場面で取り組みを認めてもらう。

★園庭などで遊びの動線が混乱しないよう打ち合わせ、安全に遊べるようにする。

## 反省・評価のポイント

★進級したことを喜び、意欲をもって過ごせたか。

★保育者や友達と生活したり遊んだりすることを楽しめるような環境を、子どもたちと一緒に構成できたか。

**4月**

# 週の計画

## 1週

4/1（月）〜6（土）

今週の予定：始業式・進級式、入園式

※ねらい（…Ⓐ など）が、月案と週案で関連し合っていることを読み取ってください。

### 週の初めの 幼児の姿

○年長になったことを喜び、張り切って過ごしている。中には、新しい環境に不安や緊張を感じている子どももいる。
○これまでしてきた遊びを楽しんだり、年長になって使える遊具や道具に興味をもって遊んだりしている。

---

**ねらい（○）と内容（・）**

○進級の喜びを感じ、新しい生活に期待をもつ。…Ⓐ
○新しい環境に自分なりに関わったり、保育者や友達とふれあったりして遊ぶ楽しさを感じる。…Ⓑ
・始業式・進級式に参加し、年長になったことを喜ぶ。
・保育者や友達と、生活の仕方を考えたり、生活しやすいように場を整えたりする。
・保育者や友達と、これまでしていた遊びを楽しんだり、新しい遊具や道具に関わって遊んだりする。
・春の草花の美しさに関心をもち、見たり生活や遊びに取り入れたりする。

---

**具体的な環境（◆）と保育者の援助（○）**

○進級を喜び、意欲的に動く姿を認めながら、一人ひとりが自分の思いを出せるようにしていく。一方で、不安や緊張を感じている子どもには、丁寧に声を掛けたり、必要な行動を分かりやすく伝えたりして、安心感をもてるようにしていく。
◆保育室内は、生活の動線や安全面を考え、遊びの場づくりに必要な物は、保育者が用意しておく。材料や遊具の置き場所、表示、その他足りない物などは、子どもの気付きを受け止めながら一緒に考えたり、準備したりする。
○年長として自分たちで生活や遊びを進めていこうとする意識をもったり、しなければならないことを考えて行動したりできるようにことばがけをしていく。
◆安心して遊びだせるように、4歳児のときに慣れ親しんだ物や必要な遊具、用具、材料などを用意しておく。
○保育者も一緒に遊びの中に入り、子どもが始めた遊びの楽しさに共感したり、友達と関わるおもしろさを感じられるようにしたりして関係を築いていく。
○始業式・進級式では、新しい名札を渡したり、遊びや生活の場が変わったことなどをみんなで話したりして、これからの生活に期待がもてるようにする。
○入園式や進級・入園祝い会で、年長として歌や手遊び

を披露することを提案し、意欲をもって取り組めるようにする。歌や手遊びは、進級したばかりの子どもたちにとって無理がなく、年下の子どもたちも楽しめるような内容を工夫していく。
（♪：園歌、『ソレ！ はくしゅ』 など）
○昨年度の5歳児に教わった当番活動を、興味をもった子どもから取り組めるようにバッジを用意し、声を掛け、少しずつ経験できるようにしていく。

○クラスのみんなで歌ったり絵本を見たりして、安心して過ごせるような雰囲気づくりをしていく。
（♪：『春がきたんだ』
絵本：『ころわんは おにいちゃん』 など）
◆身近な草花、サクラの花びらなどをままごとなどに取り入れたり、小動物とふれあったりしながら、春の自然を感じられるよう、環境を整えておく。

---

**反省・評価のポイント**

★保育者や友達と進級の喜びを感じながら、生活することができたか。
★一人ひとりが安心して、新しい環境で遊んだり生活したりできるように、環境構成や援助を工夫できたか。

**4月**

# 週の計画

## 2週 4/8(月)～13(土)

今週の予定 進級・入園祝い会

### 前週の 幼児の姿

○進級したことを喜び、新しい環境に自分から関わろうとしたり、気の合う友達と遊びを楽しんだりしている。
○保育者や友達と一緒に、生活の仕方を考えたり場を整えたりすることを通して、年長になった喜びを感じている様子が見られる。

---

○自分の興味のあることを見つけて遊んだり、友達と誘い合って一緒に遊んだりすることを楽しむ。… **B**
○5歳児クラスでの生活の仕方や役割を話し合い、進んで行動する。… **A C**
・身近な道具や友達の姿に刺激を受け、興味をもって遊びに取り組む。
・身近な動植物に親しみをもって友達と一緒に世話をしようとする。
・一日の生活の流れや自分のグループ、当番の内容などが分かって行動する。
・年下の子どもに関わったり、進級・入園祝い会をしたりして、年長の自覚をもつ。

---

○遊びの中での子どもの発想を十分に受け止め、したいことが実現できるように、保育者も一緒に考えたり、材料や遊具、用具の様々な使い方を知らせたりして関係を築いていく。また、友達の遊び方にも気付けるようにし、自分なりに取り入れて遊べるようにしていく。
（ごっこ遊び、製作、雲梯 など）

◆遊びの場づくりができるよう、遊具や用具を用意したり、場の確保をしたりする。
（巧技台、大型積み木、パーティション など）
◆鬼ごっこや中当てなど、簡単なルールのある遊びができる場を、ラインを引いたり道具を出したりして構成し、自分たちで遊び始められるようにしておく。
○ルールのある遊びでは、互いの姿を意識しながら動くことが楽しめるように、逃げる範囲を決めたりラインを引いて行なう遊びを選んだりする。
（靴取り鬼、中当て、リレー、ドンじゃんけん など）

○進級・入園祝い会では、年長として望ましい態度で参加できるように自覚を促していくとともに、各自の取り組む姿を十分に認め、満足感やうれしさを感じられるようにする。
○年下の子どもたちのために、どんなことをしてあげたいか、どのように接してあげるとうれしいか、などを話し合い、取り組む内容を明確にして、安心して取り組めるようにする。また、関わる姿を認めていく。
○新入園の子どもたちへのプレゼントを考えて作ったり、自分たちが楽しんできた歌をうたったりして、入園祝い会をすることで、年長になったうれしさを感じられるようにする。
（♪：『春がきたんだ』『ポンポンポンと春が来た』など）
◆一日の流れや当番の仕事、週の予定などを絵や文字で分かりやすく表示し、見通しや期待をもち、自分のすることが分かって自分らしさを発揮して過ごせるようにしていく。
○当番活動の内容や手順をクラスのみんなで話し合い、必要感をもって取り組めるようにしていく。
○食事や当番を共にするグループを決めることで、友達に親しみを感じて生活を進められるようにしていく。

---

### 反省・評価 のポイント

★自分の興味のあることを見つけたり、友達と誘い合ったりして遊ぶことを楽しむことができたか。
★年長としての生活の仕方や役割について、子どもと共に話し合い、進めることができたか。

# 4月 週の計画

## 3週 4/15（月）〜20（土）

**今週の予定** 保護者会、身体計測、避難訓練

○**前週の 幼児の姿**

○興味のあることを見つけて遊びだしている。新しい遊具や遊びに取り組む子どもが増え、誘い合って遊び始める姿も見られる。

○5歳児クラスでの生活の仕方が分かってきて、年長としての役割に張り切って取り組む姿が見られる。

## ねらい○と内容•

○身近な自然に興味・関心をもち、取り入れて遊ぶことを楽しむ。… Ⓒ

○数人の友達と言葉などでやり取りをしながら、一緒に活動する楽しさを感じる。… Ⓑ

・春の草花や虫、飼育物などに関わり、不思議やおもしろさを感じたり考えたりする。

・思ったことや考えたことを言葉や動きで表したり、相手の話していることを聞いたりする。

・気の合う友達と一緒に思いを伝え合って製作に取り組んだり、できた喜びを感じたりする。

・落ち着いた態度で避難訓練を行ない、素早く行動する。

## 具体的な環境◆と保育者の援助○

◆こいのぼりを子どもからよく見える所に飾り、季節を感じたり、こいのぼりが風にのって泳いでいる様子を見たりすることができるようにする。

○気の合う2〜3人の友達とグループになり、こいのぼりを製作し、大きな物を作れたうれしさや満足感を感じられるように工夫した所を認めていく。

○手順や相談の進め方や何を決めるのかなどを具体的に知らせ、自分なりに思いを話したり相手の話を聞いたりすることができるようにしていく。

◆どのようなこいのぼりを作るのか、手掛かりとなるように、色や材料、おおまかな形などの決まったことが見て分かるような掲示や用紙を活用する。

◆子どもにとって扱いやすい材料や、新たに経験してほしい材料、用具などを用意する。

（カラーポリ袋、つや紙、エアーパッキン、うろこの型紙、ポスターカラー、セロハンテープ、木工用接着剤　など）

○製作の際は、相手の気持ちに気付けるように、友達同士で声を掛け合ったり確認したりしながら進めていけるよう、見守ったり支えたりしていく。

◆誕生表の人形をいつでも作れるように、場を構成しておく。

（ペーパー芯、紙コップ、画用紙、布、発泡球、毛糸、ボタン、綿ロープ、リボン　など）

◆遊びに使ってもよい植物とそうでない物との見分けが自分なりにつくように、花の状態を知らせたり表示を用いたりして知らせていく。

○捕まえた虫や飼育している生き物をよく見て不思議やおもしろさを感じ、考える姿を認めたり、周囲の友達に伝えたりして、情報を共有できるようにする。

（虫メガネ、飼育ケース、図鑑　など）

○避難訓練では、4歳児のときの訓練を思い出しながら、落ち着いて行動できるようにしていく。また、年下の子どもの手本となるような意識をもてるようにしていく。

◆前年度から育てていたソラマメやキヌサヤの生長に気付き、収穫を喜んだり、春の味覚を味わったりする機会をもつ。

## 反省・評価のポイント

★身近な自然に興味をもって関わり、取り入れて遊んだり発見を楽しんだりできるような援助ができたか。

★数人の友達と一緒に一つの物を作る楽しさや、できあがった満足感を味わうことができたか。

# 4月 週の計画

## 4週　4/22（月）～30（火）

今週の予定：誕生会

○虫探しや草花遊びなどをして、自然に関わって遊んだり、砂遊びや鬼ごっこなどをして、戸外で伸び伸びと遊んだりしている。
○数名の友達と一緒にこいのぼりを作ることを楽しんでいる。

---

○友達と遊ぶ中で、自分の思いや考えを出して遊ぶ楽しさを感じる。… Ⓑ
○5歳児クラスとしての役割が分かり、意欲的に取り組む。… Ⓐ
・自分の思いやしたいことなどを言葉にして表しながら遊ぶ。
・気の合う友達と体を動かすなどして遊ぶことを楽しみ、親しみやつながりを感じる。
・誕生会の司会やプレゼント作りなど、係の仕事が分かって進んで取り組む。

---

○好きな遊びの中で、一緒に遊んでいる友達同士のやり取りをよく見ていく。自分の思いが出せているか、一方的に思いを出してばかりになっていないかなど、それぞれの様子を把握し、相手の思いに気付けるように言葉を添えながら、気持ちのやり取りの橋渡しをしていく。
◆砂や土を使った遊びや体を動かす遊びを繰り返し楽しめるよう遊具を用意しておく。

> バケツ、ふるい、型抜き器、とい、水道管、
> ボトルコンテナ、ボール、フープ、リレーのバトン
> など

○保育者も一緒に遊び、楽しさに共感しながら、鬼ごっこなどの遊びのルールを共通にしたり、様子によってはルールを話し合ってつくったりして、自分たちの遊びとなるようにしていく。
○体を様々に動かして遊ぶことを繰り返し楽しむ中で、保育者が一人ひとりの良い動きを認めていくことで、自分の動き方を考えたり、相手の動きを気にしたりしながら遊べるようにしていく。
◆先週から取り組んでいるこいのぼりは、できあがった物から戸外に飾って泳ぐ様子を見られるようにし、グループの友達と完成した喜びを味わったり、他の友達のこいのぼりを見たりできるようにする。
○週末に誕生会があることを知らせ、昨年度の5歳児クラスがどのようなことをしていたか、振り返る機会をもつ。今年度の役割をどうするか、子どもたちと共に話し合い、係の内容を決めて、張り切って取り組めるようにする。
（役割分担、プレゼント作り　など）
○誕生会や自分の誕生月を意識しながら、誕生表の人形を完成できるよう、進んで取り組めるような言葉を掛けていく。
○クラスのみんなで歌ったり遊んだりすることを取り入れ、みんなで遊ぶ楽しさや、親しみを感じられるようにしていく。

> ハンカチ落とし、なんでもバスケット、
> じゃんけん列車、ラウンドチェーン　など
> ♪：『ぽかぽかてくてく』『カメの遠足』『こいのぼり』

---

反省・評価のポイント

★自分の思いや考えを出しながら、友達と遊ぶ楽しさを感じることができたか。
★5歳児クラスとしての役割が分かり、意欲的に取り組めるような投げ掛けや援助の工夫ができたか。

# 4月 日の計画

## 4/12（金）

| 環境を構成するポイント | 予想される 幼児の活動 | 保育者の援助 |
| --- | --- | --- |
| ○一日の生活の流れが分かるように、絵や文字を掲示しながら伝え、自分なりに見通しをもって過ごせるようにしていく。<br><br>○伸び伸びと体を動かして遊べるように、他クラスと連携を取りながら園庭の遊びの場を確保していく。<br><br>○遊びに必要な道具を取り出しやすい場所に用意し、自分たちで遊びだせるようにする。<br>（リレーのバトン、虫かご　など）<br><br>○大型遊具は、使い方や片付け方のルールを絵で表示し、安全に気を付けて扱えるように見守ったり言葉を添えたりしていく。<br><br>○引き継いだ当番活動のことを思い出せるよう、昨年度の5歳児からもらった絵表示や保育者が用意した絵などを掲示し、具体的に取り組むことが分かるようにする。<br><br><br>○クッションやマットを置き、横になって過ごすなど体を休められるようにする。<br>○カードゲームやブロックなど、体を落ち着かせて遊べる遊具を用意し、ゆったりと過ごせるようにする。 | ○登園し、持ち物の始末をする。<br>○集まって一日の流れを聞く。<br>○好きな遊びをする。<br>　戸外：虫探し、折り返しリレー、中当て、靴取り鬼、砂場での遊び　など<br>　室内：大型積み木やパーティションを使って場をつくりごっこ遊び、空き箱製作　など<br>・飼育物の世話をする。<br>○片付けて集まる。<br><br>○当番活動について相談する。<br>・どんなことをしたいか考えを出し合う。<br>・当番活動の内容や方法、分担などについて、保育者と一緒に具体的に決める。<br>○昼食の準備をして、食べる。<br>○好きな遊びをする。<br>○集まり、歌をうたう。<br>　（♪：『こいのぼり』）<br>○降園準備をして、降園する。<br><br>○昼食後、午睡や休息を取る。<br>○おやつを食べる。<br>○自分の持ち物をまとめる。<br>○好きな遊びをする。<br>　パズル、ブロック、色紙、絵本、塗り絵、カードゲーム　など<br>○片付ける。<br>○降園する。 | ○笑顔で迎え、個々と関係を築く。<br><br>○保育者も一緒に遊びに加わり、思い切り動く楽しさに共感したり、ルールを確認したりしていく。<br><br>○遊びに必要な物を、子どもと一緒に考えたり、素材や道具を準備したりしておき、一緒に遊ぶ友達と作ったり用意したりできるようにしていく。<br><br>○子どもの遊び方に応じて、クラスのみんなで確認したり考えたりした大型遊具の使い方を思い出せるように声を掛け、安全に気を付けて遊べるようにしていく。<br><br>○昨年度のことを思い出したり自分なりに考えたりしている姿を受け止め、それぞれが考えを出せるようにしていく。また、必要に感じて当番活動に取り組めるよう、投げ掛けていく。<br><br><br>○進級したばかりで、生活に慣れていなかったり緊張や不安を感じたりしている子どももいるため、一人ひとりに合った休息が取れるようにする。また、甘えたい気持ちに寄り添い、安心して過ごせるようにしていく。 |

**反省・評価のポイント**
★友達と誘い合って、一緒に伸び伸びと体を動かして遊ぶ楽しさを感じられるような環境構成や援助ができたか。
★当番活動の相談などを通して、年長としての役割を自分なりに考え、期待や意欲をもつことができたか。

# 4月

# 日の計画

## 4/23(火)

**ねらい**
- ○春の自然にふれて遊んだり、友達と一緒に伸び伸びと体を動かしたりして遊ぶ楽しさを感じる。
- ○進級して初めての誕生会に期待をもち、グループの友達と取り組む意欲をもつ。

**内容**
- ○身近な草花や虫に興味をもって関わり、見たり触れたり遊びに取り入れたりする。
- ○自分の思いを伝えたり、友達の考えを聞いたりして、一緒に取り組む。
- ○誕生会に期待をもち、分担する内容を話し合い、意欲的に取り組む。

## 環境を構成するポイント

- ○グループの友達と作ったこいのぼりを揚げておき、空を泳ぐ様子を見てうれしさや満足感を感じたり、友達と気付いたことを話したりできるようにする。
- ○当番活動の手順や方法を掲示物で示しておく。
- ○飼育ケースや虫取り網、ポケット図鑑、虫メガネなどをコーナーにまとめて置いたり、花びらをざるやふるいに入れて集めてままごとに使えるように用意したりし、興味をもった身近な自然にふれ、取り入れて遊べるようにする。

- ○誕生表に飾るために作った自分の人形で遊べる場を用意しておき、使って遊ぶきっかけとなるようにする。
- ○誕生会の司会は、見通しをもちやすいように、ホワイトボードなどにプログラムや分担を表示する。

## 予想される幼児の活動

- ○登園し、持ち物の始末をする。
- ○当番活動をする。
  - （出欠調べ、栽培物や花の水やり、飼育物の世話　など）
- ○好きな遊びをする。
  - （戸外：チョウチョウを追う、葉や花を使った色水やままごと、折り返しリレー、靴取り鬼、砂場での遊び　など 室内：大型積み木で場をつくりごっこ遊び、誕生表の人形を使って人形遊び、空き箱製作　など）
- ○片付けて集まる。
- ○誕生会の司会について相談する。
- ・グループごとに分担する部分の言葉を相談して決める。
- ○昼食の準備をして、食べる。
- ○好きな遊びをする。
- ○集まり、歌をうたう。
  - （♪：『ぽかぽかてくてく』）
- ○降園準備をして、降園する。

- ○昼食後、午睡や休息を取る。
- ○おやつを食べる。
- ○自分の持ち物をまとめる。
- ○好きな遊びをする。
  - （パズル、ブロック、色紙、絵本、塗り絵、カードゲーム　など）
- ○片付ける。
- ○降園する。

## 保育者の援助

- ○自分たちなりに当番活動に取り組もうとする姿を認めていく。援助が必要なグループは、保育者も加わりながら、手順や方法を確認したり必要なことに気付かせたりしていく。
- ○戸外では、遊びの場の準備を子どもたちと一緒にしながら、思い切り体を動かして遊ぶ楽しさを味わえるようにしていく。
- ○誕生会の司会は、昨年度の5歳児の姿を思い出したり、引き継いだことを確認したりしながら、年長としての役割に意欲的に取り組めるようにする。
- ○司会の言葉を決める際は、相談するポイントを明確にし、自分なりに考えたことを友達に伝えながら決めていけるようにする。また、相談の進め方や一人ひとりの様子を丁寧に捉えていく。

- ○進級してから1か月近くがたち、5歳児クラスでの生活にも慣れ、疲れが出やすくなる時季なので、一人ひとりの体調や様子の変化、日中の活動量にも配慮しながら午睡以降の生活を組み立てていく。

## 反省・評価のポイント

★春の身近な自然に関わったり、友達と一緒に伸び伸びと体を動かしたりすることを楽しめるような環境構成や援助ができたか。

★グループの友達と考えを出し合いながら、話し合いに意欲的に取り組むことができたか。

# 5月の計画

## いろいろな友達と遊ぶ楽しさを味わえるようなきっかけづくりを

 **生活**

### 友達と一緒に戸外で体を動かす気持ち良さを味わえるように

　初夏の風に誘われて、友達と一緒に戸外で体を動かす気持ち良さを味わっています。遊びに必要な遊具や用具を子どもと共に準備し、安全な遊び方やルールの確認もしながら、いろいろな動きをして遊ぶことを楽しめるように、保育者も一緒に活動しましょう。

| 健康な心と体 | 道徳性・規範意識の芽生え |
| 言葉による伝え合い | |

 **人との関わり**

### イメージや考えを言葉で伝え、相手に伝わる楽しさを感じられるように

　気の合う友達とイメージを出し合って遊ぶ姿が見られる一方、一人で自分の好きなことにじっくり取り組む姿も見られます。保育者はそれぞれの遊びが実現するように、一人ひとりの取り組みを把握しましょう。イメージや考えを言葉で伝え、相手に伝わる楽しさを感じられるように仲立ちしたり、相手の思いに気付けるように状況をつぶやいたり、伝え方を一緒に考えたりしていきましょう。

| 思考力の芽生え | 健康な心と体 |
| 自立心 | 言葉による伝え合い |

## 季節ごよみ

- ○こいのぼりが園庭に飾られている。園内には五月人形も飾られている。
- ○ダンゴムシやアリなどの虫や、池にはオタマジャクシが見られるようになる。

- ○木々の新緑が鮮やかになり、心地良い風が感じられる。
- ○アゲハチョウやモンシロチョウが飛び、幼虫も見られるようになる。

- ○ヒマワリやアサガオの芽が出る。
- ○隣接する小学校からは運動会の音楽が聞こえてきたり、児童が校庭で練習する姿が見られたりする。

- ○晴天が続き、日ざしが強くなり、蒸し暑い日もある。夏野菜の苗が少しずつ伸びてくる。
- ○園庭では、泥遊びや砂場など水を使った遊びが盛んになる。

## 遊びへの取り組み

### 身近な自然と関わり、新たな発見や気付きを共有できるように

　チョウチョウやカエルとの出会いなど、子どもの心が躍る出来事が起こります。追い掛けたり、捕まえたりしその特徴に気付きます。また、夏野菜を植えたり、花の種をまいたりして世話をし、身近な植物の生長に興味をもつようになります。自然と関わる環境を工夫するとともに、一人ひとりの発見や気付きをクラス全体に広げて共有できるようにしていきましょう。

| 言葉による伝え合い | 自然との関わり・生命尊重 |
| --- | --- |
| 思考力の芽生え | |

## 保育なるほど解説！

### 保護者との連携の第一歩「保護者と共に」

　新しい園生活に慣れてきて行動的になる5月です。子ども同士のちょっとしたぶつかり合いやいざこざも、よく起きてきます。園生活ではよく見られる光景ですが、我が子を初めて集団生活に送り出す保護者や、第一子の子育てに悩んでいる保護者にとっては、「大変なこと」として受け止められてしまうこともあるでしょう。保護者との連携をつくる第一歩は、こうした場面で、カウンセリングマインドをもって保護者一人ひとりと接し、子どもの成長を共に見守っていく関係をつくっていくことです。

# 5月 月の計画

※ねらい(… Ⓐ など)が、月案と週案で関連し合っていることを読み取ってください。

## 前月末の 幼児の姿

**生活**

○5歳児としての生活の流れが分かり、当番活動や誕生会の役割などを分担し、張り切って行なおうとしている。

**人との関わり**

○年下の子どもの世話を意欲的に行ない、思いやりの気持ちをもって関わっている。
○様々な友達と関わる中で、保育者やクラスの友達に親しみを感じている。
○好きな遊びを通して、友達とやり取りをしながら遊びを進めようとしている。
○2〜3人のグループで一つの物を工夫しながら作り、一緒に活動する楽しさを感じている。
○戸外でルールのある遊びをする中で、体を動かすことを楽しんでいる。

**遊びへの取り組み**

○春の自然に関心をもち、遊びに取り入れたり、不思議やおもしろさを感じたりしている。
○身近な動植物の世話をし、親しみをもって関わっている。
○大型積み木や巧技台などの新しい遊具に興味をもち、自分たちで組み立て方を工夫しながら繰り返し楽しんでいる。

## ねらい

○自分の思いや考えを相手に分かるように伝えたり、友達の思いを聞いたりしながら、生活や遊びを進めていく。… Ⓐ

○友達と一緒に戸外で遊び、体を動かす心地良さや解放感を味わう。… Ⓑ

○身近な自然に進んで関わり、遊びに取り入れることを楽しむ。… Ⓒ

## 幼児の経験する 内容

○自分の考えを言葉で伝えたり、相手の考えを聞いたりして友達と相談しながら遊ぶ。
○友達と関わる中で、自分と異なる思いや考えに気付く。
○遊びに必要な物を工夫して作り、イメージを広げながら表現する楽しさを味わう。

○友達と一緒にルールのある遊びを繰り返しする中で様々な動きを楽しみ、体を動かす心地良さを感じる。
○様々な遊びに興味をもち、安全に気を付けながら、挑戦することを喜ぶ。
○歌やリズムに合わせて体を動かすことを楽しむ。
○水、砂、土、泥などの特性を理解し、友達と試したり工夫したりして遊ぶ。
○戸外で見つけた生き物や飼育物の変化に気付き、発見したことを保育者や友達と伝え合う。

○自然物を調べたり、遊びに取り入れたりして、興味・関心を深める。
○野菜や花、稲の土作りを行なったり、生長を楽しみにしながら世話をしたりする。
○風や光などの初夏の爽やかな空気を感じて遊ぶ。

## 家庭・地域 との連携
### 保護者への支援も含む

★災害緊急時の送迎や引き渡しの仕方、避難経路、園や家庭での災害時の備えを保護者と確認する。
★園や園外保育での様子を写真で掲示したり、園便りに載せたりして子どもたちの育ちを共有していく。
★連休明けの生活リズムを整えていくことや、子どもが自分で気候に合わせた服装を考えられるような関わりを家庭と共有していく。

## 健康・食育・安全 への配慮
養護の視点も含む

○暑い日には、衣服の調節や水分補給などを促し、健康な過ごし方を考えていく。
○新ジャガやキヌサヤ、ソラマメなどの栽培物を収穫し、初夏の味覚を楽しめるようにする。
○避難訓練や起震車体験などを通して、災害時の身の守り方や避難方法・場所などを改めて確認する。

指導計画から学ぶ 保育力アップ

### 友達と一緒に体を動かしたくなるような環境の構成の工夫を

園庭では、解放感を味わい思い切り活動できます。友達と一緒に遊んでみたいと思えるように、遊具や用具の配置や、自然環境の整備を保育者間で話し合い、工夫することが大切です。友達との温かいふれあいの中で、体を動かす気持ち良さやルールを守るおもしろさを繰り返し体験していきましょう。

---

# 環境の構成 と 保育者の援助

### 自分の思いを伝えたり、友達の思いを聞いたりしながら、生活や遊びを進めていけるように

○自分たちで生活や遊びを進めていこうとする姿を認め、必要に応じてイメージや目的を確認し、状況を整理していく。
○遊びのイメージを広げ、より具現化する楽しさを味わえるように、一緒に必要な物を考えたり、素材や遊具の特性・特徴に合わせて工夫している姿を見守ったり提案したりしていく。
○友達と思いの行き違いでぶつかっているときには、それぞれの気持ちを受け止めながら相手の思いに気付けるように促したり、相手に分かるような伝え方を一緒に考えたりしていく。

### 友達と一緒に戸外で遊び、体を動かす心地良さや解放感を味わえるように

○友達と一緒に様々に体を動かし、集団ゲームなどルールのある遊びを思い切り味わえるように、時間や場所を考慮しながら保育者も一緒に遊び、楽しさを共有していく。
○固定遊具や、前年の5歳児が取り組んでいた遊びなどを紹介

し、難しいことに挑戦する姿を励ますとともに、安全に取り組めるよう配慮する。
○子ども同士で誘い合って取り組む姿を認めたり、保育者も一緒に取り組んだりして、充実感が自信につながっていくように支えていく。

### 身近な自然に進んで関わり、遊びに取り入れることを楽しめるように

○砂や土などの特性に気付いている姿に共感し、繰り返し試したり工夫したりできるように大型シャベルや塩ビ管、竹筒などの遊具や用具を用意する。
○生き物や栽培物の生長や変化に気付き、発見や感動に共有したり子ども同士で伝え合える場や機会を設けたりする。
○身近な自然への興味・関心が深まるように、ポケット図鑑などを用意し、必要なときに調べられるようにする。
○身近な自然物を遊びに取り入れ、発見や気付きを伝え合えるようにする。

---

## ゆったり過ごすために… 〜園で長時間過ごすための配慮〜

### やりたいことにゆったり取り組む

○一日の活動量に配慮しながら、やりたい遊びにゆったりと向き合えるような場や遊具を整えたり、爽やかな気候の戸外で友達と体を動かして遊べる時間をつくったりする。

○虫探しをしたり、草花を取り入れて遊んだりして年下の子どもたちとも一緒にゆっくりと過ごせるようにしていく。
○一人ひとりの体力や思いに寄り添い、カーペットやソファを利用し、心身を休められるような環境を整えていく。

---

保育者の チームワーク

★他年齢の一日の過ごし方を共有し、戸外の環境を有効に使う。
★遠足に行く際には、ねらいを確認したり、下見や打ち合わせを十分に行ない、注意点を共通認識したりする。

## 反省・評価 のポイント

★自分の思いや考えを友達と伝え合いながら、生活や遊びを進めていたか。
★友達と一緒に戸外で遊び、解放感を味わえるような援助をしていたか。

# 5月 週の計画

## 1週 5/1（水）〜11（土）

**予定 今週の** みどりの日、こどもの日、母の日

※ねらい（…Ⓐ など）が、月案と週案で関連し合っていることを読み取ってください。

### 前週の 幼児の姿

○年長としての生活の仕方が分かり、役割を考えながら張り切って取り組んでいる。

○クラスの友達と歌ったりゲームをしたりして、みんなで遊ぶ楽しさや、親しみを感じている。

## ねらいと内容 ◯・

○自分の思いや考えを友達に伝えながら、遊びや活動を進めていくことを楽しむ。…Ⓐ

○クラスの友達とつながりを深め、一緒に遊ぶ楽しさを味わう。…Ⓐ

○身近な自然に関心をもち、気付いたり、発見したりすることを楽しむ。…Ⓒ

・自分の考えやイメージを言葉で伝えたり、相手の話を聞いたりしようとする。

・栽培物、飼育物の世話に必要なことに気付き、進んで調べたり、取り組んだりする。

・保育者の話に耳を傾け、こどもの日に込められた願いに気付いたり家族の大切さを感じたりする。

## 具体的な環境と保育者の援助 ◆・○

◆当番活動や行事の活動では、自分たちで必要なことを考えて進めていけるように、ボードやカレンダーに内容を掲示したり、表を作ったりする。

○子ども同士で生活や遊びを進めていく様子を見守る。思いや考えが互いに伝えられているかを確認しながら、状況に応じてそれぞれの思いを引き出しながら相手に伝えたり、相手の話に耳を傾けたりしていけるように支える。

○クラスの友達とのつながりが深まり、一緒に遊ぶおもしろさが感じられるように、集まりなどで集団ゲームを取り入れていく。

（ドロケイ、ひょうたん鬼、ラウンドチェーン、猛獣狩り、王様じゃんけん、だるまさんが転んだ　など）

◆こどもの日に向け、五月人形やショウブを飾ったり、行事の絵本を読んだりしながら、伝統文化に親しめるようにする。

○こどもの日などについてクラスで話題にし、保育者の話を聞いたり、絵本を読んだりして関心が深まるようにする。

（絵本:『こすずめのぼうけん』『おたまじゃくしの101ちゃん』『こいのぼりだいぼうけん』）

◆色水遊びに使える季節の草花を探したり、調べたり、試したりしていけるように、植物の図鑑や色水作りに使えそうな道具を用意し、植物から色が出る不思議やおもしろさを感じられるようにする。

（すり鉢、すりこぎ、スポイト、ロート、こし器　など）

○どの草花からどんな色が出たのかが分かるように、カップやペットボトル、ポリ袋などを準備する。また、発見したことを友達に伝え合う機会をつくることで身近な植物への興味・関心が深まるようにする。

◆図鑑や絵本、虫メガネ、飼育ケースなどを用意し、生き物の特徴や生長を観察していけるようにする。

○夏野菜や花、稲などの栽培に必要なことや手順などを話し合う機会をつくる。

（土作り、代かき、種まき、苗植え、水まき　など）

◆一緒に環境を整えたり当番を決めたりして、大切に世話を行なえるようにする。（支柱、ネット　など）

## 反省・評価のポイント

★言葉で思いや考えを友達に伝えながら生活や遊びを進めていくことを楽しんでいたか。

★身近な自然に関心をもち、気付いたり、発見したりすることを楽しめるような環境の構成ができたか。

CD-ROM ▶ 5月 ▶ 5歳児_5月_1・2週の計画

# 5月 週の計画

## 2週　5/13(月)〜18(土)

今週の予定　遠足

### 前週の 幼児の姿

○クラスの友達と遊ぶことを楽しみ、思いや考えを伝え合いながら生活を進めている。
○様々な道具を使って色水を楽しみ、色が出る不思議やおもしろさを感じている。

---

○友達と一緒に園庭で十分に体を動かして、解放感を味わう。… Ⓑ
○身近な自然にふれて、発見や気付きを伝え合うことを喜ぶ。… Ⓒ
・水、砂、土、泥の特性を生かして繰り返し友達と試したり、工夫したりして遊ぶ。
・様々な道具や遊具を使って工夫して遊ぶ。
・自分なりに気付いたことや発見したことを描いたり、作ったり、身体表現をしたりする。
・交通ルールやマナーについて話し合い、園外に出る際には安全に気を付けながら歩く。

---

◆十分に体を動かせるように、保育者間で連携し、場の調整や時間の調節を行なう。
◆親しみのある音楽を用意し、歌ったり、自分なりの振りを考えて踊ったりして解放感を味わえるようにする。
◆水、砂、土、泥を存分に使う遊びでは、試行錯誤して楽しめるように様々な道具を用意し、自分たちで選べるようにする。

> 剣先スコップ、筒、とい、ホース　など
> 絵本：『すなばのだいぼうけん』
> 　　　『ぼくはブルドーザー！』『かわ』　など

○これまでの経験を基に水、砂、土、泥の特性を生かして遊んでいる姿を認めたり、自分たちで作った喜びを感じられるように声を掛けたりしていく。
○保育者も一緒に楽しみ、困っている際には周りの友達に聞いてみるように促したり、一緒に考えたりする。

◆子どもたちがおもしろがっていることや挑戦していることに関する写真を掲示し、子どもたちや家庭と共有していく。
◆戸外では季節の虫や植物が生息している場所を調べて、意欲的に自然環境に関われるようにする。
○戸外で子どもが虫や植物を見たり、触ったりして気付いたことを認めたり、共感したりする。
○生き物を観察し、チョウチョウの羽化などの分かったこと、気付いたことをクラスの友達に話している様子を見守ったり、一緒に聞いたりして伝わるうれしさを感じられるようにする。

> 絵本：『いもむしのナミ』
> ♪：『さんぽ』『てんとうむし』　など

◆戸外で見たり発見したりしたことを伝える機会を設け、描画や製作、身体表現などで楽しめるような素材や教材を用意したりする。
○交通ルールやマナーを話し合う時間を設けて、信号の見方や道路の状況に合った歩き方を確認する。また、その際に標識の意味も伝えていく。

> （絵本：『みぢかなマーク』　など）

◆田植えを行ない、稲の生長を楽しんだり、害虫対策を考えたりする。

---

　のポイント

★友達と一緒に体を動かして解放感を味わうことができたか。
★身近な自然にふれ、気付いたことや発見したことを伝え合えるような援助ができたか。

# 5月 週の計画

## 3週

**5/20(月)〜25(土)**

今週の予定　避難訓練、健康診断

※ねらい(… Ⓐ など)が、月案と週案で関連し合っていることを読み取ってください。

### 前週の 幼児の姿

○水、砂、土の特性を捉えながら、友達と様々な道具や用具を使って試行錯誤して遊んでいる。
○自然物を観察する中で、発見したことや気付いたことを友達と伝え合っている。

---

### ねらいと内容

○友達に考えを伝えたり、相手の思いを聞いたりして遊ぶ楽しさを感じる。… Ⓐ
○友達とルールのある遊びを繰り返し楽しみ、様々に体を動かす。… Ⓑ
・友達に気付いたことや考えたことを伝えながら遊び、思いの伝わる喜びを感じる。
・友達と一緒に体を動かす気持ち良さを味わう。
・様々な遊びに興味をもって取り組み、ルールのある遊びのおもしろさを楽しむ。
・健康診断や避難訓練の意味が分かって、自分から進んで行動する。

---

### 具体的な環境と保育者の援助

◆共通のイメージをもって遊べるように、ヒントとなる絵本を置いたり、クラスで歌ったりする。
（絵本：『かいぞくポケット』『すてきな三にんぐみ』『親指姫』
♪：『ドロップスのうた』『ドレミの歌』　など）

○友達に考えやイメージを伝えながら遊んでいる様子を見守ったり、認めたりしていく。伝わりづらかったり、いざこざが起こったりした際には間に入り、相手に分かるような言い方や言葉を一緒に考えていく。

○大型積み木や巧技台を使った遊びでは、崩れにくい積み方や、遊ぶ場所などを、保育者も一緒に楽しみながら子どもたちが気付けるように提案したり、疑問を投げ掛けたりしていく。

○ごっこ遊びに必要な物を考えて作っている姿を見守る。どのように作ると良いか分からず、困っている際にはイメージを引き出して一緒に考えたり、使えそうな素材や遊具を用意したりしておく。
（フラワーペーパー、緩衝材、段ボール板、クレープ紙、布、コンテナ、パーティション　など）

◆自分たちで遊び始められるよう、ライン引きやバトン、ボール、ゼッケンなどを用意しておく。

○ルールのある集団遊びをクラス全体の活動でも取り入れ、思い切り体を動かすおもしろさを感じられるようにする。

○ルールのある遊びの中で感じる悔しさやうれしさに共感するとともに、またやってみようという気持ちにつながるように励ましたり見守ったりして関わる。
（リレー、助け鬼　など）

○異年齢児の遊びの様子を見て、場を整えたり、何に気を付けたら良いか、一緒に考えたりする。

◆避難訓練や防災教室を行ない、災害時の危険を理解した上で自分の身を守る行動ができるようにする。
（起震車、煙ハウス　など）

○災害時に自分たちが年下の子どもにしてあげられることを話し合う機会を設ける。

○健康診断では、自分の成長に気付き、体の仕組みや、健康な体づくりについて話題にし、日常生活でできることを子どもと一緒に考え、実践している姿を認めていく。

---

### 反省・評価のポイント

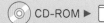

★自分の思いや考えを友達に伝えたり、相手の話を聞いたりする楽しさを味わえたか。
★ルールのある遊びを繰り返し楽しみ、様々に体を動かして遊べるような環境の工夫、援助ができたか。

---

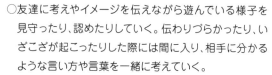

# 5月 週の計画

## 4週　5/27（月）〜31（金）

**今週の予定** 誕生会

### 前週の 幼児の姿

○友達と大型積み木や巧技台などを組み合わせて、なり切ったり、ごっこ遊びを楽しんだりしている。
○ルールのある遊びを通して、友達と一緒に園庭で体を動かす心地良さを感じている。

---

○友達と考えを伝え合いながら、活動を進める楽しさを味わう。… Ⓐ
○友達のしていることに興味をもって挑戦しようとする。… Ⓑ
・友達と思いや考えを伝え合いながら積極的に活動に取り組む。
・歌やリズムにのって体を動かすことを伝え合い、友達を誘って遊ぶ。
・育てている栽培物の生長過程を見たり、収穫した初夏の味覚を味わったりする。

---

◆誕生会の司会や係に意欲をもって取り組めるように出し物などの役割を決める時間を設け、自分たちで進めていけるように支えていく。また、決まったことや見通しがもてるような掲示の仕方を工夫する。
（フェルトペン、カレンダー、ボード　など）

○誕生会では、異年齢児にも喜んでもらえるものを自分たちで話し合って決め、披露することで満足感を味わい、自信につながるようにする。
（ペープサート：『ふうせんのうた』
パネルシアター：『まんまるさん』　など
♪：『ともだち賛歌』『世界中の子どもたちが』　など）

○話し合いの際には自分の思いや考えを保育者や友達に伝えたり、相手の考えを聞こうとしたりする姿を見守り、話題を整理していく。

○誕生会や集まりなどで新しい遊びを紹介し、積極的に遊びに取り組めるように保育者も一緒に挑戦していく。
（バンブーダンス、ゴム跳び、わらべうた　など）

◆興味をもてるように、ラインを引いたり用具を取り出しやすい所に置いておいたりする。
（バンブーダンス用の竹、ゴム　など）

○動き方やリズムなどを伝え合いながら友達と誘い合って遊ぶ姿を見守ったり認めたりしていく。また、クラスの子どもにも遊びの様子を伝えたり、取り組む機会をつくったりして刺激を受け、自分のペースで挑戦する楽しさを味わえるようにする。

○じっくりと挑戦する姿を認め、励ましていく。できるようになった喜びに共感し、達成感を得られるようにする。

◆初夏の収穫物や育てている夏野菜の生長過程を写真で掲示したり、図鑑や絵本を調べたりし、夏野菜の生長により期待をもてるようにする。
（絵本：『はるやさいのはるやすみ』
『なつやさいのなつやすみ』　など）

○育てていた栽培物を収穫して食べる際には、素材の味を楽しめるように、どうやって食べるとおいしいのかを考えたり話し合ったりする場をつくる。

---

**反省・評価のポイント**

★友達と考えを伝え合いながら、活動をする楽しさを味わえたか。
★歌やリズムに合わせて体を動かす楽しさを感じられるような援助ができたか。

# 5月
# 日の計画
## 5/9（木）

**ねらい**
○クラスの友達とつながりを深め、一緒に遊ぶ楽しさを感じる。
○季節の草花に関心をもち、発見を楽しんだり、不思議を感じたりする。

**内容**
○相手の話を聞き、取り入れながら生活や遊びを進めていく。
○クラスの友達とルールを守って集団ゲームをする。
○身近な草花を使って試したり工夫したりして遊ぶ。

| 環境を構成するポイント | 予想される幼児の活動 | 保育者の援助 |
|---|---|---|
| ○当番活動の分担や内容を掲示しておき、自分たちで進んで行なえるようにする。<br>○自分たちで遊びを始められるように、用具や道具を準備しておく。<br>○植物や虫、生き物に関する図鑑や絵本を用意し、不思議に思ったことや疑問に思ったことを調べて、身近な自然への興味・関心が深まっていくようにする。<br>○色水遊びでは、用具を準備しておき、繰り返し試しながら植物から色が出る不思議やおもしろさが感じられるようにする。<br>○午後の時間や翌日に遊びが持続していくように、場を整理したり、片付ける場所を子どもたちと一緒に考えたりするなど、片付け方を工夫する。<br>○午後は疲れ具合に合わせてゆったりと過ごせるように、午前の遊びに加えてカードゲームやボードゲーム、けん玉、お手玉などの遊具も用意したり、場を確保したりする。 | ○登園し、朝の支度をする。<br>○グループの友達と声を掛け合い、当番活動をする。<br>○好きな遊びややりたいことを見つけてする。<br><br>園庭：ドロケイ、ひょうたん鬼、リレー、鉄棒、砂場遊び、虫探し、水辺の生き物探し、色水作り　など<br>室内：ままごと、お店屋さんごっこ、大型積み木、製作、描画　など<br><br>○片付けをして集まる。<br>・みんなでゲームをする。<br>（ラウンドチェーン、猛獣狩り　など）<br>○昼食の準備をして、食事をする。<br>○好きな遊びややりたいことをする。<br>○片付けをして集まる。<br>・その日に楽しんだことや発見したことを発表したり、友達の話を聞いて様々なことに興味をもったりする。<br>・みんなで一緒に歌をうたう。<br>（♪：『大きい木』『ともだち賛歌』　など）<br>・行事に関する絵本の読み聞かせを聞き、家族の大切さを感じる。<br>（絵本：『ぼく　おかあさんのこと…』）<br>○降園準備をして、降園する。 | ○友達同士で声を掛け合って、飼育物の世話や栽培物の水やりを行なうことを認め、意欲的に生活を進めていけるようにする。<br>○保育者も一緒に体を動かして遊び、楽しさを共有していくことで様々な遊びに興味をもてるようにする。<br>○子どもたちの発見や気付きに共感し、興味・関心が深まっていくようにする。<br>○ルールやイメージの違いでぶつかったときには、それぞれの思いを引き出しながら、相手に言葉で伝えられるように支え、見守っていく。<br>○クラス全体の活動は友達同士でふれあえるようなゲームを取り入れ、一緒に遊ぶおもしろさを感じられるようにする。<br>○昼や帰りの集まりでは、その日に楽しんだことや発見を発表する機会をつくり、友達のしていることに興味をもてるようにする。<br>○子どもたちの興味や、季節、行事などに合わせた歌や絵本をみんなでうたったり、見聞きしたりし、遊びや活動が自分たちのものとして進めていけるようにする。 |

**反省・評価のポイント**
★クラスの友達とつながりを深め、一緒に遊ぶ楽しさを感じられたか。
★身近な草花を使って試したり工夫したりできるような環境を工夫したか。

# 5月 日の計画 5/28(火)

**ねらい**
○友達と考えを伝え合い、自分たちで遊びを進める楽しさを味わう。
○友達のしていることに興味をもって挑戦しようとする。

**内容**
○自分の思いや考えを言葉で伝えたり、相手の話を聞いたりして活動に取り組む。
○歌やリズムに合わせて体を動かす新しい遊びを知り、やってみようとする。

## 環境を構成するポイント

○自分たちで遊びを始められるように子どもと一緒にラインを引いたり、用具を取り出しやすい所に準備したりしておく。
○収穫した栽培物は、目につく場所に置き、子どもたちが周りで描画したり、観察したりできるようにする。
○夏野菜の生長過程を撮った写真を壁面に貼り、生長の見通しをもちながら、意欲的に世話を行なえるようにする。
○話し合いの過程や決まったことが分かるようにボードやカレンダーに書いて、見通しをもてるようにする。
○午後の時間や翌日に遊びが持続するように、片付け方を工夫する。
○ゆったりと過ごせるように場を確保する。

○誕生会の出し物に必要な物を作りだせるよう、用具を準備しておく。
（絵の具、ボール紙、フェルトペン など）

## 予想される幼児の活動

○登園し、朝の支度をする。
○飼育物の世話をする。
○グループの友達と声を掛け合い、当番活動をする。
○栽培物の収穫をする。
（ジャガイモ、キヌサヤ など）
○好きな遊びややりたいことをする。
（園庭：リレー、バンブーダンス、ゴム跳び、砂場遊び など
室内：わらべうた、海賊ごっこ、大型積み木、描画 など）
○片付けをして集まる。
○誕生会での出し物を話し合う。
・自分たちがしてもらったことを思い出したり、してもらったらうれしいと思うことを考えたりし、伝え合う。
・必要な物を考え、今後の予定や自分が何をするのか確認していく。
○昼食の準備をして食事をする。
○好きな遊びややりたいことをする。
（ごっこ遊び、シャボン玉 など）
・誕生会で使う物を作る。
○片付けをして集まる。
・収穫物や、夏野菜の生長の気付きをクラス内で伝え合う。
・みんなで一緒に歌をうたう。
（♪:『ともだち賛歌』
『世界中の子どもたちが』 など）
○降園準備をして降園する。

## 保育者の援助

○進んで飼育物の世話をする姿を認め、意欲につなげていく。
○栽培物の生長や実りなどの子どもたちの気付きに共感し、伝え合う場を設け、興味・関心が深まるようにする。
○新しい遊びに挑戦しているときには一緒に取り組んだり、励ましたりしながら楽しめるようにしていく。
○できるようになったことを喜び、達成感を得られるようにする。
○わらべうたをうたいながら、手で拍子をとったり速さを変えたりしながらリズム遊びを楽しめるようにする。
○自分の思いを伝えたり、友達の思いを聞こうとしたりする姿を認めていく。思いや考えがまとまらない子どもには、一緒に考え整理していく。
○自分たちで思いを出し合いながら話を進められるように支えていく。
○子どもたちの発見や思いを発表する機会をつくり、友達のしていることや考えに刺激を受けられるようにする。

**5月 日の計画**

## 反省・評価のポイント

★友達と考えを伝え合い、自分たちで活動を進める楽しさを味わえるような援助ができたか。
★歌やリズムに合わせて体を動かす新しい遊びに挑戦しようとしていたか。

# 6月の計画

互いの思いを伝え合いながら、
友達とのつながりを深めていくように

##  生活

### 自分の思いを言葉で伝え、
### 相手の思いに気付くことができるように

　友達との遊びが楽しくなる反面、意見がぶつかったり、思いをうまく伝えられなかったりするトラブルも起こります。自分の思いを相手に言葉で伝えるとともに、相手の話に耳を傾け、様々な考えがあることに気付くように場面を捉えて援助しましょう。また誕生会の司会や表現活動など、クラスやグループの友達と一緒に取り組む活動を提案し、力を合わせて活動に向かうプロセスを体験できるようにしましょう。

言葉による
伝え合い

道徳性・規範
意識の芽生え

協同性

##  人との関わり

### 友達と試したり工夫したりする楽しさを
### 味わえるように

　身近な素材や材料、用具などを使って遊ぶ中で、友達と一緒に試行錯誤をしながら集中して遊ぶ環境を工夫しましょう。友達がしていることに関心をもったり刺激を受けたりして取り入れる姿を認め、友達と一緒に試したり工夫したりする楽しさを味わえるようにしましょう。一人ひとりの発見や疑問を大切にし、一緒に見たり聞いたり、考えたりやってみたりしながら、身近な物との関わりを楽しめるようにしましょう。

思考力の
芽生え

言葉による
伝え合い

豊かな感性と
表現

## 季節ごよみ

○日ざしが少しずつ強くなり、気温や湿度が高くなる。

○苗を植えた野菜の花が咲き始めたり、種をまいた花の芽が生長したりする。

○梅雨入りりし、雨の日が多くなる。

○アジサイの花が咲いている。

○園庭でカタツムリなどを見つける。

○蒸し暑い日や雨が降って肌寒い日など、日によって気温差がある。

○日ざしが強い日、気温や湿度の高い日が多くなってくる。

○栽培している野菜が実を付け始める。

## 遊びへの取り組み

### 梅雨期の自然に関心をもち、生活を豊かに

　雨の多い季節となり室内で遊ぶ時間が増える時季です。天候や状況に応じて、静と動、緊張と解放のバランスを考え、一日の生活や遊びの流れに配慮しましょう。遊戯室でダンスや身体表現、運動遊びやゲームを楽しむなど、友達と一緒に体を十分に動かして遊ぶ活動を取り入れましょう。また雨の音を楽しんだり虹の美しさを発見したりするなど、梅雨期の自然を生かした生活を楽しみましょう。

| 健康な心と体 | 自然との関わり・生命尊重 |
| --- | --- |

| 豊かな感性と表現 |
| --- |

## 保育なるほど解説！

### 「おやくそく」とルールの間

　園生活には、遊びの仲間に入るときに「いれて！」と言う、片付けはみんなでするなど、幾つかの生活や遊びのルールがあります。集団生活を始めたばかりの子どもは、ルールは「おやくそく」として受け止め、保育者との信頼関係に支えられて、守ることができるようになっていきます。つまり、子どもたちは、保育者の一挙一動から、自分はどうしたら良いのかを学んでいくので、ルールに気付いて守っているときにはしっかり褒めて、自分で考えて行動できるようにすることが大切です。

# 6月 月の計画

※ねらい（…🅐 など）が、月案と週案で関連し合っていることを読み取ってください。

## クラスづくり

○自分の思いや考えを友達に伝えたり、友達の話を最後まで聞いたりしながら相手の思いや考えに気付き、一緒に遊びを進める楽しさを感じられるようにする。様々な材料や道具、遊具に触れる中で、試したり工夫したりしながら、じっくり取り組む楽しさや発見への喜びを感じてほしい。また、梅雨期ならではの自然事象や栽培物・飼育物の変化に気付けるようにしていく。

## 前月末の 幼児の姿

**生活**

○当番活動や誕生会の司会のやり方が分かり、友達と意欲的に取り組んでいる。
○暖かな日ざしの下、保育者や友達と一緒に、鬼ごっこや折り返しリレーなどをしている。

**人との関わり**

○友達にやりたいことを伝えるが、気持ちをなかなか分かってもらえなかったり、相手の話を最後まで聞けなかったりして、遊びが進まないことがある。

**遊びへの取り組み**

○友達と一緒に遊び場をつくったり、自分のやりたいことを見つけて、じっくり取り組んだりしながら遊んでいる。
○水、砂、土や様々な道具を使い、試行錯誤しながら繰り返し楽しんでいる。
○自分たちで植えた栽培物の生長を楽しみにしながら世話をしている。
○身近な生き物に気付いて興味をもって見たり、図鑑で調べたりしている。

## ねらい

○互いに思いや考えを伝え合いながら、友達と一緒に遊びを進めることを楽しむ。…🅐

○様々な材料や道具を使って、試したり工夫したりしながら遊ぶ楽しさを味わう。…🅑

○梅雨期の自然や気候の変化に気付き、生活や遊びに取り入れる。…🅒

## 幼児の経験する 内容

○遊びの中で自分の思いや考えを、言葉で伝えようとする。
○友達の話を聞く中で、友達の思いや考えに気付く。
○相手の話に関心をもって聞き、共感したり異なる考えに気付いたりする。
○互いの思いや考えを伝え合いながら、友達と一緒に遊びを進める。
○自分で考えたり、友達の考えに気付き、取り入れたりしながら、試し、工夫するおもしろさを感じて遊ぶ。
○材料や道具を使って遊ぶ中で、その特性に気付いたり、おもしろさを感じたりする。
○色水遊びやシャボン玉遊びなどを通して、不思議や美しさなどを感じながら、予測したり試したりする。
○梅雨期の様々な事象に気付いたり、保育者や友達と共有して楽しんだりする。
○身近な自然物や栽培物、飼育物の様子や生長に関心をもち、観察したり、調べたり、遊びに取り入れたりする。
○気候の変化に応じた生活の仕方に気付き、健康に過ごすために必要なことを進んで行なう。
○プール遊びの支度を進んで行なう。
○約束を守り、安全に水遊びをする。

## 家庭・地域との連携
### 保護者への支援も含む

★友達との関わりの中で起きる葛藤や試行錯誤などを通して育つ心情やその大切さを、生活や遊びの具体的な姿を通して、分かりやすく保護者に知らせ、温かく見守ってもらえるようにする。（保育参観、クラス便りなど）
★歯と口の健康週間を機に、虫歯の予防について、園便りや掲示板などを使って知らせていく。

## 健康・食育・安全への配慮
###### 養護の視点も含む

○歯と口の健康週間を機に、自分の体に関心をもてるようにし、歯の磨き方や永久歯の大切さを知らせていき、丁寧に歯磨きができるようにする。

○夏野菜の生長に気付き、収穫を楽しみにする気持ちを育てながら、食への関心を高めていく。

○衣替えを機会に、日々の中で、衣服の調節や水分補給を必要に応じて自分で行なえるようにする。

### 指導計画から学ぶ 保育力アップ

### 様々な材料や道具を使って、試したり工夫したりして遊ぶ楽しさを味わう

身近な事象に積極的に関わる体験を重ね、物の性質や仕組みなどを生かして、考えたり予測したりしながら、物との多様な関わりを楽しむようになります。物の特性を生かしつつ、子どもの探求心を引き出すことができるような状況をつくり、考えたり試したりするおもしろさを味わえるような援助をしましょう。

## 環境の構成と保育者の援助

### 互いに思いや考えを伝え合いながら、友達と一緒に遊びを進めることを楽しめるように

○遊びの中で、自分の思いや考えを友達に伝えることがうれしいと思えるように、また、友達の考えに関心をもって聞けるように、保育者も一緒に興味をもって聞いたり、落ち着いて聞けるようにしたりする。

○互いに考えを出し合う中で、一緒に遊んでいる友達に考えが伝わらないときには、問い掛け、言葉を整理していく。

○誕生会の出し物の準備をする際、遊びの中から出し物につなげ、クラスみんなで内容を共通にして進めていけるようにする。

### 材料や道具を使って、試したり工夫したりしながら遊ぶ楽しさを味わうことができるように

○子どもたちが作りたい物のイメージを捉え、必要な材料を一緒に探したり、特性に応じて様々に試したり工夫したりできる材料を提案する。

○子どもたちがじっくり試せるように時間を保障したり、継続できる場を確保したりする。

○色水遊びやシャボン玉遊びでは、考えたり試したり工夫したりするおもしろさを味わえるような材料を必要に応じて用意する。また、友達との違いに気付き、比べたり試したりする過程を楽しむことができるようにする。

○砂遊びでダイナミックに遊べるように、友達と協力しながら遊べる環境を工夫する。

### 梅雨期の自然や気候の変化に気付き、生活や遊びに取り入れていけるように

○雨音や雨粒の大きさ、水たまりの波紋、葉の青々しさ、湿度の違い、雨の匂いなど自然の美しさやおもしろさに気付いた姿を逃さずに捉え、クラスのみんなで共有していくようにする。

○栽培物や飼育物などの図鑑や絵本を身近に置き、気になったときや発見したときに調べられるようにする。また、クラスの友達に知らせる機会を用意するなど、友達と気付きを共有し、自然物に関心をもてるようにする。

## ゆったり過ごすために… ～園で長時間過ごすための配慮～

### じっくり過ごせるように

○雨が続く時期は、日中の遊びと変化をつけて、家庭的な遊具やじっくり遊べる物を用意しておく。
（ドールハウス、パズル、ブロック　など）

○カタツムリやカエル、アジサイなどを眺めたり、触れたりしながら、梅雨期の自然にゆったりとふれることができるようにする。

○気温や湿度が高くなり、プール遊びが始まるため、疲れが見られたときは、休息できる環境を用意する。

### 保育者のチームワーク

★天候に合わせて、運動遊びができるように、一日の中で静と動のバランスや場を調整する。

★子どもたちの試す時間を確保できるように、保育者同士で連携し、場や時間の確保をする。

## 反省・評価のポイント

★思いや考えを伝え合えるような援助ができたか。

★じっくりと試すことができる環境や時間、場の保障ができたか。

★自然に関わり、様々な感情体験ができるよう援助できたか。

今週の予定　衣替え、歯と口の健康週間、時の記念日、入梅

※ねらい(… **A** など)が、月案と週案で関連し合っていることを読み取ってください。

## 前週の 幼児の姿

○友達と誘い合ってルールのある遊びをしたり、砂場で遊んだりするなど、戸外で遊ぶことを楽しんでいる。
○自分の思いや考えを保育者や友達に伝えたり、相手の思いや考えを聞いたりしながら、一緒に遊んでいる。
○飼育物や栽培物に興味をもち、よく見て調べている。

### ねらいと内容

○友達と一緒に体を動かしたり、ルールのある遊びを楽しんだりする。… **A**
○身の回りの自然や栽培物、飼育物に興味をもち、気付きや発見を楽しむ。… **C**
○気温に合わせて衣服の調節をしたり、汗の始末をしたりするなど自分の体に関心をもつ。… **C**
・ルールのある運動遊びを友達と一緒に繰り返し行ない、自分の思いや考えを出し合う。
・身近な植物や栽培物、飼育物の生長や変化など、気付いたことを伝え合う。
・自分で考えて衣服を調節したり、歯の大切さを再確認し、自ら歯磨きをしたりする。

### 具体的な環境と保育者の援助

◆ルールのある遊びを繰り返し楽しめるように、自分たちで遊び始められる用具をかごなどに準備しておく。
（ボール、バトン、カラー標識、ゼッケン　など）
○思いが伝わらない、相手の思いが受け入れられないなどの子どもの姿を大切にし、保育者も一緒に考えながら、ルールを確認したり、助言したりしていく。
◆砂場での遊びでは、じっくり試したり、工夫したりしながら全身を使ってダイナミックに遊べるように、水の流れや高低差、砂と泥の違いなどに気付ける道具を準備する。
（バケツ、大型シャベル、とい、筒、台になる物　など）
○水路を作ったり、砂場で水を流したりする中で、水の流れ方や乾いた砂と湿った砂、泥の違いなど子どもたちの気付きや不思議に思う気持ちを認めたり、一緒に考えたりしていく。
○一人ひとりの思いや考えを受け止め、自分の言葉で伝えようとする姿を認めたり、相手に分かるような伝え方を保育者と一緒に考えたりし、子ども同士の話が通じ合うように援助する。
○身近な生き物との関わりを通して、親しみをもってよく見たり、命の大切さ、飼い方などに気付いたりしている

姿を十分に認めていく。また、感動や気付きを伝え合う姿を大切にし、クラス全体で情報を共有する機会を設け、興味・関心が広がるようにする。
（チョウチョウの羽化、サリガニの脱皮　など）
◆園庭の季節の変化にも気付くことができるように、アジサイの花やアンズの実などを保育室に飾る。
◆汗をかいたり、汚れたりしたときには自分で気付いて着替えることができるように必要な物を取り出せるようにしておく。
（ござ、タオル、足拭きマット、たらい　など）
○自分の体に関心をもてるよう、自分で汗の始末をしたり、衣服の調節ができるよう声を掛けたりしていく。
○歯磨きやうがいに進んで取り組めるように永久歯や6歳臼歯の話をし、パネルシアターや絵本などを通して歯の大切さを伝える。

### 反省・評価のポイント

★友達と一緒に体を動かしたり、ルールのある遊びを楽しんだりすることができたか。
★梅雨期の植物や栽培物、飼育物に興味をもち、友達と気付きや発見を伝え合えるよう援助ができたか。

# 6月 週の計画 2週

6/10(月)〜15(土)

今週の予定：保育参観、父の日

## 前週の 幼児の姿

○友達と一緒にルールのある遊びを繰り返し行ない、自分の思いや考えを伝えようとしている。
○梅雨期の植物や栽培物、飼育物に興味・関心をもち、進んで世話をしたり、発見したことを保育者や友達に自分の言葉で伝えたりしている。

---

○自分の思いや考えを言葉で伝え、相手の話を聞きながら、友達と一緒に遊ぶことを楽しむ。… Ⓐ
○友達と目的を共有しながら取り組むことを楽しむ。… ⒶⒷ
・自分の思いや考えを伝え、相手の気持ちや考えを聞いて、理解しようとする。
・友達と一緒にイメージを出し合い、なり切ったり、必要な場や物を作ったりする。
・アイディアを出し合いながら、友達と一緒に取り組む楽しさを感じる。
・誕生会の出し物について、内容を相談したり、友達と一緒に必要な準備をしたりする。

---

◆雨が多く、室内でごっこ遊びをする機会が多くなる。今までの経験を基に、イメージを出し合いながら友達と一緒に遊びを楽しめるように絵本や道具、曲を用意する。

> 絵本：『わんぱくだん』シリーズ、『かいぞくポケット』 など
> 道具：バンダナ、布、新聞紙、カラーポリ袋 など

○状況に応じて、保育者からも遊びのアイディアを出し、友達と目的を共有して遊ぶ楽しさを感じられるようにする。

◆巧技台や大型積み木などを組み合わせて楽しむことができるように、準備や片付けがしやすい配置にする。

○遊具や用具の使い方を確認し、長い物は二人で持ったり、他の遊びとぶつからないようにしたりするなど友達と伝え合いながら安全に遊べるようにする。

○思いがすれ違ったり、相手にうまく伝わらなかったりするときには、保育者も一緒に方法を考えたり、互いの思いを聞いたりして、伝え合えるような援助をする。また、必要な場や物を作っている姿を認め、思いが伝わる喜びにつながるようにする。

◆身近な栽培物や飼育物の成長や変化に気付き、自分で調べられるように絵本や図鑑などを置いておく。

（植物や虫の図鑑、ザリガニ・カブトムシなどの本）

◆アジサイやカタツムリなどを描いたり、製作したりする際に、実物を見ながら描いたり、製作したりできるように、保育室に飾ったり飼育したりする。

○アジサイの花びらの色や形など一人ひとりの気付きを大切にし、自分なりの表現を楽しめるようにする。

○誕生会での出し物では、日頃の遊びで楽しんでいたり、クラスみんなで歌ったりしている歌などを提案し、みんなで一つのことを行なう楽しさを感じられるものにする。

（シルエットクイズ、スリーヒントクイズ、合奏 など）

○他年齢も見て分かる内容になるよう、クイズをシンプルな内容にすることや絵を描いて見せることなど様子を見ながら保育者から提案していく。

---

## 反省・評価 のポイント

★互いのイメージを伝え合いながら、一緒に場をつくったり必要な物を作ったりして遊ぶことを楽しんでいたか。
★友達とアイディアを出し合い、一緒に取り組むことを楽しめるような援助ができたか。

# 6月 週の計画

**3週** 6/17(月)〜22(土)

今週の予定：身体計測、誕生会、夏至

※ねらい（… Ⓐ など）が、月案と週案で関連し合っていることを読み取ってください。

## 前週の 幼児の姿

○自分の思いや考えを伝えようとし、友達と一緒にイメージを出し合いながら、遊びを進めようとしている。

○誕生会の出し物に意欲をもち、友達と一緒に相談をしたり、思いや考えを出し合ったりしながら準備を進めている。

## ねらい○と内容・

○互いに思いや考えを出し合いながら、友達と一緒に活動することを楽しむ。… Ⓐ

○遊びの中で物や材料の特性に気付き、試したり、工夫したりしながら遊ぶことを楽しむ。… Ⓑ

○梅雨期の自然に関心をもち、不思議やおもしろさなどを感じる。… Ⓒ

・誕生会時に役割を分担し、司会や出し物などクラスみんなで取り組む。

・関心をもったことを繰り返し取り組み、多様な関わりをする。

・梅雨期の自然物をよく見て調べたり、気付いたことを保育者や友達に伝え合ったりする。

## 具体的な環境◆と保育者の援助◎

◆模造紙やホワイトボードなどに誕生会の出し物などの順番や係、役割などを子どもが見て分かるように掲示する。

○互いの考えを聞いたり、受け入れたりする体験につながるように、出し物を子どもたち同士で見せ合ったり、互いに助言をしたりし合える機会を設けていく。

◆体験したことやイメージを表現できるように、材料を提示し、遊びに取り入れられるようにする。

（動く車や舟、手足が動く人形作り：磁石、ゼムクリップ、割り箸、輪ゴム、割りピン　など）

◆今までの経験を生かし、更に自分で試したり工夫したりする楽しさにつながるように新しい材料や道具を提示する。

（コリントゲーム作り：木材、釘、金づち、輪ゴム　など）

○工夫したり試したりする中で気付いたことを伝えたり、友達の考えに気付くきっかけとなる機会を設けたりする。

◆シャボン玉遊びでは、繰り返し試しながら発見したり、不思議を感じたりする楽しさを感じられるような遊具を準備する。

（おろし金、石けん、針金、モール　など）

○雨が続くため、室内でも、体を十分に動かし、友達とつながりを感じられるよう、体を動かして遊べる活動を取り入れる。

（猛獣狩り、ラウンドチェーン、王様じゃんけん　など）

◆雨や滴、光などの自然事象を取り入れて遊んだり、観察したりできるように様々な道具を用意したり、梅雨の季節や自然に興味をもてるような本を置いたりする。

（道具：空き容器、バケツ、虫かご　など
絵本：『おじさんのかさ』
　　　　『あめが ふるとき ちょうちょうは どこへ』）

○雨音や雨の匂い、雨上がりの葉の滴や水たまり、光の反射や虹など、友達と伝え合う姿を認めたり共感したりする。

○プールに期待をもてるように、保育者と一緒にプール掃除をしたり、遊具の準備をしたりする。

## 反省・評価のポイント

★試したり、工夫したりしながら気付いたことを保育者や友達に伝えたり、自分で調べたりしていたか。

★梅雨期の自然物をよく見て調べたり、触れたりして、遊びの中に取り入れたくなるような援助ができたか。

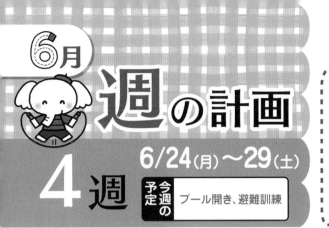

# 6月 週の計画

**6/24(月)〜29(土)**

**4週**

**今週の予定** プール開き、避難訓練

## 前週の 幼児の姿

○友達とやり取りをし、一緒に遊ぶことを楽しんでいる。
○新たな材料を遊びに取り入れ、特性に気付き、おもしろさを感じて遊んでいる。
○梅雨期の自然の不思議やおもしろさを感じ、保育者や友達に自分の気付きを伝えている。

---

○プール遊びや水遊びの中で、水の特性や感覚を楽しみながら友達と一緒に遊ぶことを楽しむ。… Ⓐ Ⓒ
○様々な素材を使って、友達と一緒に工夫して製作する楽しさを味わう。… Ⓑ
・プールでの遊びに期待をもち、身支度や約束事を思い出し、進んで行なう。
・水を使った遊びを繰り返し、発見を楽しんだり、友達と気付きを伝え合ったりする。
・友達と一緒に七夕飾りを作ったり、願い事を考えたりする。

---

○自分で安全に気を付けられるようにプール遊びの約束事や衣服の畳み方、脱いだ衣類の後始末などを見通しをもって行なうように確認する。

○気温が高くなる日には、水遊びの前後には必ず水分補給を行なう。また、自分から積極的に水分をとるように声を掛けていく。

◆気温が低く、プールに入れない日には、試したり、工夫したりすることができるような遊びを取り入れる。
（染め紙、絵の具、フィンガーペインティング　など）

◆色水遊びでは、水の量による濃淡の違いに気付いたり、混色を楽しんだりできるよう遊具や材料を準備する。
（透明や白の空き容器、製氷皿、スポイト、じょうご、様々な大きさのペットボトル、透明ホース、クレープ紙、食用色素　など）

○色水遊びなど、試したり工夫したりして楽しんでいる遊びでは、友達と互いの考えを伝え合ったり、発見やおもしろさをクラスみんなに伝えたりする機会を設けていく。

○動的な活動が続かないよう、水遊びを楽しんだ後は落ち着いて活動する時間を設けるなど一日の流れを工夫する。

◆夕方に輝く星を見つけたり、七夕の話をしたりしながら、星や天体に興味をもてるように、宇宙や星などに関する図鑑や絵本などを置いておく。
（星や宇宙の図鑑、『10ぴきのかえるのたなばたまつり』　など）

◆七夕飾り作りでは、七夕の雰囲気を感じながら製作を楽しめるように保育室や玄関、ホールなどにササを飾り、自分たちで製作した飾りを付けられるようにする。

◆子どもたちの発想を生かし、新しい作り方や材料で飾りを作れるように準備をする。
（色紙、色画用紙、キラキラ色紙、キラキラテープ、でんぐり、オーロラシート　など）

○今までの経験を生かして友達とアイディアを出し合い工夫して作ったり、友達とパーツを組み合わせて作ったりするなど、一緒に作る楽しさを味わえるようにする。

---

**反省・評価のポイント**

★プール遊びや水遊びの中で、水の特性や感覚を楽しみながら友達と一緒に遊ぶことを楽しんでいたか。
★星や天体などに興味をもち、友達と一緒に工夫して製作できるような環境を提案できたか。

# 6月 日の計画

## 6/13（木）

**ねらい**
○友達と一緒に、気持ちや考えを伝え合いながら遊びを進めようとする。
○誕生会で出し物を行なうことに期待をもち、自分の考えを出していこうとする。

**内容**
○自分の考えを言葉や動きで伝えたり、相手の思いを聞いたりしながら遊ぶ。
○誕生会での出し物について期待をもち、内容や役割分担の話し合いに取り組む。
○栽培物や身近な自然物に関わり、生長や変化に関心をもつ。

| 環境を構成するポイント | 予想される幼児の活動 | 保育者の援助 |
|---|---|---|
| ○大型積み木や巧技台の遊びでは、遊具の使い方を確認しながら、動線や安全に気を付けて遊びを広げられるよう、場の使い方を調整していく。<br>○イメージや考えが具体的に実現できるよう、取り組みの様子を見たり子どもと話し合ったりしながら素材や教材を準備する。<br>○自分たちで必要な遊具を準備してしっぽ取りやリレーに取り組めるようにしておく。<br>○見通しをもって取り組めるようにスリーヒントクイズを進める言葉を掲示したり、各グループで決まったクイズの内容、役割分担などを書き入れる表を準備したりする。<br>○栽培物への興味・関心が広がるよう世話をする中で気付いたことについてクラスで共有できる機会を設ける。 | ○登園し、所持品の始末をする。<br>○当番活動をする。<br>○好きな遊びをする。<br>　室内：大型積み木や巧技台の構成遊び、ごっこ遊び（海賊、お店屋さん）、動物作り、ペープサート劇など<br>　戸外：砂場遊び、リレー、サッカー、しっぽ取り、虫探し　など<br>○片付けて集まる。<br>○誕生会の出し物を話し合う。<br>・スリーヒントクイズの進め方やルールを確認する。<br>・グループでクイズの内容や、役割分担を話し合う。<br>○昼食をとる。<br>○好きな遊びをする。<br>○集まる。<br>・当番の交代をする。<br>・明日の予定を確認する<br>○降園する。 | ○当番活動では、グループで声を掛け合いながら自分の役割を意識して取り組めるよう援助する。<br>○子ども同士で始めた遊びを大切にして、思いを伝え合えるよう援助する。<br>○鬼ごっこなどでルールの捉え方の違いなどから遊びが行き詰まる場面では、友達の考えや思いの違いを受け止めて互いに分かり合えるように援助する。<br>○集会でのスリーヒントクイズの進め方を確認し、話し合って決める内容が明確になるようにする。また、一人ひとりが思いを表せるよう援助したり、友達の考えを聞くきっかけをつくったりする。<br>○生活の中で、栽培物や身近な植物の生長や変化に関心をもって関わる姿を十分に認める。 |
| ○休息の時間には横になって体を休めたり、描画や折り紙などで静かに遊んだりできる環境づくりをする。<br>○一人ひとりのペースで好きな遊びを選んでゆったりと過ごせるよう、スペースを調整したりパーティションなどで場を分けたりする。 | ○休息、静かな遊びなどをする。<br>○おやつを食べる。<br>○好きな遊びをする。<br>　製作遊び、小さいブロック、カードゲーム、ごっこ遊び、戸外で固定遊具　など<br>○片付けて降園する。 | ○天候に応じて遊具の量や内容を調整し、落ち着いて過ごせるようにする。<br>○他クラスの友達同士での遊びの場面では、約束やルールの調整など必要に応じて仲立ちとなっていく。 |

## 反省・評価のポイント

★友達と思いや考えを伝え合いながら遊びを進めようとしていたか。
★スリーヒントクイズの話し合いなどを通して、誕生会で出し物を行なうことに期待や意欲をもてるような援助ができたか。

# 6月 日の計画

## 6/20（木）

**ねらい**
○友達と思いや考えを伝え合いながら、一つのことに取り組む楽しさを味わう。
○興味をもった遊びに取り組む中で、試したり工夫したりすることを楽しむ。

**内容**
○友達に自分の考えを伝えたり、相手の話に関心をもって聞いたりする。
○水や砂、石けんなどを使って、繰り返し試して遊びながら特性に気付く。
○飼育物の世話を通して生長に関心をもったり、命の大切さに気付いたりする。

### 環境を構成するポイント

○当番活動の作業を進めやすいよう、洗い場や必要な用具などは扱いやすく整理しておく。
○パネルシアターの絵人形製作に必要な用具、材料などを工夫して使えるように準備しておく。

パス　　B5判程度の　　太いフェルト
　　　　Pペーパー　　ペン（黒）

○シャボン玉遊びの工夫や試しができる遊具や材料を準備しておく。

（固形石けん、おろし金、筒状の素材、うちわの骨、穴あきお玉　など）

○達成感や満足感を感じられるよう、くす玉を飾る場所をつくっておく。
○水、砂、土、泥など、特性に気付いて試したり工夫したりできるような環境を用意する。
○カブトムシの生長の過程に関心をもてるよう、カブトムシのサナギの飼育ケースや羽化までの生長の過程が分かりやすい写真などを、保育室のよく見える場所に置いておく。
○個々でじっくり取り組める製作遊びや、日頃、一緒に遊ぶことの少ない子ども同士でも分かりやすいルールのゲームを用意する。

### 予想される幼児の活動

○登園し、所持品の始末をする。
○当番活動をする。
○好きな遊びをする。
　室内：パネルシアター、染め紙、七夕製作、ごっこ遊び、大型積み木や巧技台などの運動遊び
　戸外：シャボン玉遊び、砂場、泥団子作り、鬼ごっこ、固定遊具への挑戦　など

○片付けて集まる。
○くす玉を作る。
　（七夕飾り）
○昼食をとる。
○好きな遊びをする。
○片付ける。
○集まる。
・カブトムシのサナギについて、気付いたことなどの意見を出し合う。
・一日を振り返りながら話し合う。
○降園する。

○休息、静かな遊びなどをする。
○おやつを食べる。
○好きな遊びをする。
　（立体折り紙、ミニ絵本作り、ビーズ、リバーシなどのボードゲーム　など）
○片付けて降園する。

### 保育者の援助

○ごっこ遊びでは、イメージや考えなどが相手に伝わるような言葉を補ったり、必要に応じてアイディアや材料を提示したりして実現する喜びを味わえるようにする。
○割れにくいシャボン玉にしたいなどそれぞれの思いで繰り返し取り組む様子を見守り、そのおもしろさや気付きに共感することで子どもの工夫や試しを促す。
○くす玉作りでは一緒に取り組んでいる子ども同士で、色合いを考えた重ね方や作り方のこつなどを伝え合う姿を認め、美しく仕上げることに期待をもち、力を合わせて進めていけるようにする。
○サナギの様子をクラスで話し合う中では、子どもの気付きや羽化への期待を受け止めながら、命の大切さや不思議を感じられるようにする。
○一日を振り返る中でシャボン玉遊びについても話題にし、家庭でもアイディアを聞いてみるよう促す。

○異年齢児とのふれあいの中で、遊び方を教えたり一緒にやってあげたりする姿を認め、年長としての自信を感じられるようにする。

### 反省・評価のポイント

★興味をもった遊びに取り組み、試したり工夫したりして楽しんでいたか。
★身近な材料や自然物の特性に関心をもち、繰り返し試したり工夫したりして楽しめるような援助ができたか。

**第2章 子どもに合わせて計画を立てよう**

**6月 日の計画**

# 7月の計画

## 友達と一緒に試したり挑戦したりして自分なりの目当てをもち、夏の遊びを存分に楽しむように

### 生活

**友達と一緒に活動し、互いの良さに気付けるように**

　プール遊びでは、水に親しみながら伸び伸びと体を動かしたり、様々な動きに挑戦してみたりし、自分なりに目当てをもって遊ぶ楽しさを味わえるようにしましょう。友達の挑戦する姿を見て応援したり自分もやってみたりする姿を認め、自信をもって意欲的に行動することができるように一人ひとりの良さを認め励ます援助をしましょう。

| | |
|---|---|
| 健康な心と体 | 自立心 |
| 協同性 | 言葉による伝え合い |

### 人との関わり

**様々な物に関心をもって関わり、工夫して遊ぶ楽しさを味わえるように**

　自分たちで工夫しながら水の流れを作ったり、水に浮かぶ物を作ったりするなど、身近な自然を取り入れ、様々な物に関心をもって関わって遊ぶ環境を工夫しましょう。これまでの経験を生かして必要な材料や用具を選んだり用意したりするなど、子どもと共に環境を工夫し、新しい方法を考えたり試したりしながら工夫して遊ぶ楽しさを味わえるように援助しましょう。試行錯誤を楽しみ、自分なりに関連づけたり、予想したりしながら物の特性や法則性などに気付いていく過程を大切にしましょう。

| | |
|---|---|
| 思考力の芽生え | 数量や図形、標識や文字などへの関心・感覚 |

# 季節ごよみ

○晴れた日には、水遊びや プール遊びを楽しむこと ができる。

○七夕飾りを作り、保育室 やササに飾っている。

○気温が高い日、蒸し暑い 日、急に雨が降ったりし て天候の変化がある。

○梅雨明け時期になり、日 ざしが強くなる。

○栽培している夏野菜の実 が変化し、草花はつぼみ をつけ始める。

○日ざしが強くなり、暑い 日が続く。

○アサガオやフウセンカズ ラなどの花が咲き始める。

○地域の夏祭りが行なわれ る。

○気温が上昇し、日ざしが ますます強くなる。

○夏野菜が収穫できるまで に育ち始める。

○セミの鳴き音が大きくな り、抜け殻を見つける。

# 遊びへの取り組み

## 健康で安全な生活の仕方を 身につけていけるように

厳しい暑さの中、体調管理に十分配慮し、安全に生 活したり遊んだりできるようにしましょう。園庭で遊 ぶときには帽子の着用やこまめな水分補給など子ど もが自分で行なえるような援助をし、日ざしを遮る環 境をつくって健康に過ごせるようにしましょう。みん なで育てている野菜の生長を楽しみに世話をしたり 収穫したりする体験を通して、自然の中にある色や形、 数や量などへの関心を高めていきましょう。

| | |
|---|---|
| 健康な 心と体 | 自立心 |
| 自然との関わ り・生命尊重 | 数量や図形、標識 や文字などへの 関心・感覚 |

# 保育なるほど解説！

## 「保育記録のまとめ」

学期末などに日々の保育記録を読み返す と、その時々には気付かなかったことに心が 留まり、改めて子ども理解や保育者としての 自分自身の関わりを反省することがありま す。「なるほど、そうだったのか」と納得し、そ の子どもへの関心がより深まっていきます。 「保育記録をまとめる」ということは、これま での点と点の記録を連続して見ることで線と して見えることを見出し、その内面で発達し つつあることに気付くことであり、子どもと 共に暮らす保育者ならではの理解です。

# 7月 月の計画

※ねらい(… Ⓐ など)が、月案と週案で関連し合っていることを読み取ってください。

## クラスづくり

○自分なりの目当てをもって伸び伸びと全身を動かしたり、様々な動きに挑戦したりして遊ぶ楽しさを味わえるようにしたい。友達がやっていることに刺激を受け、自分でもやってみようと試したり工夫したりする姿や、友達と一緒に協力してつくり上げようとする姿を大切にし、自信につなげていきたい。また、夏の自然に興味・関心をもち、積極的に関われるようにしていきたい。

---

## 前月末の 幼児の姿

**生活**

○梅雨の時期の生活の仕方が分かり、衣服の調節や汗の始末などを自分でしようとしている。

○プール遊びを楽しみにし、着替えや支度を進んで行なっている。

**人との関わり**

○友達のしていることに興味をもち、見たりまねたりして、一緒にやってみようとしている。

○自分の思いや考えを伝え、相手の話を聞き、友達と一緒に遊びを進めようとしているが、互いに思いや考えが伝わっていないこともある。

**遊びへの取り組み**

○友達と一緒に池・水路作りに興味をもち、繰り返し楽しんでいる。

○色水やシャボン玉の遊びでは、不思議や美しさなどを繰り返し感じている。水の量によって、混色を楽しんだり濃淡の違いに気付いたりしている。

○様々な材料を使って、七夕製作に取り組んでいる。

## ねらい

○自分なりの目当てをもって夏の遊びを存分に楽しむ。… Ⓐ

○友達と試したり工夫したりし、思いや考えを伝え合うなどして遊びを進める。… Ⓑ

○夏の生活の仕方が分かり、見通しをもって行動しようとする。… Ⓒ

○夏の自然事象や動植物の生長や変化に関心をもち、遊びに取り入れる。… Ⓓ

## 幼児の経験する 内容

○自分なりの目当てをもって繰り返し楽しんだり挑戦したりして、自信をもつ。

○水の中で様々な動きを楽しみ、水の気持ち良さを全身で味わう。

○友達のしていることに興味をもち、応援したり、教え合ったりして、互いの良さに気付く。

○友達と目当てを共有し、試したり工夫したりして遊ぶことを楽しむ。

○遊びに使う物を工夫して作り、イメージを実現していく。

○自分の思いや考えを友達と伝え合いながら、友達と一緒に遊びを進める。

○プール遊びの約束が分かり、守って遊ぶ。

○健康な生活の仕方が分かり、自分から行なう。

○友達と夏野菜の世話をしながら、実るまでの過程や収穫した野菜の形態や特徴などに興味をもち、観察したり調べたりする。

○飼育物の生長に関心をもち進んで世話をする。

○夏の自然事象に興味をもち、感動したことや疑問に思ったことを調べたり、友達と伝え合ったりする。

○季節の歌をうたったり、様々な楽器の音色を楽しんで、演奏したりする。

---

## 家庭・地域との連携
保護者への支援も含む

★家庭と健康チェックカードを通して健康状態を共有し、子どもが自分の体調や『早寝、早起き、朝ごはん』など規則正しい生活リズムの大切さに意識できるように連携していく。

★収穫物や飼育物を保護者の目にふれる場所に置いたり、写真を掲示したりして、クラスでの取り組みを伝え、家庭でも話題にできるようにしていく。また、七夕製作では親子で短冊作りをするなど、親子で楽しめる機会をつくる。

## 健康・食育・安全 への配慮
### 養護の視点も含む

○子どもたちが見える場所に温湿度計を置き、毎日子どもたちと一緒に測り、熱中症予防をしていく。

○栽培した夏野菜を収穫して園で調理し、自分たちが育てた特別な夏野菜を食べる喜びを味わえるようにする。

○プール遊びでは、監視を行なう者とプール指導を行なう者を分けて配置し、役割分担を明確にし、安全を確保する。

### 保育力アップ 指導計画から学ぶ

### それぞれのもち味が発揮され、互いの良さを認め合う関係づくり

友達と一緒に活動することを楽しむようになりますが、実際には思いや考えを伝え合うのは難しいことが多いです。単に一緒に活動することを優先するのではなく、相手に分かるように話そうとしたり、よく聞き理解しようとしたりする状況をつくり、もち味を認め合い、生かし合えるよう丁寧な援助をしましょう。

# 環境の構成と保育者の援助

### 自分なりの目当てをもって遊ぶ楽しさを味わえるように

○自分なりの目当てをもって挑戦する姿を励ましたり、無理なく水に親しめるようにしたりして、子どもたちが様々な動きを楽しみ自信をもつことができるようにしていく。

○友達ができるようになったことを一緒に喜んだり、友達のやっていることに刺激を受けて挑戦したりする気持ちを大切にし、意欲につなげていく。

### 試したり工夫したりして友達と一緒に遊びを楽しめるように

○子どもたちのやりたいことや遊びに必要な物を考えたり工夫して作ったりできるように、必要な用具や材料を準備したり、足りない物は一緒に探したりする。

○自分の思い通りにいかず葛藤する様子や、自分なりに試行錯誤する姿を見守りながら、どうしたらやりたいことが実現できるのか一緒に考え支えていく。

○友達との遊びの進め方で食い違うことがあったときは、どんなことを伝えたいのか思いや考えを聞き、相手に分かるように話すことができるように、仲立ちをしていく。

### 夏の生活に見通しをもって行動できるように

○汗の始末や水分補給、涼しい場所で遊ぶなど、子どもが自分で考えて行動できるよう、遮光ネットやパラソル、所定の位置に水分補給用の容器を置くなど、環境に配慮する。

○子どもたちと一緒に水の危険性について考える機会をもち、自分からプール遊びの約束が守れるようにしていく。

### 夏の自然事象に関心をもち、遊びに取り入れて楽しめるように

○七夕やプラネタリウム見学をきっかけに、星や宇宙への関心をもてるよう、星座の写真や図鑑、絵本などを用意しておく。

○夏野菜をみんなで収穫した喜びを味わい、収穫物の色や形を比べたり数をかぞえたり、発見したことを子ども同士で伝え合ったりすることができるようにしていく。

## ゆったり過ごすために… ～園で長時間過ごすための配慮～

### 一日の生活を見通す

○一日の生活の中に、活動と休息をバランス良く配置しながら生活リズムを整えていく。

○水遊び後は疲れやすくなることを考慮し、一人ひとりが休息を取れる涼しい場所やゆったりと遊べるスペースを確保する。

○夕立や虹、一番星や月など夏の自然事象を体験する機会を大切にし、空を眺めて空想したり、図鑑や絵本などで不思議に思ったことを調べたりするなど関心をもてるようにしていく。

### 保育者のチームワーク

★一人ひとりの体調や体温の変化に注意を払い、丁寧に伝え合う。

★遊びが翌日も継続できるように職員間で連携を取り、場や時間を確保していく。

## 反省・評価 のポイント

★目当てをもって挑戦し、夏の遊びを存分に楽しんでいたか。

★友達と試したり工夫したりして、思いや考えを伝え合いながら遊びを進められるよう援助できたか。

★夏の自然や生活に関心をもち、過ごすことができたか。

※ねらい（… Ⓐ など）が、月案と週案で関連し合っていることを読み取ってください。

## 前週の 幼児の姿

○プールに入るための着替えを張り切って行ない、友達と一緒に水遊びを楽しんでいる。

○自分の思いを伝えながら友達と遊びを進めようとしている。

○様々な材料を使って、ササ飾りを友達と一緒に楽しんで作っている。

## ねらい○と内容・

○夏の時期に必要な健康な生活の仕方が分かり、進んで行なう。… Ⓒ

○友達と一緒に水遊びやプール遊びを楽しむ。… Ⓐ

○七夕の由来や星や宇宙に興味・関心をもち、イメージを広げて楽しむ。… Ⓑ

・水分補給や汗の始末、着替えを進んで行ない、日陰を選んで遊ぶ。

・プール遊びでは、伸び伸びと動き、水の気持ち良さを全身で味わう。

・ササ飾りの製作やプラネタリウム見学を楽しみ、七夕の由来や星、宇宙に興味・関心をもつ。

## 具体的な環境◆と保育者の援助○

◆涼しい場所を選んで遊んだり過ごしたりできるように遮光ネットやパラソル、よしず、テントなどで日陰をつくる。

○水分補給や汗の始末、着替え、休息、夏の健康な過ごし方などが分かり、自分から行なえるようにしていく。

◆プール遊びでは気温や水温、子どもたちの健康状態を把握して安全に入れるようにする。準備体操を行ない、子どもの状況に合わせてプールの水位を調節していく。

○プール遊びの身支度や約束をクラス全体で確認し、自分で気付いて行動できるようにする。

○水に親しみ気持ち良さを味わえるような活動を取り入れ、伸び伸びと動き、友達と一緒に楽しめるようにしていく。

（宝探し、フープくぐり、水流を起こしたプール）

◆興味をもって繰り返し遊んでいる水路作りを楽しめるよう、必要な遊具などを用意する。

（とい、シート、たらい、バケツ　など）

○どうすれば水が流れるか何度も試したり、角度や高低差をつけるなど工夫したりする姿を見守り、試行錯誤しながら遊びを進め、自分らしさを味わえるようにする。

◆七夕の由来や星に興味をもてるように絵本や図鑑を用意し、星の写真も見やすい所に掲示しておく。

（絵本：『たなばたものがたり』）

（♪：『たなばたさま』『きらきら星』）

○短冊作りでは、友達と読み合ったり、親子で願いを書いて飾ったりして楽しめるようにする。友達と一緒に話しながら飾り付ける姿を認め、作ったり飾ったりする喜びを感じられるようにしていく。

○星や宇宙のことを遊びに取り入れられるよう、子どもと一緒に材料や道具を準備する。

（プラネタリウムごっこ：段ボール板、厚紙、）

（カラーセロハン、色紙（金、銀）、懐中電灯　など）

## 反省・評価のポイント

★夏を健康に過ごすために必要なことが分かり、進んで行なっていたか。

★七夕や星、宇宙に興味・関心をもち、イメージを広げていけるような環境構成や援助ができたか。

# 7月 週の計画
## 2週　7/8（月）～13（土）

今週の予定　身体計測、誕生会

### 前週の 幼児の姿

○プールの準備を進んで行ない、友達と一緒に水遊び、プール遊びを楽しんでいる。
○星や宇宙に興味をもち、図鑑を見たり話題にしたり、友達とプラネタリウムごっこを楽しんだりしている。
○短冊やササ飾りを飾り、七夕の雰囲気を楽しんでいる。

---

○友達と一緒に様々な水遊びを楽しむ。… Ⓐ
○遊びに必要な物を試したり工夫したりして作って楽しむ。… Ⓑ
○夏野菜の世話をする中で生長や変化に興味をもち、収穫を期待する。… Ⓓ
・プール遊びでは、フープくぐりや蹴伸びをしたり、潜ったりして水に親しむ。
・様々な素材や用具を使って、舟作り、シャボン玉・色水遊びなどを楽しむ。
・夏野菜の生長に期待をもって観察したり、色、形、数や感触に興味をもって楽しんだりする。

---

◆プール遊びでは、水が苦手な子どももいるのでそれぞれの楽しみ方に応じた場を構成し、自分なりの目当てをもって楽しめるようにしていく。
○友達の頑張っている様子を見て、友達の良さに気付けるようにしていく。
◆舟作りに必要な物、工夫できる素材や道具を用意する。
（スチレン皿、牛乳パック、木片、ストロー、割り箸、ペットボトル、プラカップ、輪ゴム、風船、布テープ、油性フェルトペン　など）
◆テラスにたらいやビニールプールを用意し、水に浮く舟や動く仕組みを子どもたちが考え、試しながら作って楽しめるようにしていく。

○作り方のこつが子ども同士で伝わるよう、作り方が分からなかったり、うまくいかなかったりしたときには先に作っている友達に聞いてみるよう促す。
○子どもの発見や驚きに共感しながら、新たな視点やアイディアを投げ掛けていく。
◆シャボン玉や色水など、プール遊び以外にも自分で考えたり工夫したりして遊べるように、用具や材料を取り出しやすく片付けしやすいよう準備する。
（シャボン玉：固形せっけん、おろし金、シャボン玉液、ストロー、ハンガー、毛糸、うちわの軸
色水：花、葉、すりこ木、じょうご、透明カップ　など）
○児童館のお化け屋敷見学を見に行ったことや、バーベキューをしたことなど、体験したことを伝え合う機会をもつ。
◆ピーマン、パプリカ、キュウリ、ナスなどの夏野菜の生長を楽しみにしながら、カレンダーに収穫できた野菜の数をシールで貼るなどして、収穫の喜びが感じられるようにしていく。
◆カブトムシやザリガニ、メダカなどの世話の体験を通して、興味をもったことを調べられるよう、図鑑や写真絵本を用意しておく。
○夏野菜や飼育物の世話を友達と一緒に行なえるよう、クラスで話し合い当番活動として取り組んでいく。

---

反省・評価
のポイント

★試したり工夫したりできるよう素材や場を用意したり、援助したりすることができたか。
★夏野菜の生長や収穫した物に興味・関心をもち、収穫の喜びを味わっていたか。

# 7月 週の計画

## 3週 7/15(月)～20(土)

今週の予定：海の日、避難訓練

※ねらい(…Ⓐなど)が、月案と週案で関連し合っていることを読み取ってください。

### 前週の幼児の姿

○プール遊びでフープくぐりや蹴伸びなど、様々な動きに挑戦している。
○工夫したり試したりして舟作りを楽しんでいる。
○児童館でのお化け屋敷見学が話題になっている。
○夏野菜の生長や変化に興味・関心をもっている。

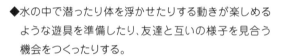

### ねらい(○)と内容(・)

○友達と刺激を受け合いながら、自分なりの目当てをもち、水の中で様々な動きを試し楽しむ。…Ⓐ
○友達と思いや考えを出し合い、必要な物を作って遊ぶ。…Ⓑ
・水に潜ったり、浮いたり、泳いだりして繰り返し挑戦することを楽しむ。
・様々な素材を使って試したり工夫したりして、友達と一緒に作って遊ぶ。
・夏野菜の生長に興味・関心をもって、色や大きさを観察して楽しむ。

### 具体的な環境(◆)と保育者の援助(○)

◆水の中で潜ったり体を浮かせたりする動きが楽しめるような遊具を準備したり、友達と互いの様子を見合う機会をつくったりする。
○ペットボトルを浮き輪にしたり、ビーチボールを抱えて水に浮いたり、プールの中で様々な動きをして体のバランスをとるなどして、水に浮く感触を味わうことができるようにする。
○友達とペアを組み、水の中に潜ってじゃんけんしたり、碁石や貝殻拾いをしたりするなど、友達と一緒に少し難しいことにチャレンジする楽しさを感じられるようにする。
○プール遊び中の避難訓練では、タオルで体を覆うなど安全に避難ができるように保育者間で対策を検討しておく。
◆児童館のお化け屋敷に出掛けた体験を基にイメージを広げられるような絵や絵本を用意したり、歌をうたったりする。
(絵本：『おばけなんてないさ』『おばけのブルブル』
『おばけがぞろぞろ』『おばけやしきへようこそ!』
♪：『おばけなんてないさ』『おばけになろう』)
◆一人ひとりがイメージしたお化けが作れるように、様々な材料を用意し、子どもたちが自分で選べるようにしておく。
(色紙、カラーポリ袋、毛糸、スズランテープ、新聞紙、油性フェルトペン、絵の具、布、たこ糸、棒、ほうき、傘　など)
○お化け作りでは、子どもたちが考えたり工夫している様子を見守ったり、時にはヒントを投げ掛けたりしながら、それぞれの思いが実現できるように援助していく。
○様々な素材や道具の特徴や使い方を知らせたり、工夫したり試したりできるよう十分な時間を保障する。
◆夏野菜の生長に興味・関心をもって観察できるように、必要な用具を準備しておく。
(虫メガネ、図鑑　など)
○日々、夏野菜の水やりをしながら大きさや色の変化などを観察し、写真や絵にするなどして、生長する様子や色の変化・各野菜の特徴などを実感できるようにしていく。
○子どもたちが互いに気付いたことを伝え合う様子を見守ったり、保育者も一緒に疑問に思ったことを調べたりして、興味・関心が更に深まるようにしていく。

### 反省・評価のポイント

★友達と一緒に水の中で、様々な動きを楽しんでいたか。
★子どもたちが試したり工夫したりできる素材を準備し、イメージした物を作っていけるように援助できたか。

CD-ROM ▶ 7月 ▶ 5歳児_7月_3・4週の計画

月

# 週の計画

## 7/22（月）〜31（水）

## 4週 今週の予定

### 前週の 幼児の姿

○プール遊びでは、顔をつけたり潜ったりするなど、友達のしていることに刺激を受け、繰り返し挑戦している。
○思いや考えを伝え合いながら、お化け作りを楽しんでいる。
○夏野菜の生長や変化に興味・関心をもって観察している。

○自分なりの目当てをもち、繰り返し挑戦してプール遊びを楽しむ。… Ⓐ
○友達と思いや考えを出し合いながら、お化け屋敷ごっこを進める。… Ⓑ
・友達と一緒に挑戦してみたり、応援したり、頑張ったことを喜び合ったりする。
・友達と思いや考えを出し合いながら、お化け屋敷ごっこなどを楽しむ。
・夏野菜を収穫し、数をかぞえたり重さを量ったりし興味・関心を深める。
・入道雲や雷雨、虹など夏の自然事象に感動して伝え合ったり、気付いたことを調べたりする。

◆プール遊びでは自分なりの目当てをもって、繰り返し挑戦する時間を十分にもったり、少人数で泳げる時間を設けたりする。
○目当てをもって繰り返し取り組み、頑張っている様子を認めたり、自信につなげたりしていく。
○互いの泳ぎを見せ合う時間を設け、友達同士でできるようになったことを喜び、刺激を受けてやってみようとする気持ちを大切にしていく。
◆お化け屋敷ごっこに必要な物を作ったり、話し合ったりできるように十分な時間を設けていく。
○子どもたちが思いや考えを出し合い、描いたり作ったりしながらイメージを共有できるようにしていく。また、話し合いの中で意見がぶつかり合ったときは様子を見守ったり、時には互いの思いに気付けるようなことばがけをしたりして、実現できるように援助していく。

◆場所を確保したり、翌日も遊びの継続ができるように調整したりする。
◆遊びのイメージを広げる効果音を考えていけるように、楽器やカセットデッキなどを活用する。

◆夏野菜の収穫は、野菜の大きさや重さを比べたり、収穫した数だけシールを貼ったりして、数や大きさや重さなどへの興味・関心につなげていく。
◆夏の自然事象に関して、不思議に思ったことや興味をもったことを、友達と一緒に調べられるように図鑑や写真を用意しておく。
○身近な自然事象に感動したことや不思議に思ったこと、気付いたことを友達と伝え合ったり、調べたりするおもしろさを味わえるようにし、知的好奇心につなげていく。
○みんなで歌う機会を設け、声を合わせて一緒に歌う喜びや季節感を味わえるようにする。
（♪：『にじ』　『南の島のハメハメハ大王』）

## 反省・評価 のポイント

★友達に考えを伝えたり、相手の考えを聞いたりしながら、お化け屋敷ごっこを進めていたか。
★プール遊びでは、互いに見せ合ったり、繰り返し挑戦したりする時間や場所を設け、自信につなげていけたか。

第2章　子どもに合わせて計画を立てよう

7月　週の計画

# 7月 日の計画

## 7/4(木)

**ねらい**
○思いや考えを伝え合いながら遊びを進めることを楽しむ。
○友達と一緒に、試したり工夫したりして遊び、物の特性や事象などに気付く。

**内容**
○自分の思いや考えを伝えたり、相手の話を聞いたりして遊ぶ。
○ダム・水路作りなど、試したり工夫したりしながら遊びを進める。

| 環境を構成するポイント | 予想される幼児の活動 | 保育者の援助 |
|---|---|---|
| ○一日の活動に見通しがもてるように、ホワイトボードなどで分かりやすく表示しておく。<br><br>○栽培物の世話をする中で気付いたことをクラスで伝え合えるよう場を構成し、興味・関心を広げていく。<br><br>○園庭や砂場でもじっくり遊べるよう、遮光ネットやテントなどを構成しておく。<br><br><br><br>○他クラスの保育者と相談をして、存分に水や砂を使って遊べる場の確保をしておく。<br>○子どもたちが試したり工夫したりできる用具や材料などを準備しておく。<br>（とい、シート、テーブル、じょうろ、たらい、バケツ、カップ、ペットボトル、すり鉢、茶こし、じょうご　など） | ○登園し、所持品の始末や支度をする。<br>○飼育物や栽培物の世話をする。<br>○好きな遊びをする。<br>（室内：空き箱製作、ごっこ遊び、絵本<br>　戸外：鬼ごっこ、泥団子作り、<br>　　　　縄跳び、虫探し　など）<br>○排せつをし、水分補給をする。<br><br>○園庭で水遊びをする。<br>・試したり工夫したりしながら友達とダムや水路作りを楽しむ。<br>・草花で色水遊びを楽しむ。<br>○シャワーを浴びる。<br><br>○昼食をとる。<br>○好きな遊びをする。<br>○集まって今日の振り返りをしたり、明日の予定などを確認したりする。<br>・歌をうたう。<br>（♪：『オバケなんてないさ』）<br>○降園する。<br><br><br>○横になって体を休める。<br>○おやつを食べる。<br>○好きな遊びをする。<br>（パズル、ブロック、<br>　カードゲーム、折り紙　など）<br>○降園する。 | ○友達同士で声を掛け合い、飼育物や栽培物の世話を積極的に行なっている姿を認めたり、生長などの気付きを報告する機会をつくったりして、友達同士の伝え合いを大切にしていく。<br>○友達を誘い合いながら遊んでいる様子を見守ったり、保育者も一緒に遊んだりしていく。<br>○水の流れ方やため方など、水や砂の特性を知り、子ども同士で試したり工夫したりしている様子を見守り、発見や楽しさに共感する。<br>○友達と考えの違いが生じたときは、互いの思いや考えを伝え合えるように援助し、保育者も一緒に新たな方法や解決策を考えていくようにする。<br>○友達と気持ちを合わせて一緒にうたう楽しさを味わうことができるように、繰り返し楽しんでいく。<br><br>○子どもが自分から水分補給をしたり、休息したりできるようにしながら、気温や一人ひとりの体調に応じ、ことばがけなどしていく。 |

 **反省・評価のポイント**

★自分の思いや考えを伝えたり、相手の話を聞いたりしながら、遊びを進めようとしていたか。
★水や砂の特性に気付き、試したり工夫したりしながら楽しむことができる環境を用意できたか。

# 7月 日の計画

## 7/18(木)

**ねらい**
- ○様々な材料を使いながら、工夫して描いたり作ったりする楽しさを味わう。
- ○友達と思いを伝え合ったり、イメージを共有したりして遊ぶことを楽しむ。

**内容**
- ○自分なりにイメージしたお化けを作ってみようとする。
- ○自分の思いや考えを言葉で伝えたり、友達の話を聞いたりする。

### 環境を構成するポイント

- ○児童館のお化け屋敷見学の体験が子どもたちの話題になり、クラスのお化け屋敷ごっこのヒントにつながっていくようにする。
  （児童館からの招待状、お化けの絵本　など）
- ○製作で使いたい材料や用具などを子どもと話し合いながら用意し、材料や遊具の扱い方を知らせたりしていく。
  （段ボール板、空き箱、画用紙、クレープ紙、カラーポリ袋、梱包用プチプチシート、布、たこ糸、クラフトテープ、ビニールテープ、スズランテープ　など）
- ○遊戯室などを使って作りやすいスペースが確保できるようにしていく。テーブルや床の上など、広い場所を使って、気の合う友達と一緒に作れるようにする。

- ○自然事象の変化に関心がもてるよう、空や星などに関する図鑑や絵本を用意しておく。

### 予想される幼児の活動

- ○登園して、朝の挨拶をする。
- ・所持品の始末や身支度をする。
- ○飼育物や栽培物の世話を行なう。
- ○戸外や室内で好きな遊びをする。
  （戸外：虫取り、ドッジボール、靴鬼、しゃぼん玉　など
  室内：空き箱製作、カードゲーム、小さな板の積み木、ボードゲーム（マンカラ）　など）
- ○片付け、排せつ、水分補給をする。
- ○歌をうたう
  （♪：『オバケなんてないさ』）
- ○お化け屋敷の話をする。
- ・児童館のお化け屋敷で印象に残ったことや感じたことを話し合う。
- ・自分が作りたいお化けを考えて作る。
- ○片付けをして、シャワーを浴びる。
- ○昼食をとる。
- ○今日の振り返りや明日の予定を確認する。
- ○自分の持ち物をまとめる。
- ○好きな遊びを楽しむ。
- ○降園する。

- ○横になり体を休める。
- ○おやつを食べる。
- ○好きな遊びを楽しむ。
- ○降園する。

### 保育者の援助

- ○一人ひとり挨拶を交わし、健康観察をする。
- ○飼育物や栽培物の変化への気付きに共感し、友達同士の伝え合いを大切にしていく。
- ○友達と遊びを進める中で、思いの違いからトラブルになったときは様子を見守り、必要に応じて相手に分かるように話すことができるようにしていく。
- ○お化け屋敷の話では、様々な気付きを言葉で表現したり、友達の話を聞きながらイメージを膨らませたりすることができるように、丁寧に聞いていく。
- ○十分に活動できるような時間と場所を確保し、子どもが必要としている物を用意したり作り方の相談にのったりしていく。
- ○明日も続きができるように自分たちの作品や材料・遊具を管理しておく。
- ○シャワーのとき、確認の必要な子どもの手伝いをしていく。
- ○夕焼けなど空を眺められる時間をつくり、感じたことを話したり不思議に思ったことを調べたりできるようにする。

### 反省・評価のポイント

★体験したことを基に自分のイメージした物を作ろうと工夫していたか。
★友達と思いや考え、イメージを伝え合い、一緒に活動する楽しさを感じられるような援助ができたか。

# 8月の計画

## 友達とのつながりを広げ、夏ならではの生活や遊びを十分に楽しむために

### 楽しく安全に遊ぶ意識をもてるように

　プール遊びでは、いろいろな泳ぎ方に挑戦したり、友達と競い合ったりしながら、自分の力を十分発揮する楽しさを味わえるようにしましょう。また、準備や片付けを自分たちでできる環境を常に整えておくようにしましょう。水に慣れて、水中やプールサイドでの行動が大胆になることがあります。安全に遊ぶためのルールや健康に過ごすための約束を自分たちで意識して守る姿を認めながら、5歳児としての自覚につながるようにしていきましょう。

| | |
|---|---|
| 健康な心と体 | 道徳性・規範意識の芽生え |
| 豊かな感性と表現 | 思考力の芽生え |
| 協同性 | 社会生活との関わり |

### 健康で楽しく夏を過ごすために必要な態度を育む

　夏期保育中は様々な年齢の子どもたちと過ごす機会が増えます。自分たちの遊びに年下の子どもたちを誘い入れたり、分かりやすいルールを考えたりしている姿を見守っていきましょう。今まであまり遊ばなかった友達の良さに気付いて親しみを感じるようになり、秋以降の様々な取り組みでの関わりにつながっていきます。年齢やクラスの違う友達と楽しく遊べる環境や、年下の子どもと安全に過ごすために必要な態度を、子どもと一緒に考えて行動できるようにしていきましょう。

| | |
|---|---|
| 健康な心と体 | 自立心 |
| 協同性 | |

## 季節ごよみ

○セミの鳴き声が増え、園庭でカナブンなどの昆虫が見られる。
○夏野菜の収穫が続く。

○真夏日や猛暑日が多くなる。
○アサガオやヒマワリなどの季節の花がたくさん咲いている。

○暑い日が続き、入道雲や夕立も見られ天候が変わりやすい。
○休みをとる家庭が増え始め、異年齢や他クラスと一緒に過ごす時間が多くなる。

○夏野菜が終わりの時季を迎えたり、草花が種を付け始めたりする。
○登園する子どもが増え、同年齢での保育に戻る。

## 遊びへの取り組み

### 夏の自然や様々な環境にふれ、家庭や地域とのつながりを深めていくために

　家庭での経験を話したり、採集してきた昆虫を園で育てたりしながら、みんなで楽しさを共有していきましょう。自分の経験を描いた絵や生き物を観察して描いた絵、作品などを自分たちで展示し、互いに鑑賞しながら伝え合えるスペースをつくりましょう。午後の時間帯を利用して、近隣の施設に出掛けたり夏祭りに参加したりする機会をつくり、地域とのつながりを感じられるようにすることも大切です。

| 自然との関わり・生命尊重 | 思考力の芽生え |
|---|---|
| 社会生活との関わり | 道徳性・規範意識の芽生え |

## 保育なるほど解説！

### 「自ら学ぶ姿勢をもって研修に臨む」

　保育者の資質向上には、研修は欠かせません。ところが、保育の現場では、毎日の忙しさに紛れ、なかなか園外研修に出にくい、また園内研修も、保育の長時間化のため継続的に取り組めないという実情を聞きます。また、一方では、研修というと、園長先生から「今度、○○研修に行ってください」と言われて出掛けるなど、受け身に捉えられているところもあります。夏の研修では、自らを振り返り「保育者としての自分」に必要な研修を考える機会にして、これからのキャリア・デザインを描いてみませんか。

8月の計画

# 8月 月の計画

※ねらい(… **A** など)が、月案と週案で関連し合っていることを読み取ってください。

## クラスづくり

○夏の生活の仕方に関心をもって、健康で楽しく過ごすために必要な態度が身につくようにしていきたい。プール遊びでは、自分の目当てに向かって挑戦し、力を発揮して遊ぶ楽しさや満足感が味わえるようにする。園や家庭、地域での夏ならではの体験を通して楽しかったことをクラスの友達と伝え合ったり、思いや考えを共有したりしながら遊び、つながりを深めたい。

## 前月末の 幼児の姿

**生活**

○水分補給や汗の始末など、声を掛けられたり、自分から気付いたりして、行なおうとしている。
○プール、水遊びの準備や後始末など生活の流れが分かり、進んで行なっている。

**人との関わり**

○休みに経験したことや楽しかったこと、家族で計画していることなどを話題にしている。
○友達のしている遊びに刺激を受けて、まねしたり自分なりに工夫したりして遊んでいる。
○自分の思いや考えを相手に伝えたり、相手の意見を取り入れたりして遊びを進めようとしている。

**遊びへの取り組み**

○自分なりの目当てをもって、プール遊びを楽しんでいる。
○栽培物の世話をしたり、収穫物の数をかぞえたりしながら生長を楽しみにしている。
○飼育物の特徴や変化に関心をもって調べたり観察したりしている。
○自分たちで計画したお化け屋敷ごっこを経験し、実現した満足感を感じている。

## ねらい

○夏の生活の仕方に関心をもち、健康な生活に必要な習慣や態度を身につける。… **A**

○遊びを存分に楽しみ、自分なりの目当てに挑戦する喜びや満足感を味わう。… **B**

○様々な友達や人とのふれあいを楽しみながら、親しみをもつ。… **C**

○夏の自然事象や身近な動植物にふれ、関心を高める。… **D**

## 幼児の経験する 内容

○自分の体に関心をもち、健康に過ごす。
○安全に遊ぶための決まりを、自分たちで考えて行動する。
○自分の目当てに向かって取り組んだり、繰り返し挑戦したりしながら、遊ぶ楽しさを味わう。
○運動遊びを通して、多様な動きを楽しむ。
○水の特性を感じ、試したり工夫したりして、プール遊びや水遊びを楽しむ。
○自分の経験したことをごっこ遊びや描画、製作などに取り入れて友達と遊ぶ。
○友達と思いや考えを出し合いながら、試したり工夫したりして遊びを進めようとする。
○自分の話を相手に分かるように伝え、関心をもって相手の話を聞こうとする。
○様々な友達や年下の子ども、地域の人と親しみをもって関わる。
○近隣の施設や夏祭りなどに出掛け、マナーを守って楽しく参加する。
○夏の自然事象を目の当たりにして、不思議や思ったことを友達と共有し合う。
○栽培物の世話や調理を通して形や色、生長していく様子や味などに関心をもつ。
○身近な生き物の世話をしながら、その特徴や変化に気付き、調べて関心を高める。

## 家庭・地域 との連携
### 保護者への支援も含む

★夏を健康に過ごせるよう、家庭にも配慮することを伝え、子どもの健康状態も密に連絡を取り合う。
（規則正しい生活、休息、栄養バランス、感染症、健康チェックカードの記入　など）
★夏野菜や栽培物の生長など、親子で見たり触れたりする機会を設け、より興味・関心をもてるようにする。
★地域の施設に出掛けたり参加したりできるよう、関係機関と時間帯や場所、内容など連絡を取り合い、計画を立てる。（図書館、夏祭り、プール交流会　など）

## 健康・食育・安全への配慮
養護の視点も含む

○時間帯や場所に配慮して、運動遊びなどで汗をかく経験や、体力づくりを心掛ける。

○育てた野菜のクッキングや、エダマメやトウモロコシなどの給食に使用する食材の皮むきなどの機会をつくり、食への関心が高まるようにする。

○暑さ指数や実際の外気温、湿度、水温など参考に活動を考慮し、熱中症予防に努める。

指導計画から学ぶ　保育力アップ

### 夏の生活や遊びを十分に楽しみ健康や安全に必要な習慣を身につける

　強い日ざしや猛暑、プール遊びなど一年を通して体力の消耗が最も激しい時季です。また、家庭で夏ならではの楽しい経験をしたり、長期間休んだりする子どももいます。保育者は一人ひとりの様子を丁寧に見取って、子ども自らが健康で安全に過ごすための習慣を身につけ、一日の生活に見通しをもって行動できるようにしていきましょう。

## 環境の構成と保育者の援助

### 夏を健康に過ごせるように

○夏を健康に過ごすために必要なことや、安全に遊ぶために必要なことについて、クラスで話し合う機会をもち、自分たちで意識して行なえるようにする。

○気温計や湿度計などを目につく所に設置し、暑さや涼しさに気付いて遊べるようにしていく。

### 遊びを存分に楽しめるように

○自分の目当てに向かって取り組む様子を励ましたり認めたりし、挑戦する楽しさや満足感を感じられるようにする。

○プール遊びの様子を友達と見せ合う機会を設け、自信をもち、友達の頑張りを認め、友達から刺激を受けて更に新たなことにチャレンジしてみようとする意欲につなげる。

○自然物や様々な素材を用意し、水遊びや製作などで試しながら特性や扱い方の違いに気付き、関心をもてるようにする。

○プール遊びの準備運動も兼ねて、継続的に運動遊びを取り入れて、体を動かす楽しさを味わえるようにしていく。

### 様々な友達や人に親しみをもてるように

○友達と思いや考えを伝え合っている姿や、相手の気持ちを感じている様子などを受け止め、一緒に遊びを進める楽しさを味わえるようにする。

○子どもの体験や興味、イメージを捉え、遊びに使う素材や道具をそろえておく。

○年下の子どもに優しく関わったり、地域の人と場に合った態度で過ごそうとしたりする姿を認めていく。

### 身近な夏の自然に関心が高まるように

○栽培物の世話や調理を通して、育てる楽しさや、食べ物への関心をもてるようにしていく。

○生き物の特性を知り愛着をもった関わりができるようにする。

○発見の中で湧いてくる疑問などに対応できる環境を用意し、子どもが自ら調べられるようにする。

## ゆったり過ごすために…　〜園で長時間過ごすための配慮〜

### 暑い夏も快適に過ごせるように

○暑さで疲れやすい時季なので、無理なく過ごせる一日の活動のバランスを考慮する。

○ござを敷く、パーティションで区切るなど自分のペースで休める環境をつくっておく。

○朝や夕方の涼しい時間を活用して、戸外遊びや地域との交流をもてるようにする。

○戸外には日よけを張り、日陰や木陰にコーナーを設けるなど、涼しい場で遊んだり休息を取れたりできるようにする。

### 保育者のチームワーク

★異年齢保育での場面における生活の進め方や、一緒に楽しめる遊びの内容、子どもとの関わりの配慮点など保育者間で話し合い、共通した関わりができるようにしておく。

## 反省・評価のポイント

★目当てをもって遊びに取り組み、満足感を味わえていたか。

★様々な人との関わりを楽しめるよう、場の構成や援助ができたか。

★夏の自然や生活に関心をもって過ごすことができたか。

# 8月 週の計画

## 1週 8/1（木）〜10（土）

予定 今週の：立秋

※ねらい（… Ⓐ など）が、月案と週案で関連し合っていることを読み取ってください。

### 前週の 幼児の姿

○プール遊びでは、友達と互いに刺激を受け合いながら、自分なりの目当てに向かって挑戦する楽しさを味わっている。
○お化け屋敷ごっこに必要な物を相談したり、作り方のアイディアを伝え合ったりしながら、友達と一緒に進めている。

## ねらい（○）と内容（・）

○夏を健康に過ごすために、必要な生活習慣が分かり進んで行なう。… Ⓐ
○プール遊びでは、自分なりに目当てに向かって繰り返し挑戦することを楽しむ。… Ⓑ
○様々な友達と遊んだり、地域の人と関わったりして親しみをもつ。… Ⓒ
・自分の体に関心をもち健康に過ごすために、水分補給や着替えの必要性が分かって自分から行なう。
・友達と一緒に様々な動きを考えたり、挑戦したりしながらプール遊びを思い切り楽しむ。
・地域の夏祭りに参加し、様々な人と親しみをもって関わる。

## 具体的な環境（◆）と保育者の援助（○）

◆自分で気付いて水分補給ができるように、やかんやドリンククーラー、水筒などの置き場を決めておき、いつでも飲めるようにしておく。
○汗をかいたら拭いたり着替えたりすることや、冷たい飲み物や食べ物をとり過ぎないようにすることなどを意識して生活することができるよう、話す機会を設ける。
◆水の中で浮く・沈む・進むなど、その子どもの目当てに応じて必要な遊具が使えるように用意しておく。
（ビート板、浮き輪、フープ　など）
○プール遊びで友達と一緒に遊べるようなゲームを取り入れ、様々な経験の中で浮く・沈む感覚を得られるようにしていく。
（フープくぐり、ワニ泳ぎリレー、宝探し　など）
○プール遊びに慣れてくる頃なので、安全に遊ぶための子どもの気付きを捉えて話題にし、再度確認していく。
◆プール遊びの準備運動を兼ねて継続的に運動遊びを取り入れる。動物の動きをまねる、曲に合わせてリズミカルに動くなど楽しみながら行なえるようにする。
◆夏を楽しく過ごせるように、絵本や歌をみんなで楽しめる時間をもつ。

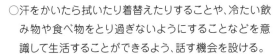

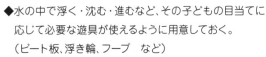

♪：『アイスクリームの歌』
絵本：『くすのきだんちのなつやすみ』
　　　『おっきょちゃんとかっぱ』

◆手作りの水鉄砲やシャボン玉などで繰り返し試したり、工夫したりして楽しめるように材料や用具を用意しておく。
○地域の施設などに出掛ける際は、公共の場所でのルールや、地域の人と気持ち良く過ごせるような行動の仕方について事前に話し合う機会をもつ。
◆収穫した野菜を調理したり、給食で使用する野菜（トウモロコシ　など）の皮むきを経験したりできる機会をつくり、食への関心が高まるようにする。

○暑いときを健康に過ごすためにはどんな物を食べると良いか、食べ物と体のつながりについて聞く機会をもつ。

## 反省・評価 のポイント

★健康に過ごすための生活の仕方が分かり、衣類の調整や水分補給を進んで行なっていたか。
★様々な人との関わり方を考えて接することができるよう援助できたか。

# 8月 週の計画

## 2週 8/12（月）〜17（土）

今週の予定：山の日の振替休日、お盆

### 前週の 幼児の姿

○水分補給や休息の必要性が分かり自分から行なっている。
○地域の祭りに参加して楽しかったことを話題にしたり、経験した盆踊りを楽しんだりしている。
○プール遊びでは体を様々に動かして浮いたり沈んだりする感覚を楽しんでいる。

---

○友達との関わりを広げ、一緒に遊ぶ楽しさを感じる。… Ⓒ
○年下の子どもたちに親しみの気持ちをもって関わり、慕われる喜びを感じる。… Ⓒ
○虫取りや飼育物の世話を通して、命の不思議や大切さを知る。… Ⓓ
・様々な友達と関わり、互いの思いを伝え合いながら遊ぶ。
・年下の子どもと一緒に遊んだり、身の回りのことを手伝ったりして親しみをもって関わる。
・セミ取りやカブトムシの世話、観察などをして、興味をもって関わる。

---

○他クラスと合同保育になることや、生活の仕方が変わることをあらかじめ知らせて、見通しをもって生活できるようにする。
○ふだん関わることの少ない友達と過ごす機会が増えるため、やり取りを見守ったり互いの思いが伝わらないときは、相手の気持ちを代弁したりしていく。
◆すぐに遊べるように共通のイメージや遊びのルールが分かる遊具を用意しておく。
（積み木、微小ブロック　など）
◆じっくりと落ち着いて遊べるように、年齢に合った遊具や一緒に遊べる遊具を用意したり、パーティションやござなどを使い、コーナーを分かりやすく構成したりする。
○年下の子どもが困っている様子に気付くようなことばがけをしたり、優しく関わったりする姿を十分に認めていく。
○年下の子どもたちと一緒に遊ぶことを楽しめるようにゲームのルールを考えたり工夫したりする姿を見守っていく。
○簡単なルールのゲームを異年齢で行なう機会を設け、親しみをもって関わることができるようにしていく。
（『おいでおいで椅子取りゲーム』）
（『震源地はどこだ？』　など）

◆年下の子どもたちも楽しめるような夏の遊びを子どもと一緒に考え、用意しておく。
（ストロー、カップ、ペットボトル、絵の具、洗濯ロープ、石けん、泡立て器、片栗粉のスライム、水鉄砲、泥団子　など）

◆セミの羽化、カブトムシの卵や幼虫・サナギを本や映像で見て、命の大切さに気付けるようにしていく。
（絵本：『かぶとむしの一生』
『かぶとむしとくわがたむし』
『ちいさないきもの』）
○捕まえたセミの種類に気が付いて見比べている姿を捉え、クラスの中で話題にしていき、生き物への関心が高まるようにしていく。
○カブトムシを世話する中で、扱い方を図鑑や絵本で調べて関わったり、友達と教え合ったりしている姿を大切にしていく。

---

反省・評価
のポイント

★クラスの友達や年下の子どもとの関わりを広げ、遊ぶ楽しさを感じられるような環境の構成や援助ができたか。
★身近な生き物にふれ、命の大切さを感じることができたか。

# 8月 週の計画

## 3週 8/19(月)～24(土)

**今週の予定** 誕生会、避難訓練、身体計測

## 前週の 幼児の姿

○年下の子どもと一緒に遊んだり、親しみをもって関わったりしている。
○様々な友達と遊び方や思いを伝え合い楽しんでいる。
○夏の生き物にふれ、気になることを友達と調べ話題にしている。

 **ねらい○と内容●**

○プール遊びを楽しみ、自分の目当てに向かって様々に工夫しながら取り組む。… Ｂ
○友達と思いや考えを伝え合いながら、遊びに必要な物を一緒に作って遊ぶことを喜ぶ。… Ｃ
○生き物や栽培物の変化や不思議に気付き関心を深める。… Ｄ
・様々な動きを友達と考え、一緒に試しながら潜ったり泳いだりする。
・経験したことや感じたことを友達と伝え合ったり、遊びに取り入れたりして楽しむ。
・興味をもったことを図鑑で調べたり、友達と話し合ったりする。

 **具体的な環境◆と保育者の援助○**

◆様々な動き(浮く、潜る、泳ぐ など)を試せるように、少人数にしたり、一人ひとり泳げる時間を設けたりするなどの工夫をする。
○目当てに向かって繰り返し挑戦している姿を認めたり、おもしろさやできたときの喜びに共感したりする。
○友達から刺激を受けて競い合う姿を認めつつ、子どもたちが安全に気を付けられるようにしていく。
◆休み中に家族で体験したことを話題にしたり、写真やパンフレットを掲示したりして友達同士でイメージを共有し合う機会をもつ。
○それぞれの体験を遊びに取り入れる際は、思いや考えを出し合ってアイディアを重ねたり折り合いをつけたりしていけるよう見守り援助していく。
(お祭りごっこ、キャンプごっこ など)
◆遊びに必要な素材や道具を子どもが取り入れていくことができるように準備しておく。また、遊びに必要な場所や素材などは一緒に考えて用意できるようにしていく。
(たらい、ペットボトル、紙皿、空き箱、色画用紙、段ボール板、焼き網、トング、シート など)

○夏に経験したことをイメージして、友達との遊びのきっかけになるように、絵本や歌をクラスで楽しめるようにする。
(♪:『キャンプだホイ』
絵本:『はじめてのキャンプ』)
◆飼育物や栽培物は登降園時に目につく場所に置いたり、変化の様子を写真に撮って貼り出したりするなどして、保護者との共通の話題になるようにしていく。
◆休み中に採取した生き物を観察したり飼育したりできるように、飼育ケースや場所を用意したり、すぐに調べたりできるように図鑑を用意する。
(絵本:こどものずかんMioシリーズ
…『むし』『うみのいきもの』『やさい・くだもの』)
○世話をしてきた飼育物の変化や様子を捉え、命の大切さを伝える機会をもつ。
○運動遊びは直線の動きだけでなく、曲線の上を進む・止まるなどの様々な体の動きを体験し楽しめるような工夫をする。
(巧技台、踏切板、平均台、
ミニカラー標識、縄 など)

 **反省・評価のポイント**

★目当てに向かって繰り返し挑戦したり工夫したりできるような環境構成ができたか。
★子どもたち同士で考えを伝え合い、遊びに必要な物を作って楽しんでいたか。

# 8月 週の計画

**4週** 8/26（月）〜31（土）

今週の予定 [　　　]

## 前週の 幼児の姿

○プールでは自分の目当てをもち挑戦したり、体を様々に動かしたりすることを繰り返し楽しんでいる。

○夏に経験したことを話したり再現したりして楽しんでいる。

○飼育物や栽培物に関心をもち、観察したり調べたりしている。

---

○友達から刺激を受けながら、自分なりの目当てをもって取り組み自信をもつ。… Ⓑ

○友達と思いや考えを伝え合い、一緒に遊びを進める楽しさを味わう。… Ⓒ

○夏に経験したことや感じたことを表現する楽しさを味わう。… Ⓒ

・プール遊びで頑張ったことを友達と認め合い、自信をもったり更に挑戦しようとしたりする。

・様々な友達と、自分の思いや考えを言葉で伝え合ったり話を聞いたりして遊ぶ。

・夏の思い出や楽しかったことを話したり絵に描いたりして様々な方法で表現する。

---

○『プーリンピック』（プール遊びの発表会）で、楽しんできたプール遊びの成果を見せ合いながら互いに頑張ったことを認め合ったり、年下の子どもたちの前で披露したり、憧れの視線や拍手を受けたりすることで自信につながるようにする。

○年下のクラスが見学する際には熱中症を予防するために、プールサイドの場所や時間帯を決めておく。

○発表会後は自信をもってプール遊びを楽しみ、友達の姿に刺激を受けて、更にチャレンジする気持ちにつなげていく。

◆水の深さや一度にプールに入る人数を調整し、泳いだり潜ったりするなどのダイナミックな動きを思い切り楽しめるようにする。

◆夏の疲れが出やすい時季なので、保育室にござやマットを敷き、ゆっくり過ごせる場所を用意しておく。

◆子どもたちのアイディアで広がってきた遊びを年下の子どもたちも楽しむことができるよう仲立ちしたり、一緒に考えたりしながら必要な遊具を用意していく。
（チケット作り、BGM　など）

○友達同士で考えを伝え合ったり相手の考えを聞こうとしたりする姿を認めていく。また、意見や考えがぶつかり合ったときには、相手の思いに気付けるように仲立ちしていく。

○友達の前で経験したことを話す機会をつくり、伝える楽しさや人の話を聞くおもしろさを味わえるようにする。

◆夏の歌をうたったり夏の思い出を絵に描いたりする機会を設け、表現する楽しさを味わえるようにする。
（♪：『南の島のハメハメハ大王』
　　『とんでったバナナ』）

○プール遊びでついた自信から、運動遊びに取り組もうとする姿を認め意欲につなげていく。

◆運動遊びができるように遊具を準備しておいたり、遊びの場を確保しておいたりする。
（縄跳び、ダンス、鉄棒　など）

◆夕立や台風、雷などの自然事象との出会いでは、興味をもったことを、すぐに自分で調べられるように絵本や図鑑などを準備しておく。新聞の天気図を貼り出すコーナーを設け、気象に関心をもてるようなきっかけづくりをする。
（絵本：『はじめてのてんきえほん』）

---

## 反省・評価 のポイント

★プール遊びの発表会で周りに認められ、自信をもてたか。

★友達と思いや考えを伝え合い、一緒に遊ぶ楽しさを感じられるような援助ができていたか。

# 8月 日の計画

## 8/15（木）

**ねらい**
○年下の子どもと様々な水遊びを楽しんだり、一緒に生活したりする。
○飼育物の世話をしたり観察したりして興味をもって関わる。

**内容**
○年下の友達に親しみや思いやりの気持ちをもち、関わり合って過ごす。
○カブトムシの世話やセミ取りなどを楽しみ、昆虫に興味をもって関わる。

| 環境を構成するポイント | 予想される幼児の活動 | 保育者の援助 |
|---|---|---|
| ○ふだん使っている保育室と違う環境で保育をするため、子どもが分かるように名前やマークを付けておく。<br>○年下の子どもたちが飼育しているカブトムシの世話を一緒にできるよう、時間や場に余裕をもつ。<br>○年齢に合わせた遊具を用意したり、互いの遊びが見えるようにコーナーを構成する。<br>○年下の子どもたちと一緒に楽しめるよう、戸外に遊びの場を準備する。（色水遊び、水路）<br>○年下の子どもたちとふれあいながら食事ができるように、一緒に食べられるような配置にする。<br>○年下の子どもが安心して眠れるように、5歳児がそばにつく場をつくる。<br>○気温、室温に配慮しながら、午前中の疲れが癒やされるような環境づくりをする。<br>○色水遊びは花によって色が違うことや、混ぜることで色が変化することに気付き、試したり工夫したりして遊べる物を用意しておく。 | ○登園する。<br>・持ち物の始末をする。<br>・年下の子どもたちの手伝いをする。<br>○カブトムシの世話を年下の子どもたちと一緒に行なう。<br>○好きな遊びをする。<br>（ままごと、積み木、折り紙、粘土など）<br>○片付けをする。<br>○集まって朝の会に参加する。<br>○水遊びの準備をする。<br>・排せつをし、着替えをする。<br>○年下の子どもたちと一緒に水遊びをする。<br>○片付けをする。<br>○シャワーで体を洗い、着替えをする。<br>○昼食を食べる。<br>○休息または午睡をする。<br>○おやつを食べる。<br>○好きな遊びをする。<br>（積み木、粘土、描画、ブロック、ままごと　など）<br>○降園する。 | ○子どもと挨拶を交わし、健康観察をする。<br>○年下の子どもが困っていることに気付くように、さりげなく知らせたり、優しく関わろうとしている姿を認めたりしていく。<br>○カブトムシの世話を通して、命の大切さや不思議に関心をもてるようにし、必要に応じて手伝ったり言葉を掛けたりしていく。<br>○年下の子どもの気持ちを代弁したり、仲立ちしたりして、相手の気持ちや良さに気付くようにする。<br>○年下の子どもの参加したい気持ちに気付くようにする。<br>○個人差やその日の体調によって、午睡時間を柔軟に対応していく。<br>○休息や午睡時の様子を把握し、体調管理に十分に配慮する。 |

**反省・評価のポイント**
★友達や年下の子どもと一緒に遊んだり、生活をしたりしながら、楽しく過ごせていたか。
★飼育物の世話を通して、命の大切さや不思議に関心をもつことができたか。

# 8月 日の計画

## 8/26（月）

**ねらい**
- ○自分の目当てに向かって挑戦し、できた喜びや満足感を味わう。
- ○思いや考えを友達に伝えて、一緒にプール遊びを楽しむ。

**内容**
- ○友達の姿に刺激を受けて挑戦したり、教え合ったりしながら、自分の力を出して泳ぐ。
- ○友達と一緒に泳いだり、泳ぎを見せたりして遊ぶ。

### 環境を構成するポイント

- ○自分なりの目当てをもって繰り返し、挑戦してきたことを見せ合う場をつくり、一人ひとりができた喜びを味わいながら、互いに認め合えるようにする。
- ○自分なりの目当てをもって取り組んできたことから、選べるような用具を用意しておく。
  （ビート板、フープ　など）
- ○プール遊びでは、年齢や遊びの内容に合わせて水深を調整する。泳ぎを披露するときは、2～3人の少人数で行なうようにし、安全に配慮する。
- ○『プーリンピック』では、タープなどで日陰をつくり、健康に配慮して短時間で行なうなど、暑さへの対策をする。

- ○安全にプールで遊ぶために、場所や遊具の安全確認や水温、水質確認などを行なう。
- ○休息・午睡後は、絵本や製作、描画、ブロック遊びなど、一人ひとりのペースでゆったりと落ち着いて遊べる環境を用意する。

### 予想される幼児の活動

- ○登園し、持ち物の始末をする。
- ○保育室で好きな遊びを楽しむ。
- ○当番活動をする。
  （出席当番、飼育物の世話、栽培物の水やり　など）
- ○片付け、水着に着替える。
- ○4歳児と『プーリンピック』（プール遊びの発表会）に参加する。
- ・4歳児の泳ぎを見る。
- ・みんなの前で泳ぎを披露する。
  （※猛暑のときは短時間で参加）
- ○プール遊びをする。
  （自由に遊ぐ、ビート板を使って泳ぐ　など）
- ○シャワーをし、着替えをする。
- ○昼食を食べる。
- ○休息または午睡をする。
- ○おやつを食べる。
- ○好きな遊びをする。
  （積み木、トランプ、折り紙、ままごと、描画、ブロック　など）
- ○降園する。

### 保育者の援助

- ○子どもと挨拶を交わし、健康観察をする。
- ○今まで楽しんできたプール遊びの成果を見せ合いながら、互いに認め合い、達成感や満足感を味わうことで、自信や様々な運動遊びへの意欲につながるようにする。
- ○年下の子どもの前でも発表し、拍手や声援、憧れの視線を受けることで、更に自信につながるようにする。
- ○一人ひとりの頑張りや、プール遊びでの成長を言葉にして知らせ、クラスのみんなで喜べるようにしていく。
- ○『プーリンピック』での経験をその後の活動につなげ、自信をもって楽しんだり、友達から刺激を受けたりして、更に新たなことにチャレンジしてみようとする意欲につなげていく。
- ○暑い日も予想されるので、4・5歳児の参加で行なう、短時間で行なうなど、細かい配慮を保育者同士で話し合う。

### 反省・評価のポイント

★自分の目当てに向かってプール遊びに取り組み、充実感や満足感を味わえていたか。
★思いや考えを友達に伝えて、一緒にプール遊びを楽しめるような援助ができたか。

# 9月の計画

## 目当てをもって体を動かす楽しさを味わえるように

###  生活

**生活リズムを整え、みんなで遊ぶ楽しさを味わえるように**

久しぶりに登園してくる友達と、夏期保育中の生活や遊びを堪能した子どもたちが、またみんなで一緒に遊ぶ楽しさを十分に味わえるようにしましょう。みんなで行なうゲームや戸外で思い切り体を動かす遊びなど、保育者も一緒に楽しむようにしましょう。秋風が吹き涼しさを感じられるこの時季は、夏の疲れや生活リズムの改善に留意した環境を工夫することも大切です。

| 健康な 心と体 | 自立心 |
|:---:|:---:|

| 社会生活 との関わり |
|:---:|

###  人との関わり

**工夫しながら様々に体を動かすことを楽しめるように**

園庭や広場で思い切り走る満足感や、自分なりに工夫して様々に体を動かす楽しさを味わえるようにしましょう。子どもと一緒に運動遊びに必要な遊具とその使い方を考えたり、友達と役割を分担して取り組んだりしながら、自分たちで進めていく充実感を味わうことが大切です。また、準備や片付けをするときには、遊具を安全に扱えるようにしていきましょう。

| 健康な 心と体 | 協同性 |
|:---:|:---:|

| 言葉による 伝え合い | 思考力の 芽生え |
|:---:|:---:|

| 道徳性・規範 意識の芽生え |
|:---:|

## 季節ごよみ

- ○残暑の厳しい日が続く。
- ○久しぶりにクラス全員がそろい、友達との再会を喜んでいる。
- ○地域で防災訓練が行なわれる。

- ○園庭にトンボやバッタなどの虫が見られるようになる。
- ○アサガオや、フウセンカズラの種が取れる。
- ○満月が近づき、月がきれいに見えるようになる。

- ○トンボやバッタ、カマキリなどの虫がよく見られるようになり、虫の声も聞こえるようになる。
- ○ヨウシュヤマゴボウの実が色づく。

- ○少しずつ朝夕の気温が下がり、涼しさを感じられるようになる。
- ○澄んだ青空やいろいろな形の雲が見られるようになる。
- ○台風がくることが多くなる。

## 遊びへの取り組み

### 夏から秋への自然の変化に興味をもって関われるように

　自分たちで育ててきた花の種を採取したり、様々な虫を見つけて気付いたことや考えたことを伝え合ったりする機会をつくっていきましょう。調べたり、数えたり、比べたりしたことを絵や記号で表現し、おもしろさを友達と共有するようになります。自然への関心を高めながら、大切に飼育や栽培をしていく環境を構成しましょう。

| 自然との関わり・生命尊重 | 数量・図形・標識や文字などへの関心・感覚 |
| --- | --- |
| 豊かな感性と表現 | |

## 保育なるほど解説！

### 「『幼児期運動指針』をヒントに」

　近年、体の操作が未熟な子どもが増えていることから、「幼児期運動指針」（文部科学省）では、「多様な動きが含まれる遊びを楽しもう」「楽しく体を動かす時間をつくろう」「安全に楽しく遊ぶことができる環境をつくろう」を軸に、保護者向けには、親子で楽しく体を動かすことを薦め、生活全体で運動を楽しむことを提案しています。保護者にその趣旨を伝え、親子のふれあいを通して体を動かす喜びを味わい、生涯スポーツが楽しめるような体づくりの基盤をつくっていきたいものです。

# 9月 月の計画

※ねらい(… **A** など)が、月案と週案で関連し合っていることを読み取ってください。

## クラスづくり

○夏の経験や身近な自然、季節の変化などを生活や遊びに取り入れ、友達と互いの思いや考えを言葉で伝え合いながら過ごせるようにしていく。また、残暑に配慮しながら、様々な運動遊びを取り入れ、思い切り体を動かしたり、ルールのある遊びに友達と取り組んだりする楽しさを味わえるようにしていく。その楽しさを運動会への期待や意欲につなげ、自分の力を出したり、友達と力を合わせたりして取り組めるようにしていきたい。

## 前月末・今月初めの 幼児の姿

### 生活

○経験したことを保育者や友達に話したり、絵に描いたりしている。
○久しぶりにクラスのみんながそろい、うれしさを感じたり、遊びや活動に期待をもったりしている。
○一日の生活の流れを見通しながら、必要なことを自分で行なおうとしている。

### 人との関わり

○友達と思いや考えを伝え合いながら、遊びを進める楽しさを感じている。
○友達の話を聞こうとする姿は増えているが、互いの思いや考えが伝わり切らないまま、生活や遊びを進めていく姿もある。
○年下の子どもと関わる機会が増え、親しみを感じている。

### 遊びへの取り組み

○夏に経験したことを取り入れて遊ぶ楽しさを感じている。
○プール遊びを楽しみ、自分なりに目当てをもって挑戦している。
○プールでできるようになったことを保育者や友達、年下の子どもに見せ、自信をもったり、友達の刺激を受けて新たな意欲をもったりしている。
○栽培物や飼育物に関心をもち、よく見たり、世話をしたりしている。

## ねらい

○友達と互いの思いや考えが分かるように伝え合い、一緒に生活や遊びを進める楽しさを味わう。… **A**

○様々な運動遊びに取り組み、十分に体を動かして遊ぶ楽しさを味わう。… **B**

○夏から秋への自然の変化に関心をもち、遊びに取り入れたり、様々に表現したりすることを楽しむ。… **C**

## 幼児の経験する 内容

○目的や見通しをもって友達と一緒に遊びを進める楽しさを味わう。
○自分の思いや考えを相手に分かるように伝える。
○相手の話を聞き、思いや考えを受け止め、共感したり、違いに気付いて話し合ったりする。
○遊びの場や物を工夫して作る。
○様々な素材や材料、用具を使い、感じたことや考えたことを工夫して表現する。
○様々な運動遊びに興味をもって取り組んだり繰り返し挑戦したりしながら、体を思い切り動かす楽しさや心地良さを味わう。
○ルールや勝敗のある運動遊びで、チームを意識したり、仲間と作戦を立てたりするおもしろさを感じる。
○音楽やリズム、イメージに合わせて、体を様々に動かしながら表現するおもしろさを味わう。
○運動会に向けた活動に期待や意欲をもち、友達と一緒に取り組む。
○夏から秋の自然に関心をもち、観察したり調べたり、言葉や絵、製作などで様々な表現を楽しむ。
○栽培物の収穫や種取り、世話などを通して、自然のサイクルに気付く。

## 家庭・地域との連携
### 保護者への支援も含む

★夏の出来事や家庭での様子を保護者から聞き、成長に共感したり、園での遊びや活動に生かしたりする。
★運動会に向けた活動の見通しやエピソード、保育者としての願いなどを保護者会やクラス便り、降園時などに伝えていく。行事に向かう過程での子どもの成長を保護者と共通理解して、共に支えられるようにする。
★避難訓練に保護者が参加することの意味を伝え、各家庭でも避難場所や備蓄など災害時の備えを話題にしてもらう。

## 健康・食育・安全 への配慮
養護の視点も含む

○月初めは特に、残暑の厳しさや夏の疲れを考慮し、熱中症予防や体調の変化に気を配る。

○運動会に向けた活動が増える時季は、静と動のバランスを考えて一日の計画を組み立て、落ち着いて安全に過ごせるようにする。

○様々な場面での訓練、大地震による保護者の引き取りを想定した訓練などを通して、災害時の行動の仕方が具体的に分かり、身につくようにしていく。

**指導計画から学ぼう** 保育力アップ

### 目当てをもって多様な動きができる環境の工夫を

これまでに楽しんだいろいろな運動遊びに、自分なりの目当てをもって取り組めるようにしましょう。また、自分たちで運動遊びが始められるように、用具や道具をいつでも使える状態に整えておくことも大切です。繰り返し挑戦している姿や、友達と競い合っている様子を認めたり励ましたりして自信をもてるようにしていきましょう。

---

# 環境の構成と保育者の援助

## 友達と思いや考えが分かるように伝え合い、一緒に生活や遊びを進める楽しさを味わえるように

○子ども同士のやり取りを大切にしながら、思いや考えが相手に伝わっているかどうか、子どもと共に確認していく。自分の思いばかり話す場合には、分かり合うために必要な話すタイミングや状況に応じた言葉などに気付けるようにしていく。

○思いや考えが食い違い、遊びや活動が進みにくい際は、話を整理したり、決めたいことを明確にしたりして、その場の目的や見通しに応じて解決策を話し合えるようにしていく。

○遊びの目的やイメージに合わせて場や物を作れるように、これまで使ってきた素材や材料の特徴、作り方のポイントなどを思い出せるように声を掛けたり、素材や材料を組み合わせた保育者のアイディアを提案したりする。

## 様々な運動遊びに取り組み、十分に体を動かして遊ぶ楽しさを味わえるように

○縄跳びや巧技台など、夏に楽しんでいたことにクラスのみん

なで取り組む時間をつくり、友達から刺激を受けたり、互いの頑張りに気付いて認め合ったりできるようにしていく。

○リレーや鬼ごっこなど、ルールや勝敗のある遊びを取り入れ、保育者も入り、相手と競い合ったり、チームの仲間と作戦を立てて動いたりするおもしろさを感じられるようにする。

○運動会について話し合う機会をもち、自分たちのやりたい競技・演技や役割を挙げたり、日頃楽しんでいることを内容に生かしたりして、それぞれが力を出し、みんなで協力して取り組む意欲をもてるようにしていく。

## 自然の変化に関心をもち、遊びに取り入れたり、様々に表現したりすることを楽しめるように

○虫や初秋の花、月など、身近な自然を題材にした描画や製作、身体表現などを取り入れ、表現を工夫できるようにする。また、作品を飾ったり、友達と見せ合ったりすることで刺激を受け合い、自然への関心を更に高める姿を認めていく。

○収穫や種取り、新たな栽培物を育てるための準備などに関わることで、自然のサイクルを感じ取れるようにする。

---

## ゆったり過ごすために… ～園で長時間過ごすための配慮～

### 静と動のバランスをとって過ごせるように

○体を動かしたり、集団で活動したりする時間が多い日は、個々でも取り組める遊びを用意し、落ち着いて過ごせる時間をつくっていく。
（国旗カードゲーム、写し絵、ビーズ遊び　など）

○朝夕の涼しさや夕焼けの美しさ、虫の鳴き声など、季節の変化を感じられる時間を大切にする。夕方に見たことや感じたことを翌日のクラスの話題にし、経験を共有できるようにしていく。

---

## 保育者のチームワーク

★運動会に向けて、種目の内容や活動場所などを調整していく。

★災害時の分担を再度確認しつつ、状況によって、臨機応変に声を掛け合いながら動けるように訓練する。

## 反省・評価 のポイント

★思いや考えを分かり合って、生活や遊びを進められたか。

★十分に体を動かして遊べる環境構成や援助の工夫ができたか。

★遊びや表現を通して、自然への関心を高められたか。

# 9月 週の計画

**1週** 9/2(月)〜7(土)

今週の予定：始業式、避難訓練、プール納め

○プール遊びでできるようになったことを見せ合う機会があったことで、自分に自信をもったり、友達の頑張りを認めたりしている。

○祭りやキャンプなど、経験したことを取り入れて遊ぶ楽しさを感じている。

## ねらい○と内容・

○家族で経験したことを取り入れて、友達と一緒に遊びを進める楽しさを感じる。… Ⓐ

○身近な自然を様々に表現する楽しさを感じ、関心を高める。… Ⓒ

・遊びの目的や見通しをもち、場や物を工夫して作ったり、友達とやり取りをしたりしながら遊ぶ。

・身近な自然に関心をもち、製作や描画、体の動きなどで、自分なりに工夫して表現する。

・プール納めに参加し、頑張ったことを友達同士で認め合い、自信をもつ。

・災害時の行動の仕方が分かり、真剣に取り組む。

## 具体的な環境◆と保育者の援助◎

○遊びの目的を共有し、遊び方の見通しをもって進めていくように、友達と言葉でのやり取りができるように促していく。保育者に話すことが多い子には、思いを言葉で表せたことを認めながら、友達に話し掛けていくための声の掛け方やタイミングを伝えていく。自分だけで遊びを進めようとしているときには、仲間を意識できるような声を掛け、友達と一緒に進めるおもしろさや必要な言葉に気付けるようにしていく。

（海ごっこ、温泉旅行ごっこ　など）

◆経験したことを遊びに取り入れる姿を認め、イメージに合った場や物が作れるような素材や材料を子どもが選べるように準備しておく。

海、温泉…カラーポリ袋、つい立て、ブルーシート
水中メガネ…紙パック、スチロール容器、
　　　　　　　　　　カラーセロハン　など

◆工夫しながら様々に表現することを楽しめるような材料や活動を取り入れるとともに、実際に虫を見つけた場所や飼育物のケース、図鑑の近くなどで描画や製作が行なえるようにする。観察したり、調べたり、経験を思い起こしたりしながら表現することで、自然への関心が高まるようにしていく。

製作：トンボ…マジックロープ、
　　　　　　　細長く切ったカラーポリ袋
　　　　カブトムシ…小さめの空き箱、画用紙、
　　　　　　　　　　クリアフォルダーを切った物、
　　　　　　　　　　わりピン
描画：コスモスの影を画用紙に写し、
　　　黒いペンで線を描き、絵の具で色を付ける
身体表現：太陽、植物の生長、虫、波、釣り、台風　など

○プール納めでは、楽しかったことを振り返ったり、頑張ったことを認め合ったりできるようにしていく。また、感謝の気持ちをもちながら、掃除や片付けを友達と協力して丁寧に行なえるようにしていく。

○避難訓練では、その意味や重要性を子どもや保護者に伝え、真剣に取り組めるようにしていく。保育者の話をよく聞く、必要なことを判断して行動するなど、日頃の訓練が災害時に身を守ることにつながることを知らせ、意識をもてるようにしていく。

## 反省・評価のポイント

★夏に経験したことを取り入れながら、友達と一緒に遊びを進める楽しさを感じられたか。

★自然を題材に、工夫して表現することを楽しめる素材や材料、活動を提示できたか。

## 9月

# 週の計画

## 2週 9/9(月)〜14(土)

**今週の予定** 中秋の名月、敬老の日のふれあい会

### 前週の 幼児の姿

○海ごっこや温泉旅行ごっこなどの場や物を作り、数人の友達と楽しんでいる。
○トンボやカブトムシを本物らしく作ることを楽しみ、虫取りやカブトムシの森など、作った物からイメージを膨らませて遊びに生かしている。

---

○様々な運動遊びに興味をもって取り組み、全身を動かして遊ぶ楽しさを感じる。… Ⓑ
○思いや考えを相手に分かるように伝え、友達と一緒に生活や遊びを進める。… Ⓐ
・思い切り走る、跳ぶ、よける、回るなど、様々な動きを繰り返し楽しむ。
・相手に分かるような伝え方に気付いたり、互いの思いや考えを受け止め合ったりする。
・中秋の名月や十五夜について知り、月や宇宙に関心をもつ。
・祖父母や地域の高齢者と関わり、楽しさや親しみを感じる。

---

○夏に楽しんでいた鉄棒や縄跳び、巧技台などは、クラスのみんなで取り組んだり、できるようになったことを互いに見合ったりすることで、友達の姿から刺激を受け、より意欲をもって取り組むきっかけとなるようにする。

○気温に配慮しながら、折り返しリレーや鬼ごっこを取り入れ、思い切り走ったり、友達と競ったりするおもしろさを味わえるようにする。

（鬼ごっこ：宝取り鬼、助け鬼、ドロケイ、靴鬼　など）

○リレーは、エンドレスリレーを十分に楽しんだ後に、人数をそろえて行なう勝敗のあるリレーに移行していく。より速く走ろうとする意欲や、メンバー同士が力を合わせるおもしろさを感じられるようにしていく。

◆自分たちで遊び始められるように、運動遊びで使う用具を出し入れしやすいように置いておく。

（バトン、ゼッケン、たすき、チョークやライン引き、カラー標識、縄、玉　など）

◆プール遊びの体操やクラスで楽しんでいるダンスの曲などが入ったCDやCDプレーヤーを用意し、好きな遊びのときに自分たちで使えるようにしておく。

○体を様々に動かして遊ぶ楽しさが運動会への意欲につながるようにする。また、写真やビデオを観る機会をつくり、昨年の5歳児の姿を思い起こし、5歳児として、自分たちが進めていくイメージをもてるようにする。

○生活や遊びの中で、子ども同士のやり取りを見守り、必要に応じて、相手に確認したり、状況に応じた言葉を考えたりするように促し、互いの思いや考えを受け止め合えるようにしていく。

◆月の形を話題にしたり、月の満ち欠けの様子を掲示したりして、月に関心をもてるようにする。また、月や星、宇宙を題材にした絵本を読み聞かせたり、歌をうたったりして遊びの刺激となるようにしていく。

（絵本：『おつきみうさぎ』『月のみはりばん』　など）
（歌、ダンス：『ぼくらはみらいのたんけんたい』）

○祖父母や地域の高齢者の温かさを感じたり、親しみをもって関わったりできるようにしていく。

---

**反省・評価のポイント**

★生活や遊びの中で、相手に分かるような伝え方に気付いて、自分の思いや考えを伝えられたか。
★全身を使った様々な動きが経験できるような運動遊びの取り入れ方や、環境構成を工夫することができたか。

# 9月 週の計画

## 3週 9/16(月)〜21(土)

**今週の予定** 敬老の日、身体計測、誕生会

## ねらい○と内容・

○運動会に期待をもち、自分の力を出しながら、友達と一緒に取り組む楽しさを味わう。… Ⓑ
○栽培物の変化に気付き、自然のサイクルに関心をもつ。… Ⓒ
・自分なりの目当てをもち、様々に体を動かすことを楽しむ。
・運動会に向けて友達と力を合わせたり、競い合ったりして進めていく。
・勝つうれしさや負ける悔しさを感じながら、勝敗のある運動遊びをする。
・栽培物の収穫や種取りをしたり、土を耕したりする中で、自然のサイクルに気付く。

## 具体的な環境◆と保育者の援助○

○運動会の内容について、楽しんできた遊びや子どもたちの興味・関心、昨年の運動会での経験などを基にして、クラスや年齢で話し合う機会をもちながら、決めていく。(絵本:『ぼくのジィちゃん』、♪:『運動会のうた』)
○昨年の5歳児の姿を思い起こし、運動会の係の仕事やその大切さに気付けるようにしていく。誕生会の司会の経験が運動会の司会につながるなど、これまでの積み重ねが生きることを感じられるようにし、自信をもって取り組めるようにしていく。
○リズム表現では、テーマや音楽、子どものイメージに合わせて、自由に表現する部分、みんなで動きをそろえる部分、グループで動く部分などを構成に取り入れ、表現の幅を広げて楽しめるようにしていく。グループで動く部分は、曲の一部分の振り付けやポーズ、身体表現などを数名で考えられるようにし、自分たちの思いを込めて動けるようにしていく。
(♪:『LET'S GO! いいことあるさ』『やってみよう』)
○リレーで、勝ったうれしさや負けた悔しさを感じる姿を大切に受け止めていく。揺れ動く気持ちに寄り添いながら見守ったり、友達同士で励まし合う姿を認めたりし、次への意欲をもてるようにする。また、チームで競うこ

との意識がもてるように、速く走れる方法を仲間同士で伝え合ったり、作戦や走順を考えたりするようなことばがけをしていく。
○友達と協力して取り組む運動遊びを取り入れ、相手とペースを合わせて動いたり、力を合わせたりするおもしろさを感じられるようにする。
(大玉転がし、○○運び、台風の目、フープ渡り　など)
◆栽培物の収穫や種取りでは、数をかぞえたり大きさや長さ、重さを比べたりできるような材料、用具を用意しておく。

(紙パック、ボトルキャップ、卵パック、数字を大きく書いた定規、はかり　など)

○植えた種から種ができることを話題にしたり、次の栽培物(ダイコン　など)のために土を耕す、腐葉土や黒土を混ぜるなどを子どもと一緒に行なったりし、自然のサイクルを感じられるようにしていく。

## 反省・評価のポイント

★運動会に期待をもち、自分の力を出したり、友達と一緒に取り組んだりすることができたか。
★自然のサイクルに関心をもてるようなきっかけづくりや、ことばがけができたか。

# 9月 週の計画

## 4週 9/23(月)～30(月)

今週の予定 秋分の日

### 前週の 幼児の姿

○リレーや大玉転がしなど、どうしたら勝てるかをチームの仲間と相談している。リレーでは、バトンの渡し方を練習したり話し合ったりしている。
○栽培物に関わったことをきっかけに、朝の涼しさや空や雲の美しさなどの身近な自然の変化に気付いている。

---

○運動会に向けて、体を十分に動かし、友達と協力しながら取り組む。… Ⓐ Ⓑ
○身近な自然の変化に気付き、季節の移り変わりを感じる。… Ⓒ
・運動会までの見通しをもち、自分の役割が分かって取り組む。
・友達と動きや声を合わせたり、作戦を考えて競い合ったりする。
・思いや考えを相手に分かるように伝えたり、互いに受け止め合ったりする。
・空の様子や園庭の生き物、草花などを観察したり、生活や遊びに取り入れたりする。

---

◆運動会までの日数や予定が分かるような掲示を工夫し、見通しをもったり、必要なことに気付いたりして取り組めるようにしていく。
○係の仕事の進み具合や困ったことなどを伝え合い、情報を共有したり考えを出し合ったりして、みんなで運動会を進めていく意識をもてるようにする。
○運動会のポスターや会場に飾る旗、入退場門の装飾を描いたり作ったりし、運動会に向けて、気持ちを高めていく。
◆旗を描く際には、国旗が掲載されている本やカード、地図を用意し、様々な国があることを知ったり、各国の国旗の色や模様の美しさを感じて関心をもったりする機会にしていく。
○リレーの走順を決める際は、各チームの相談の仕方、内容に耳を傾けていく。様子によっては、保育者も相談にのり、メンバーそれぞれが意見を出せるような雰囲気をつくったり、互いの力を認め合っている姿を周りに知らせたりしていく。
○相談の場面で、友達の意見を受け入れることの多い子どもには、本人の思いや考えを確認したり、賛成した理由を聞いたりしながら、自分の意見を言葉で伝えるきっかけをつくっていく。

○相手の思いや考えを受け止めながら相談を進めている姿を認めたり、自分たちで話し合って進めていく楽しさや満足感に共感したりしていく。思いを伝える楽しさや、相手に伝わるうれしさを感じられるようにしていく。
○リズム表現では、自分たちの姿を写真やビデオで観る機会をつくり、自信をもてるようにしたり、道具や動きなどの見え方に気付けるようにしたりしていく。

○朝夕の涼しさ、空や雲の様子を話題にしたり、歌をうたったりして、季節の移り変わりを感じられるようにする。
　(♪:『空にらくがきかきたいな』
　　『あおいそらにえをかこう』)
◆虫取り網や飼育ケース、図鑑などを手に取りやすいように置いておき、園庭の生き物に関心をもって関われるようにしていく。

---

反省・評価 のポイント

★運動会に向けて、体を十分に動かしたり、友達と協力したりして取り組めたか。
★身近な季節の変化に気付けるような環境構成の工夫、材料や用具の提示ができたか。

9月 週の計画

# 9月

# 日の計画

## 9/13 (金)

<table>
<tr><th>ね ら い</th><td>○友達と様々に体を動かして遊ぶ楽しさを味わう。<br>○「敬老の日のふれあい会」で祖父母や地域の高齢者と関わり、親しみや温かさを感じる。</td></tr>
<tr><th>内 容</th><td>○ルールのある遊びに取り組み、相手に応じて動く楽しさを味わう。<br>○「敬老の日のふれあい会」に参加し、祖父母や地域の高齢者と歌をうたったり、一緒に遊んだりして楽しむ。</td></tr>
</table>

| 環境を構成するポイント | 予想される幼児の活動 | 保育者の援助 |
|---|---|---|
| ○「敬老の日のふれあい会」を楽しみにできるよう、前日に子どもたちと保育室の準備をしておく。また、うたいたい歌や一緒にしたいことを事前に話し合って決めておき、プログラムに書いて掲示しておく。<br>○コーナーに分かれて遊ぶ際、こまやけん玉などは広いスペースで遊べるように、動線を考えて遊具を配置する。<br>○園庭では、他の遊びとの兼ね合いを考え、鬼ごっこやリレーの場所を子どもと共に決めていく。<br>○リレーに使う用具、色水の道具などは、子どもが自分で取り出せるように置いておく。<br>（色水の道具：すり鉢、すりこぎ、カップ、スプーン、小さいペットボトル、じょうご、目の細かいざる、茶こしなど）<br>○個々に取り組める遊びとして、絵の具の描画コーナーをつくる。<br>（1色ずつ溶いた絵の具やパレット絵の具、紙、筆、水入れ、雑巾　など） | ○登園する。<br>○祖父母や地域の高齢者とのふれあい会に参加する。<br>・参加者の名前や好きな食べ物を聞く。<br>・歌をうたう。<br>（♪：『百才のうた』『とんぼのめがね』）<br>・みんなで遊ぶ。<br>（『じゃんけん列車』）<br>・コーナーに分かれて遊ぶ。<br>（折り紙、お手玉、けん玉、こま、おはじき、あやとり、リバーシ、カードゲーム、輪投げ　など）<br>○飼育物や栽培物の世話をする。<br>○昼食をとる。<br>○園庭で好きな遊びをする。<br>（宝取り鬼、折り返しリレー、草花の色水、砂場　など）<br>○片付ける。<br>○集まる。一日を振り返り、明日の予定を話し合う。<br>（絵本：『おじさんのかさ』♪：『とんぼのめがね（替え歌）』）<br>○降園する。<br>○預かり保育の部屋へ行く。<br>○室内で好きな遊びをする。<br>○おやつを食べる。<br>○園庭や室内で好きな遊びをする。<br>○降園する。 | ○参加者の名前の他に好きな食べ物や子どもの頃の話などを聞き、和やかな雰囲気をつくったり、子どもたちが親しみを感じられるようにしたりしていく。<br>○参加者の様子によって、子どもとふれあいながら動いて遊べる活動を取り入れ、参加者も子どもも楽しさや満足感を感じられるようにする。<br>○祖父母が来ていない子どもには、興味をもった遊びや、遊具を媒介に地域の高齢者と関わるきっかけをつくっていく。<br>○宝取り鬼では保育者も仲間に入り、声を掛け合って宝を守ったり、隙を見て相手の陣地に走り込んだりするなど、モデルとなる動きをしたり、遊びを盛り上げたりしていく。<br>○『とんぼのめがね』の替え歌づくりでは、メガネの色に合わせて、想像を膨らませたり、メロディーに合う歌詞の言葉を選んだりすることを楽しめるようにする。<br>○行事や園庭遊びの後の時間として、自分なりに取り組んで楽しめる遊びを用意する。 |

## 反省・評価のポイント

★友達と体を動かして遊ぶことを楽しんでいたか。

★「敬老の日のふれあい会」に参加し、祖父母や地域の高齢者に親しみをもてるような活動の計画、雰囲気づくりができたか。

# 9月
# 日の計画
## 9/24(火)

| ねらい | ○友達と作戦や順番を考え、競い合って遊ぶおもしろさを感じる。<br>○自分の思いや考えを相手に分かりやすく伝え、一緒に遊ぶことを楽しむ。 |
| --- | --- |
| 内容 | ○リレーの走順を友達と相談して決め、作戦がうまくいったりいかなかったりするおもしろさを感じる。<br>○友達と関わる中で、言い方やタイミングなどの相手への伝え方があることに気付く。 |

## 環境を構成するポイント

○リレーの走順は、チームごとに落ち着いて相談できるように、スペースの使い方を工夫する。

○相談していること、決まったことが分かりやすいように、数字やチームのメンバーの名前を書いたマグネットシート、小さいボードを用意し、自分たちで相談を進められるようにしていく。

○園庭の遊びでは、体操を教えたい子どもがCDやCDプレーヤーなどを自分たちで持ち出せるように用意する。

○室内の遊びでは、9月初めに製作した経験を生かして、園庭で見つけた虫を作れるように材料を用意しておく。

（バッタ、コオロギ：色紙、色画用紙、モール　など）

○自分たちでリレーを始められるように、使う用具を出し入れしやすい場所に置いておく。

（カラー標識、バトン、ライン引きやチョーク　など）

## 予想される幼児の活動

○登園する。
○チームで集まり、リレーの走順を決める。
○園庭や室内で好きな遊びをする。
　園庭：リレー、年下の子どもと体操する、虫取り、砂場　など
　室内：虫作り、宇宙探検ごっこ、プラネタリウムごっこ、絵本作り　など
○片付ける。
○リレーをする。
・相談した走順でリレーを行なう。
・今日の作戦についてチームで話し合う。
・話し合ったことを全体で共有する。
○昼食をとる。
○運動会の司会の練習をする。
○リズム表現をする。
○集まる。一日を振り返り、明日の予定を話し合う。
　絵本：『むしたちのうんどうかい』
　♪：『運動会のうた』
　　『空にらくがきかきたいな』
○降園する。
○預かり保育の部屋へ行く。
○室内で好きな遊びをする。
○おやつを食べる。
○園庭や室内で好きな遊びをする。
○降園する。

## 保育者の援助

○リレーの走順決めの相談は、時間がかかることが予想されるので、話し合う時間に余裕をもった計画にしておく。

○「○番に走りたい」とこだわる子どもには、その思いを受け止めつつ、理由を聞いてみるように周りの子どもに促したり、チームの作戦としてどうかを考えられるように話題にしたりしていく。

○クラスの友達だけでなく、年下の子どもと関わる際にも、自分の言葉が相手に伝わったかどうか、どうしたら相手に伝わりやすいかを意識できるようにしていく。

○リレーでは、最後まで力いっぱい走る楽しさや爽快感を感じる姿を十分に認めていく。応援し合ったり、保育者も一緒に走ったりして、体を思い切り動かす満足感を味わえるようにする。

○作戦がどうだったかを話し合う時間をつくり、クラスで共有することによって、様々な作戦や考え方があることに気付けるようにする。

○リレーを夕方もやりたいという声が出たときには、体調や安全に配慮しつつ、距離やコース、時間を短くして実現できるようにしていく。

## 反省・評価のポイント

★クラスの友達や異年齢児に、自分の思いや考えを分かりやすく伝え、一緒に遊べていたか。
★リレーの作戦や走順をメンバーのみんなで考えられるような環境の工夫、援助ができたか。

# 10月の計画

自分の力を発揮しながら、みんなと一緒に力を
合わせて取り組む充実感を味わえるように

##  生活

**目当てをもって、いろいろな運動遊びに
友達と一緒に意欲的に取り組めるように**

　リレーごっこなどの遊びでは、友達と競って、自分
なりに速く走るために工夫したり、チームの仲間を集
め、作戦を考えたりするなど、子どもたちが自分たち
で遊びを進めようとする姿が見られます。子どもた
ちの意欲的な取り組みを見守り、充実感を味わえる
ようにしましょう。一人ひとりが自分の力を発揮する
ことや、仲間と競う楽しさなどを十分に味わえるよう
にしましょう。

| 健康な<br>心と体 | 自立心 |
| --- | --- |
| 協同性 | 思考力の<br>芽生え |

##  人との関わり

**友達と力を合わせて活動する充実感を
味わえるように**

　5歳児として取り組む運動会は、これまでの運動
遊びの経験を生かして自分の力を発揮する場面や、
司会や装飾作りなど、みんなで力を合わせて取り組
む役割などがあります。「楽しい運動会にしたい」、
「みんなのために頑張りたい」という目当てをもち、一
人ひとりが充実感を味わえるようにしましょう。また、
自分の思いや考えを友達に言葉で伝えたり、友達の
気持ちに気付いたりしていけるようにしましょう。

| 自立心 | 協同性 |
| --- | --- |
| 道徳性・規範<br>意識の芽生え | 言葉による<br>伝え合い |

## 季節ごよみ

- ○日ざしは強いが、木陰では爽やかな風が吹く日もある。
- ○運動会が近づき、園内に用具や装飾が増え、運動会の雰囲気になる。

- ○青空が美しく、雲の動きがよく見える。

- ○朝夕は涼しくなり、日中の気温差が大きい。
- ○カキが色づいたり、サツマイモのツルが茂っていたりする。

- ○木の実が色づき始め、落ち葉も見られるようになる。
- ○ドングリやマツボックリを集めて持ってくる子どももいる。

## 遊びへの取り組み

### 秋の実りや自然の美しさを体験して、表現を楽しむように

　イモ掘りや果実の収穫などを通して、秋の自然を身近に感じ、自然の不思議や美しさを体験できるようにしましょう。収穫物を並べて、形や大きさ、数を比べてみたり、様々な材料や教材を使って表現したりして、自然物との多様な関わりを十分に楽しみ、表現する楽しさを味わえるようにしましょう。

自然との関わり・生命尊重

数量や図形、標識や文字などへの関心・感覚

豊かな感性と表現

## 保育なるほど解説！

### 「『共同の感覚』から『協同の芽生え』へ」

　園生活では、いろいろな場面で、子どもたちが「友達と一緒」を楽しむ姿と出会います。「気の合う友達と一緒にいたい」「仲間だから遊具を譲り合う」など、まさに「友達と関わることが楽しい」という感覚です。5歳児頃になると、共通の目的をもって活動する協同的な遊びを楽しむようになりますが、その前提としては、3歳児、4歳児のときに体験する「共同の感覚」が不可欠です。まさに、「共同の感覚」を十分に楽しんできたからこそ、協同することができるようになるのです。

# 10月 月の計画

※ねらい（…Ⓐ など）が、月案と週案で関連し合っていることを読み取ってください。

## クラスづくり

○運動会の活動を通して、体を動かす気持ち良さや表現する楽しさを味わってほしい。また、友達と共通の目的をもって活動に取り組む中で、競い合う楽しさや友達同士のつながりを感じてほしい。自分たちの頑張りを振り返ったり、年下の子どもに関わったりして、5歳児としての自信につなげたい。
○季節の移り変わりや秋の美しさ、自然の恵みを感じ、自分なりに表現する楽しさを感じてほしい。

| | 前月末の 幼児の姿 | ねらい | 幼児の経験する 内容 |
|---|---|---|---|
| 生活 | ○運動会に向けて期待や意欲をもって、進んで活動に取り組んでいる。<br>○"運動会まであと○日"など、見通しをもって過ごす姿が見られる。万国旗や入退場門などを作りながら、運動会に向けて気持ちが高まっている。<br>○一日の予定表を基に、見通しをもって生活を進めていこうとしている。 | ○自分なりの目当てをもって運動遊びに取り組み、力を発揮する楽しさや充実感を味わう。…Ⓐ | ○様々な運動遊びに意欲的に取り組み、多様な動きを楽しむ。<br>○自分なりの目当てをもって試したり繰り返し挑戦したりする。<br>○勝つうれしさや負ける悔しさなど、様々な感情を味わい、言葉で表現する。<br>○様々な活動に取り組む中で、自分の力を発揮する楽しさを感じる。<br>○自分の役割が分かり、進んで取り組む。 |
| 人との関わり | ○自分が発見したことや思いついたことを友達に伝えようとしたり、遊びに取り入れようとしたりしている。<br>○相手の気持ちに気付かなかったり、自分の思いを伝えたつもりで物事を進めたりして、トラブルになることがある。 | ○共通の目的に向かって友達と協力して遊びや生活を進める楽しさを味わう。…Ⓑ | ○友達と一緒に遊びや活動を進め、経験したことを様々に表現しながら、充実感や満足感を味わう。<br>○相手の話の内容に関心をもって聞き、思ったことや感じたことを自分の言葉で表現して伝えようとする。<br>○友達と一緒に遊びを進め、友達の良さに気付いたり頑張りを認めたりする。<br>○一日や一週間の見通しをもって自分たちで生活を進めようとする。 |
| 遊びへの取り組み | ○自分たちで用具を用意したり走順を決めたりして、リレーごっこを繰り返し楽しんでいる。<br>○鬼ごっこやルールのある運動遊びを通して、緩急をつけて走る、よける、運ぶなど、様々な動きを経験している。<br>○栽培物の収穫や土作り、種まきなどを通して、生長や次の収穫を楽しみにしている。また、種の数や種類に関心をもっている姿も見られる。 | ○秋の自然にふれ、生活や遊びに取り入れ、表現することを楽しむ。…Ⓒ | ○秋の自然の美しさを感じたり、気付いたことを伝え合ったりする。<br>○秋の自然物を自分たちの遊びに取り入れたり、様々な表現遊びを楽しんだりする。<br>○生長した野菜を収穫する喜びを味わい、形や大きさの違いに気付いたり数をかぞえたりして関心をもって関わる。 |

## 家庭・地域 との連携
保護者への支援も含む

★運動会に向けた活動の中で、自信をもって行動する姿や友達と力を合わせて活動に取り組む姿をクラス便りや保護者会などで具体的に伝えていく。また、感想文や登降園時を活用し、一人ひとりの成長を共に喜んだり課題を共通にしたりする。

★イモ掘りの様子を写真で掲示したり、秋の自然物を使った製作物を飾ったりして、季節の移り変わりについて家庭でも話題にできるようなきっかけをつくっていく。

## 健康・食育・安全への配慮
養護の視点も含む

○収穫した野菜や果実を調理したり味わったりする機会をつくる。また、匂いや硬さなど、子どもたちが気付いたり感じたりしたことを受け止め、友達同士でも伝え合うように促したり気付きを取り上げたりする。

○固定遊具や移動遊具、巧技台や大縄のポールなど、遊具の安全点検を複数の職員で行ない、子どもが安心して力を十分に発揮して挑戦できるようにする。

指導計画から学ぼう 保育力アップ

### 自分の力を試し、友達と競争する楽しさを十分に味わえるように

運動会を通して、自分の力を発揮する、みんなのために頑張るなどの様々な体験をすることで、子どもたちの意欲が高まり、少し難しいことにも挑戦してみたい、知っていることを年下の子どもにも教えてあげたいなど、友達と励まし合ったり、認め合ったりする姿を見守り、一人ひとりの自信につなげていきましょう。

# 環境の構成と保育者の援助

### 自分なりの目当てをもって運動遊びに取り組み、力を発揮する楽しさや充実感を味わえるように

○運動会後もリレーや様々な運動遊びに取り組めるように、リレーをする場や道具などを自分たちで始められるように用意しておき、体を動かす楽しさを味わえるようにする。

○固定遊具や縄跳びなど、友達の刺激を受けながら、自分なりの目当てをもてたり頑張ったりする姿を捉えて、認めたり励ましたりして、やり遂げた達成感や充実感を味わい、自信につながるようにする。

### 共通の目的に向かって友達と協力して生活や遊びを進める楽しさを味わえるように

○運動会に向けて、子どもと一緒に日めくりカレンダーを作ったりプログラム表に司会や係を書き込んだりして、意欲や見通しをもって取り組めるようにする。

○運動会後も用具や衣装、CDプレーヤーを使いやすいように置いたり、年下の子どもたちと関わる機会をつくったりして、

再現して自分たちで遊びを進めていく楽しさを味わう。

○遊びを進めていく中で困ったことを自分たちで解決しようとする姿を見守り、認めたり必要に応じて確認したりして、友達と一緒に遊びを進める楽しさを感じられるようにする。

### 秋の自然にふれ、遊びや生活に取り入れ、表現することを楽しめるように

○秋の空や雲の形について話題にしたり、友達同士で伝え合っている姿を認めたりして、季節に関心をもてるようにする。

○木の実や落ち葉は、観察したり分類したりしやすいように置き方を工夫し、製作や表現遊びの材料として使えるようにしておく。

○木の実や落ち葉を拾える地域を保育者間で情報共有し、子どもたちが園外でも秋の自然にふれられるようにする。

○イモ掘りでは期待が高まるよう、土の中の様子について話題にしたり収穫の喜びや驚きに共感したりする。また、数えたり重さを比べたりする姿から、量るための手立てや道具について一緒に考えるなど、関心を高められるようにする。

## ゆったり過ごすために…　～園で長時間過ごすための配慮～

### 涼しい季節にいろいろな友達と…

○夕方が涼しくなり過ごしやすくなるので、戸外でも運動遊びを十分に楽しめるようにする。また、草花集めや押し花など、静的な遊びができるように環境を整える。

○年下の子どもと一緒に遊んだり自然に関わったりする姿を

見守り、認めていく。伝承遊びなどを通して無理なく関わり、楽しさを共有して遊べるようにする。

（だるまさんがころんだ、かごめかごめ、はないちもんめ、あぶくたった　など）

## 保育者のチームワーク

★リレーごっこや他年齢の運動遊びなど、園庭を使用する遊びや活動について、職員会議や朝の打ち合わせ時に場の調整をするとともに、保育者間で声を掛け合いながら安全に遊べるように配慮する。

## 反省・評価のポイント

★自分なりの目当てをもって運動遊びに取り組み、力を発揮する楽しさや充実感を味わえたか。

★共通の目的に向かって、友達と協力して遊びや生活を進める楽しさを味わえるように援助できたか。

# 10月 週の計画

## 1週 10/1（火）〜5（土）

**今週の予定** 衣替え、運動会

### 前週の 幼児の姿

○運動会に向けて、万国旗を作ったり入退場門を装飾したりして、期待をもっている。

○リレーを繰り返し走ったり、リズム表現で体を動かしたりするなど、運動会に向けた活動を楽しみながら取り組んでいる。

---

## ねらいと内容

○運動会に向けて期待をもち、自分の力を発揮する楽しさを味わう。… Ⓐ

○共通の目的に向かって意欲的に取り組み、充実感や満足感を味わう。… Ⓑ

・自分の力を発揮して遊ぶ楽しさや気持ち良さを味わい、十分に体を動かして遊ぶ。

・友達と一緒に体を動かしたり競い合ったりすることを楽しむ。

・自分のすることが分かり、意欲的に取り組み、やり遂げた満足感を味わう。

・クラスの友達と取り組む中で、互いの良さに気付いたり頑張りを認めたりする。

---

## 具体的な環境と保育者の援助

◆当日のプログラムや係の順番などを模造紙などに書いて見やすい所に貼り、司会の言葉や競技の補助など、係活動に自分たちで取り組めるようにする。

○他の保育者に言葉で伝えたり友達同士で見合える機会をつくったりして、自信をもって当日を迎えられるようにする。

○リレーでは、勝ちたい気持ちや速く走りたい気持ちを受け止め、それぞれのチームが相談して作戦を考える機会を設ける。

○走順やバトンの渡し方、コーナーの走り方など、必要に応じて保育者も一緒に入りながら意見を出し合えるような雰囲気をつくり、チームが共通の目的をもって取り組めるようにする。

○グループごとに動き方や表現の仕方を見合ったり気付いたことを伝え合ったりする機会をつくり、友達同士で認め合い、それぞれが自信をもてるようにする。

◆運動会に向けた取り組みが多くなる中で、自分なりに挑戦したり友達と競ったりして楽しむ遊びの場や時間がもてるよう、一日の流れや活動内容を分かりやすく掲示し、子どもが見通しをもって過ごせるようにする。

○運動会当日は、緊張したり興奮したりする姿を受け止めながら落ち着いて力を発揮できるように声を掛けていく。

◆当日は、5歳児の席の近くにプログラムや司会、係の分担表を掲示し、自分たちで出番を確認したり声を掛け合ったりして、自信をもって参加できるようにする。

○衣替えの季節であることを話題にし、季節の移り変わりや気候の変化を感じられるようにする。

（絵本：『くすのきだんちのあきまつり』『おちばいちば』『14ひきのあきまつり』）

---

## 反省・評価のポイント

★運動会に向けて期待をもち、自分の力を発揮する楽しさを味わうことができたか。

★共通の目的に向かって意欲的に取り組み、充実感や満足感を味わえるよう援助できたか。

# 10月 週の計画

## 2週 10/7(月)〜12(土)

今週の予定　避難訓練

### 前週の 幼児の姿

○運動会に向けて意欲をもって取り組む中で、自分の力を発揮する楽しさややり遂げた満足感を味わっている。
○リズム表現やリレーなどの競技を通して、友達とのつながりを感じるとともに、5歳児としての自信をもつようになっている。

---

○運動会で経験したことを自分たちの遊びに取り入れたり、自分なりに表現したりする楽しさを味わう。… Ⓐ
○友達とのつながりを感じ、遊びや生活を進める楽しさを味わう。… Ⓑ
・運動会でうれしかったことや楽しかったことを自分なりに表現する。
・年下の子どもに教えたり一緒に遊んだりして自信をもつ。
・友達の頑張りを認めたり刺激を受けたりして、自分も取り組もうとする。
・友達とのつながりを深めながら、遊びや生活を進めようとする。

---

○運動会の経験で、楽しかったことやうれしかったことを振り返り、絵で表現したり、友達に伝えたりする楽しさを味わえるようにする。
◆運動会で使用した衣装や持ち物などを、好きな遊びで使ったり年下の子どもたちに貸したりできるように、数や内容を精選し、すぐに取り出せるような場所に置く。
○年下の子どもと一緒にリレーをしたり、リズム表現をしたりする姿を見守り、衣装を着けたり、分かりやすく教えたりする姿を認め、自信をもって関われるようにする。

◆運動会で楽しかったことを振り返りながら、自分の体の仕組みや動き方に関心をもてるように、姿見を用意したり友達同士で動きを見合える機会をつくったりする。
○自分の体の動きに関心をもって表現を楽しめるように、わりピンを使った紙人形を作る。また、いろいろなポーズをとったり、動かして遊んだりできる時間を設ける。
（画用紙、パス、絵の具、わりピン、目打ち　など）

○遊びのコーナーを区切ったり用具の置き方を工夫したりして、互いの頑張りや取り組みが見えるようにする。降園時の振り返りの時間で、それぞれの取り組みにふれ、次の意欲や刺激につながるようにする。
○クラスの友達とのつながりを感じ、深められるような歌や集団ゲームを取り入れていく。

♪：『ともだちいいね』『ともだち讃歌』
　　『世界中のこどもたちが』
ゲーム：『もうじゅう狩り』『木の中のリス』
　　　　『王様ジャンケン』　など

◆ホワイトボードなどを利用して、一日や一週間の予定を分かりやすく掲示し、見通しをもって生活を進められるようにする。
○友達同士で声を掛け合いながら、片付けたり当番活動を始めたりする姿を認め、自分たちで生活を進めようとする気持ちをもてるようにする。
○話の内容を想像したりイメージを広げたりして、みんなで楽しめるような物語を用意する。

絵本：『もりのへなそうる』『エルマーのぼうけん』
　　　など

---

反省・評価のポイント

★運動会で経験したことを、自分たちの遊びに取り入れたり、自分なりに表現したりする楽しさを味わえたか。
★友達とのつながりを感じ、生活や遊びを進める楽しさを味わえるように援助できたか。

**10月 週の計画**

**3週** 10/14（月）〜19（土）

今週の予定：体育の日、身体計測、誕生会

**前週の 幼児の姿**

○年下の子どもとリレーを一緒に走ったり経験したことを絵で表現したりして、運動会の取り組みを再現したり表現したりして遊んでいる。

○自分なりの目当てをもって取り組んだり友達から刺激を受けてやってみようとしたりしている。

**ねらいと内容**

○友達と思いや考えを出し合ったり力を合わせたりする楽しさを味わう。… Ⓐ Ⓑ

○身近な秋の自然にふれ、関心を高めたり遊びに取り入れたりする。… Ⓒ

・自分の思いを分かるように伝えたり、相手の言葉に耳を傾けたりして遊びを進めようとする。

・鬼ごっこやボールを使った遊びを通して友達と体を動かして遊ぶ。

・ルールを守って遊ぶ中で、勝ったり負けたりする楽しさを感じる。

・季節の移り変わりを感じ、調べたり遊びに取り入れたりして関心を高める。

**具体的な環境と保育者の援助**

◆クラスで鬼ごっこやボール遊びをする時間や場を保障し、様々な動きや、ルールを守って遊ぶ楽しさを味わえるようにする。
（開戦ドン、ジャンケン助け鬼　など）

○その場で判断して動く楽しさやスリル、チームの仲間を助けるおもしろさなどを感じられるようにする。

◆互いの陣地の距離や逃げられるスペースの広さなどを調整し、思い切り動く楽しさを味わったり様々な動きを経験したりできるようにする。

○ボールを遠くまで投げる、高く投げる、友達とキャッチボールをするなど、ボール遊びのバリエーションを示し、様々な投げる動きを遊びの中に取り入れられるようにしていく。

◆目当てをもって挑戦する遊びでは、一人ひとりが取り組む姿を認め、意欲につながるようにする。チャレンジカードを子どもと一緒に作り、簡単な動きから少しずつ取り組めるようにしていく。
（縄跳び、竹馬、一輪車、鉄棒　など）

つぎは40かいにしようかな

○空の高さや雲の形、風の爽やかさなど、季節の移り変わりに関心をもてるように、子どもの気付きに共感したり、雲や空について調べられるようにしたりする。
（本：『雲の不思議がわかる本』『超はっけん大図鑑 雲と天気』　など）

◆秋の情景を思い浮かべられるようにクラスで童謡を歌ったり、音楽に合わせて楽器を鳴らせるように環境を準備したりする。
（♪：『虫のこえ』『山の音楽家』　など）

○挑戦するおもしろさやできあがっていく楽しさが味わえるような教材を提示し、友達と一緒に取り組んだり協力したりする楽しさが味わえるようにしていく。
（ユニット色紙、ハロウィンのリース作りからお化けごっこ、パーティーごっこ　など）

◆イモ掘りに向けて、土の中の様子を想像したり、イモの大きさを予想したりして、期待をもって臨めるようにする。
（絵本：『さつまのおいも』『おいもをどうぞ！』『おおきなおおきな おいも』『おいもほり』
♪：『やきいもグーチーパー』　など）

**反省・評価のポイント**

★友達と思いや考えを出し合ったり力を合わせたりする楽しさを味わうことができたか。

★身近な秋の自然にふれ、関心を高めたり遊びに取り入れたりできるような環境を構成できたか。

# 10月 週の計画

## 4週 10/21(月)〜31(木)

予定 今週の イモ掘り、読書週間

### 前週の 幼児の姿

○鬼ごっこでは、その場の判断で動いたり友達を助けたりすることを楽しんでいる。また、遊びやチャレンジの中でボールを投げることを楽しんでいる。
○秋の空や雲に関心をもち、気付いたことを友達同士で伝え合ったり調べたりしている。

---

○友達と協力して自分たちで遊びを進める楽しさを味わう。… Ⓑ
○秋の収穫を喜び、遊びに取り入れたり表現したりする楽しさを味わう。… Ⓒ
・遊びに必要な物を準備したり役割を伝え合ったりして、自分たちで遊びを進める。
・友達と気持ちや力を合わせて作ったり遊びを進めたりすることを楽しむ。
・サツマイモの収穫を喜び、大きさや数に関心をもち、気付いたことを伝え合う。
・自然物を取り入れて製作したり表現したりすることを楽しむ。

---

○ボールを目標に向かって投げたりチームで競ったりする楽しさを味わえるように、保育者も一緒に遊びながら、ドッジボールのルールを伝えていく。

◆ボールが当たることを怖がる子どもがいる場合、また、ボールが陣地外に転がり頻繁に遊びが途切れる場合は、柔らかい素材のボールなどを提示し、遊びが楽しめるように援助する。

（ポリ袋や新聞紙、帯状に切って組み合わせた物、布などの手作りボール　など）

◆ドッジボールのルールは、視覚的に分かりやすいように工夫して説明し、クラスの友達と一緒に遊びを楽しめるようにする。

（ホワイトボードとカラーマグネットを使う　など）

◆自分で目当てを見つけて取り組めるように、チャレンジカードに余白を設けて、自分で次の目当てを書き込めるようにする。すぐに諦めがちな子どもには、保育者も一緒に回数や技を考え、スモールステップで取り組めるようにしていく。

◆園で育てている野菜や果樹、米を収穫したり味わったりする機会をつくり、みんなで育てた物を収穫する喜びを味わえるようにする。

○サツマイモの収穫では、色や匂い、数や重さなどに関心をもって、じっくりと関われるようにし、気付いたことや感じたことを友達同士で伝え合えるようにする。

○実物を見て絵を描く機会をつくり、色の鮮やかさや形のおもしろさを表現する楽しさを味わえるよう、教材の提示を工夫する。

（割り箸、墨、顔彩、障子紙　など）

◆園内外で拾ったドングリや製作素材を使って、ケーキやクッキー作り、コリントゲームなどができるよう、場を用意する。

◆友達と考えを出し合ったり、試行錯誤をしたりできるように、様々な材料や必要に応じて使える用具を準備しておく。

（速乾性の接着剤、絵の具、段ボールカッター、段ボール板　など）

---

## 反省・評価 のポイント

★友達と協力して自分たちで遊びを進める楽しさを味わえるよう援助できたか。
★秋の収穫を喜び、遊びに取り入れたり表現したりする楽しさを味わえたか。

# 10月

# 日の計画

## 10/10（木）

**ねらい**
○自分なりの目当てをもって、試したり繰り返し取り組んだりする楽しさを味わう。
○体の仕組みが分かり、自分なりに人形を製作し、表現する楽しさを味わう。

**内容**
○自分なりの目当てをもってやりたいことに挑戦する。
○運動会で経験したことを再現したり、年下の子どもに教えたりして、自信をもつ。
○体の仕組みや動かし方が分かり、人形を作ることを楽しむ。

### 環境を構成するポイント

○自分なりの目当てをもって何度も試したり挑戦したりできるように時間と場を保障する。

○運動会で使用した衣装をハンガーに掛けたり、CDプレーヤーなどの用具を精選して置いておいたりして、好きな遊びで使えるようにする。

○自分の体の仕組みや動き方が視覚的に分かるように姿鏡を用意したり友達同士で見合う機会をつくったりする。

○目打ちを使用するときは、壁際にテーブルを置き、その場で穴をあけるようにして、動線が重ならず安全に製作ができるようにする。

○作った人形を動かしたり作り足したりできるように掲示や置き方を工夫する。

○夕方の涼しい時間に戸外で体を動かして遊べるようにする。リレーごっこをするときは、円周や折り返しなど、他の遊びと動線がぶつからないようにするとともに、年下の子どもが無理なく参加できるようにする。

### 予想される幼児の活動

○登園する。
○好きな遊びをする。
　（園庭：リズム表現、雲梯、鉄棒　など
　室内：ごっこ遊び、製作遊び　など）
○片付ける。
○わりピン人形を作る。
・四ツ切り画用紙に自分を描く。
・動かしたい関節（肘、膝　など）をはさみで切る。
・目打ちで穴をあけ、わりピンで留める。
○昼食をとる。
○園庭や保育室で好きな遊びをする。
○片付ける。
○集まる。一日の振り返りをし、明日の予定を伝える。
　（絵本：『もりのへなそうる』
　♪：『世界中のこどもたちが』）
○降園する。
○預かり保育室で好きな遊びをする。
　（ごっこ遊び、製作遊び、ブロック、
　将棋、リバーシ、UNO　など）
○おやつを食べる。
○園庭で好きな遊びをする。
　（リレーごっこ、縄跳び、鉄棒　など）
○室内で好きな遊びをする。
○降園する。

### 保育者の援助

○自分で目当てを決めて試したり挑戦したりする姿を認め、意欲につながるようにする。

○年下の子どもに動き方を教えたり一緒に遊んだりする姿を認め、自信をもって行動できるようにする。

○人形製作の導入では、体の構造や関節の動きに気付くように実際に体を動かしながら提示していく。

○作り方の工程やできあがりのイメージを知らせることで、子どもたちの意欲を引き出していく。

○体の部位を太く描くことや重なる部分があることなど、人形を作る際のこつを知らせるとともに、やり直せるように画用紙を多めに用意したり友達の人形を見られるような場を構成したりする。

○振り返りの時間では、人形に色を塗る、糸を使って動かすなど、翌日やってみたいことを話題にし、意欲につながるようにする。

○夕方の室内遊びでは、対戦型のボードゲームやカードゲームなど、保育者も一緒に遊びながら、落ち着いた雰囲気の中でじっくり遊べるようにする。

### 反省・評価のポイント

★自分なりの目当てをもって、試したり繰り返し取り組んだりする楽しさを味わえるよう援助できたか。

★自分の体の仕組みが分かり、自分なりに製作し表現する楽しさを味わえたか。

# 10月

# 日の計画

## 10/23（水）

| | |
|---|---|
| **ねらい** | ○友達と誘い合いながら、自分たちで遊びを進める楽しさを味わう。<br>○収穫を喜び、サツマイモの形や大きさ、数に対して関心を高める。 |
| **内容** | ○友達と力を合わせて場をつくったり、遊びを進めようとしたりする。<br>○サツマイモの収穫を喜び、友達同士で感じたことを言葉で伝え合う。<br>○収穫物の形や大きさの違いや数に関心をもち、調べたり比べたりする。 |

### 環境を構成するポイント

○思い切り引っ張ったり長いツルを伸ばしたりできるように、広い場所を確保して活動を行なう。

○収穫したサツマイモを並べて、形や大きさを比べたり、数をかぞえたりできるようにする。

○大きさや重さに関心をもてるように、はかりを準備しておく。また、数に関心をもてるように、白紙にマス目を書いたり10個ずつまとめたりできるようにする。

○運動遊びでは白線でコートを描いておいたり用具を取り出しやすいように置いたりして、自分たちで遊びを進められるようにする。

○イモを洗い、色の鮮やかさを感じたり、形のおもしろさを感じたりしながら、会食に向けて期待をもてるようにする。

○夕方の時間に室内で遊ぶときは、一人ひとりがじっくりと遊べるようにテーブルやござで高低差をつけたりパーティションで区切ったりする。

### 予想される幼児の活動

○登園する。

○サツマイモ掘りをする。
・イモを掘り、友達と見せ合ったり、並べたりする
・イモの大きさやツルの長さを比べる

○好きな遊びをする。
（園庭：ドッジボール、靴鬼　など）
（室内：ごっこ遊び、製作遊び　など）

○片付ける。

○イモを洗う。

○昼食をとる。

○園庭や保育室で好きな遊びをする。

○片付ける。

○集まる。一日の振り返りをし、明日の予定を伝える。
（絵本：『やきいもの日』）
（♪：『だいだいだいぼうけんのうた』）

○降園する。

○預かり保育室で好きな遊びをする。
（ごっこ遊び、製作遊び、ブロック、）
（将棋、リバーシ　など）

○おやつを食べる。

○園庭で好きな遊びをする。
（リレーごっこ、縄跳び、鉄棒　など）

○室内で好きな遊びをする。

○降園する。

### 保育者の援助

○子どもたちと、土の中の様子を想像したり、どのくらいの量が収穫できるか予想したりして、サツマイモ掘りに期待をもって臨めるようにする。

○収穫の喜びを感じられるようにうれしさに共感したり友達同士で伝え合う姿を認めたりする。

○数や量に関心をもって関われるように、子どもの気付きを認めたり疑問に思ったことを一緒に考えたりしていく。

○サツマイモのツルを伸ばして長さを比べたり、回して縄跳びのようにしたり、保育者も一緒に遊びながら、自然物を遊びに取り入れる楽しさを感じられるようにする。

○運動遊びでは、子どもたち同士で思いを出し合いながら遊びを進めようとする姿を認め、保育者も一緒に体を動かし、楽しさに共感していく。

○夕方の時間に戸外で遊ぶときは、一人ひとりが挑戦する様子を見守ったり手を添えて励ましたりして、自分なりの目当てに向かって取り組む楽しさを味わえるようにする。

10月

日の計画

### 反省・評価のポイント

★友達と誘い合いながら、自分たちで遊びを進める楽しさを味わえたか。

★収穫を喜び、サツマイモの形や大きさ、数に対して関心を高めることができたか。

# 11月の計画

## 気の合う友達と共通の目的に向かって遊びを進め、充実感を味わえるように

### 共通の目的に向かって実現する楽しさを味わえるように

　園全体で取り組む作品展は、これまでの遊びや表現活動を基にして、子どもたちが自分たちの考えを生かしながら進めます。クラスや同年齢の友達と共通の目的をもち、自分たちで考えを出し合って完成させたことや、展示物の遊び方や工夫した点を分かりやすく説明する体験などが遊びの充実感につながります。保育者も教材のヒントを提示したり、相談役になったりしながら、子どもたちが自分たちでやり遂げる楽しさを味わえるようにしましょう。

| 協同性 | 思考力の芽生え |
|---|---|
| 言葉による伝え合い | 数量や図形、標識や文字などへの関心・感覚 |

### 相手に分かるように伝えたり、相手の考えを受け入れたりして、遊びが充実するように

　自分たちで考えて進めていく活動では、友達の考えを聞いたり、自分の考えを相手に伝えたりすることが必要となってきます。自分から相手に分かるように伝えたい気持ちを支えたり、自分とは違う考えにふれて試行錯誤する姿を見守りながら、友達と一緒に活動する楽しさや自分たちの遊びがより充実する楽しさを味わえるようにしていきます。

| 協同性 | 言葉による伝え合い |
|---|---|

## 季節ごよみ

○木々の色づきの変化や、身の回りの自然の変化が見られる。

○戸外で体を思い切り動かす中で、秋の風の心地良さに気付く。

○ドングリや色づいた木の葉などが落ち、集めたり遊びに使ったりしている。

○ヒヤシンスの水栽培、コマツナ、豆類の種まきを始める。

○たくさんの落葉が見られる。

○風が冷たく感じられるようになる。

○木枯らしが吹く。

○ヒヤシンスなどの栽培物の根や茎が徐々に伸びたり、大きく生長したりしてくる。

○寒い日が増えてくる。

## 遊びへの取り組み

### 戸外遊びが充実し、知的好奇心が高まるように

戸外に出ることで、子どもたちは秋の自然の変化や移り変わりに気付きます。落葉樹の変化、落ち葉の色や感触の変化、木の実にはいろいろな種類や形があることなど、子どもたちが興味をもったことは自分から図鑑や絵本で探して調べようとします。「不思議だな」「おもしろいな」と思った子どもたちの知的好奇心を満たせるよう、教材や室内の環境を整え、保育者や友達と感じたことや考えたことを伝え合う場面をつくるようにしましょう。

| 自然との関わり・生命尊重 | 思考力の芽生え |
|---|---|

| 豊かな感性と表現 |
|---|

## 保育なるほど解説！

### 小学校のカリキュラムとの「円滑な接続」

「幼児期の終わりまでに育ってほしい姿」（10の姿）は、小学校のカリキュラムとの「円滑な接続」のために設定されたものです。つまり、幼児教育の遊びを通しての総合的な指導で培われた資質・能力を具体的な「10の姿」にまとめて、小学校教員に子どもたちの育ちや学びを伝え、それらを小学校教育に生かしてもらうためのものです。保育や授業の参観などを通して、幼児教育と小学校教育との「尊重すべき違い」への理解を深めつつ、互いに「伝わる言葉」をもつことが必要です。

# 11月 月の計画

※ねらい(… **A** など)が、月案と週案で関連し合っていることを読み取ってください。

## クラスづくり

○友達と一緒に作品展などの活動に向かう中で、共通の目的をもち、工夫をしたり協力をしたりして遊びを進める楽しさを味わってほしい。その中で、一人ひとりが自分の思いや考えを出し合い、友達の思いや考えを聞いて、試行錯誤しながら、今までの経験を生かし遊びを進めてほしい。また、季節の変化を感じ、興味・関心をもち、調べたり、比較したりしながら考えることを楽しんでほしい。

## 前月末の 幼児の姿

**生活**

○一日の流れや一週間の予定が分かり、友達と確認したり、進めようとしたりしている。

○遊びに必要な用具を自分たちで出して遊んだり、決まった場所に片付けをしたりする姿が見られる。

**人との関わり**

○友達と思いや考えを出し合って遊びを進めようとしている。

○遊びの進め方やルールなど、友達と思いや考えが違っているときは、確認したり、協力したりして遊びを進めようとしている。

**遊びへの取り組み**

○友達と遊ぶ中で、役割を分担したり、遊びに必要な物や場を工夫してつくったりしている。
○運動会で楽しんだことやチーム対抗の集団遊びなどを、友達と誘い合いながら繰り返し楽しんでいる。
○イモのツルや遠足で拾ったドングリなどの木の実を、遊びの中に取り入れて遊んでいる。

## ねらい

○共通の目的やイメージをもち、友達と一緒に遊びや生活を進める楽しさを味わう。… **A**

○様々な素材に触れ、試したり工夫したりして、作り出すことを楽しむ。… **B**

○季節の変化を感じ、興味・関心をもったことを考えたり試したりするおもしろさを味わう。… **C**

## 幼児の経験する 内容

○共通の目的に向かって、グループの友達と思いや考えを出し合う。

○活動の見通しをもち、友達と一緒に活動を進めていこうとする。

○自分の思いや考えを友達に分かるように言葉で伝える。

○友達の思いや考えを聞き、相手の気持ちを分かろうとする。

○一緒に遊びを進めるために、自分の気持ちを調整したり、考えを合わせたりする。

○集団遊びを繰り返す中で、ルールの必要性に気付き、守ったり考えたりする。

○イメージに合う材料を選んだり、今までに使った素材や用具を組み合わせたりして工夫して表現をする。

○新たな素材や用具の扱い方が分かり、目的に合わせて安全に気を付けて使う。

○気温や風の冷たさ、葉の色の移り変わりなどから、季節の変化に気付く。

○葉や実を見たり、大きさを比べたりして、大きさや形、色、数量に興味・関心をもつ。

○植物や果樹、栽培物の生長や変化に気付き、不思議に思ったことや疑問に思ったことを考えたり調べたりする。

○秋の歌や話に親しみ、気持ちを込めて表現したり、情景を思い浮かべたりする。

## 家庭・地域との連携
保護者への支援も含む

★作品展に向けての取り組みの様子や遊びの様子をクラス便りや掲示などで知らせ、活動のねらいや友達とのやり取り、一人ひとりの工夫など子どもたちの思いや成長が保護者にも伝わるようにする。

★就学時健診を機に、就学に向けての話題にふれ、一人ひとりの子どもに合わせて心掛けておく生活習慣などについて、保育者と保護者で共に意識を高めていく。

★風邪が流行し始める時季のため、手洗い・うがいの励行を家庭にも呼び掛ける。

## 健康・食育・安全 への配慮
養護の視点も含む

○就学に向けてハンカチやティッシュペーパーを自分で意識して携帯できるようにする。
○就学を見据えて、午睡を減らしたり、なくしたりする。
○公共の場でのマナー、バス内での過ごし方などをクラスで確認し、一人ひとりが意識して行動できるようにする。
○新しい用具の使い方を知らせ、自分で安全に使えるようにする。

**指導計画から学ぶ** 保育力アップ

### 作品展は自分たちで作る楽しさを味わえるよう、子どもに任せる活動に

作品展は子どもたちが共有するイメージを自分たちで作り上げる楽しさがあります。そのためには、保育者は様々な素材や道具を用意し、子どもたちが自分のイメージに合う物を選んで使えるようにすること、互いの考えや思いを言葉で伝え合い、試行錯誤する過程を見守り、援助することが重要です。

# 環境の構成と保育者の援助

### 共通の目的やイメージをもち、友達と一緒に遊びや生活を進める楽しさを味わえるように

○一緒に活動をする友達に自分の思いや考えが表せているか、目的が共通になっているかを確認し、必要に応じて保育者も子どもたちと一緒に方法を考えていく。
○自分たちが考えていることや工夫したことを伝え合う時間を設け、自分たちの遊びのヒントにしたり、互いの良さを認め合ったりできるようにする。
○友達と一緒に取り組む中で、相手に思いが伝わらなかったり、聞いてもらえなかったりする場合には、互いの気持ちに気付けるよう声を掛ける。
○気持ちを調整しようとしたり、相手の話を聞き、新たな考えを出そうとしたりしている姿など、一人ひとりが試行錯誤する姿を見守り、受け止めていく。
○共通のルールで遊ぶ楽しさを味わえるように、繰り返し友達と遊ぶ中で、ルールを確認したり、変更したりしていく。
○子どもたちがより達成感を味わえるように、異年齢の子どもや保護者を招待する機会を設ける。

### 様々な素材に触れ、試したり工夫したりして、作り出すことを楽しめるように

○今までの体験を生かして材料や用具を選び、試したり、工夫したりしながら表現しようとする姿を認める。
○イメージに合う素材を選んだり、組み合わせたりできるように準備したり、子どもと一緒に必要な物を考えたりする。
○より本物らしく作ろうとする姿や、友達と一緒に工夫して作る姿を認め、自分たちで進める楽しさにつなげていく。

### 季節の変化を感じ、興味・関心が深まるように

○園内外の自然の変化や気温、風の冷たさについて、子どもの気付きを受け止め、認めたり、クラスで話題にしたりする。
○遠足や散歩、園庭で拾った木の実や落ち葉を並べて、見たり触れたりできるコーナーを用意する。また、大きさや色、形を比べて気付いたり、不思議に思ったことなどを自分で調べたりできるように絵本や図鑑を置いておく。
○カキや栽培物の収穫を通して、実の大きさ、葉の色や特性への気付きを認めたり、クラスで話題にしたりする。

## ゆったり過ごすために…　～園で長時間過ごすための配慮～

### 一人や少人数でゆったりと過ごせるように

○日没が早くなり、気温が低くなるため、温かく楽しい雰囲気で過ごせるようにする。
○友達と取り組む活動が増える時機であることを踏まえ、一人ひとりが自分のやりたいことにじっくりと取り組める遊具や少人数で遊べる遊具を用意しておく。
○日没が早くなる時季であるが、園庭で影踏みなどの遊びを取り入れるなど工夫し、戸外で体を動かして遊ぶ楽しさを味わえるようにする。

**保育者のチームワーク**

★数日にわたる製作活動の場合は、場の使い方や状況について保育者同士で連携を密に取る。

## 反省・評価 のポイント

★共通の目的やイメージをもち、思いや考えを出し合いながら、遊びや生活を進めることを楽しめたか。

★試したり、イメージを広げたりしながら、遊びを進められる援助ができたか。

★季節の変化を感じ、自然への興味・関心を深められたか。

# 11月 週の計画

## 1週　11/1（金）〜9（土）

**今週の予定**　文化の日、避難訓練

※ねらい（… Ⓐ など）が、月案と週案で関連し合っていることを読み取ってください。

### 週の初めの 幼児の姿

○チームに分かれて行なう開戦ドン、ドッジボールなどに興味をもち、友達と誘い合って取り組んでいる。
○友達と忍者ごっこなどのいろいろなごっこ遊びを楽しみ、遊びに必要な物をそろえたり、工夫して作ったりしている。
○秋の自然物を取り入れて遊んでいる。

---

### ねらい○と内容・

○自分なりのイメージや目的をもって遊び、思いや考えを友達に伝えながら遊ぶ楽しさを味わう。… Ⓐ Ⓑ
○友達と一緒に、ルールのある運動遊びに取り組み、自分なりの力を出して楽しむ。… Ⓐ
・自分なりの目的に向けて、イメージを広げたり考えを出したりしながら取り組む。
・運動遊びに進んで取り組み、勝敗やチームを意識したり、ルールを守ったりして遊ぶ。

---

### 具体的な環境◆と保育者の援助○

◆忍者の絵本や図鑑を用意し、イメージを広げたり共有したりする中で「もっとおもしろくしたい」という思いを膨らませられるようにする。
　（絵本：『わんぱくだんのにんじゃごっこ』
　　　　　『なるほど忍者大図鑑』『忍者大集合』）
○忍者になり切っていろいろな動きを楽しむ中で、子どもの「もっとこうしたい」という修行に必要な物や場のイメージを取り上げ、材料や用具を提示したり、実現できるような方法を一緒に考えたりする。
　（巧技台、マット　など）

○作品展について知らせ、クラス全員が楽しめるテーマとして、みんなが楽しんでいる忍者ごっこを取り上げ、友達の考えを聞いたり、話したりする中で、作品展に向けて楽しみにできるような雰囲気づくりをする。
○友達と修行の場や忍者の森などをつくるときは、一人ひとりが考えやイメージを出しやすいように人数を調整したり、イメージを共有しやすいよう、設計図を描きながら考えをまとめる方法を知らせたりする。
○友達と誘い合い、ルールのある運動遊びに取り組む様子を見守り、時には保育者も仲間に入り、体を動かす楽しさや勝ったり負けたりするおもしろさに共感する。
○ルールや判定で考えがずれる場面では、子ども同士でそれぞれが思いを表したり仲裁に入ったりして解決していこうとする姿を見守り、必要に応じて新たなルールの必要性に気付かせていく。
○来週の遠足では忍者が住んでいそうな森を探検することや、製作に使えそうな木の実や枝などの自然物の収集ができるなどの内容を伝え、自分たちの遊びのイメージが広がるようにしていく。

---

### 反省・評価のポイント

★自分なりのイメージや目的を友達に伝えたり、広げたりするような環境や援助を工夫できたか。
★友達と一緒にルールのある遊びに取り組んで十分に楽しめたか。

# 11月 週の計画

## 2週

**11/11(月)～16(土)**

**今週の予定** バス遠足、身体計測、七五三

### 前週の 幼児の姿

○自分たちで開戦ドンやドッジボールを楽しんだり、個々にフープや縄跳びなどに挑戦したりしている。
○忍者ごっこに多くの子どもが関心をもち、いろいろな動きをしたり修行に必要な物を作ったりして楽しんでいる。
○木々の色づきなど秋の自然の変化に、興味を深めている。

---

○友達と目的を共有して考えやイメージを伝え合いながら、実現していこうとする楽しさを味わう。… Ⓑ
○進んで運動遊びに取り組み、友達と競い合ったり繰り返し挑戦したりすることを楽しむ。… Ⓐ
○秋の自然の様子に関心をもち、見たり触れたりする中で、身近な不思議やおもしろさを味わう。… Ⓒ
・いろいろな運動遊びに目的をもって取り組み、体を動かす楽しさを十分に味わう。
・友達と目的を共有して遊ぶ中で、自分の動き方や役割を考えたり、工夫したりする。
・身近な自然物を集めたり、比べたりして、色や形の不思議や美しさに気付き、友達と伝え合う。

---

○公園の遠足では、森を散策しながら忍者や修行のイメージにつながるような子どもの言葉や動きを捉えて、他児にも伝えるよう仕向け、想像を膨らませて楽しめるようにする。
○遠足では、自然物を採集することを通して、気付いたことを伝え合ったり、遊びに使えそうな物を探したりしながら、秋の自然物への関心を高めていけるようにする。
◆先週の話し合いで決めたテーマ「忍者の森」の作品展に向け、当日までの見通しや期待をもてるよう日程表を掲示し、グループで取り組む時間を決めたり、クラスで準備する物の内容を確認したりする。

○グループの活動では、役割を分担したり一緒に行なったりしたことで実現できたことを具体的に認め、目的に向けて協力して進める楽しさを味わえるようにする。また、

他のグループの取り組みにも関心をもてるよう、作品を見合ったり、工夫した所を話したりする時間をつくる。
◆遠足で採集した自然物を工夫して、「忍者の森」の製作に取り入れて楽しめるよう、友達と整理、分類し、使いやすいように置いておく。
○それぞれのグループの取り組みの様子を見守り、グループの話し合いでは、みんなが参加して進められるよう相手に分かる思いの伝え方を考えたり、相手の考えの良さに気付いたりできるよう援助する。
◆手裏剣や剣、忍者ベルトなど作品の続きを作りたくなったり、友達の取り組みに刺激を受けたりできるよう、見やすく整理された展示の仕方や片付け方を工夫する。
○忍者の修行ごっこでは、なり切って楽しみながらいろいろな動きを繰り返す中で、自分なりの目標をもって取り組む姿を認め、運動遊びの楽しさを味わえるようにしていく。
○開戦ドンやドッジボールでは、子ども同士で新しいルールを考えたり決めたりするときには、一緒に遊んでいる友達にも共通に理解できるようにすることが大切であることを知らせ、必要なときには保育者も話し合いに参加し、一緒に考える。

---

**のポイント**

★グループで取り組む中で互いにイメージや考えを伝え合いながら進めることができたか。
★十分に体を動かしたり、勝敗やチーム意識をもって遊ぶことを楽しんだりできる環境をつくることができたか。

# 11月 週の計画

## 3週 11/18(月)〜23(土)

**今週の予定** 作品展、保育参観、勤労感謝の日

※ねらい(… Ⓐ など)が、月案と週案で関連し合っていることを読み取ってください。

## 前週の 幼児の姿

○遠足で忍者のイメージで遊んだ経験を、友達と運動遊びに取り入れて修行や術の動きなどを楽しんでいる。
○クラスやグループで目的を共有して取り組み、作品展を保護者に見てもらうことへの期待や意欲が高まっている。
○カキの色づきを見て、収穫に期待をもっている。

---

### ねらい○と内容・

○作品展に向けて、友達と協力しながら取り組み、やり遂げた満足感や充実感を味わう。… Ⓑ
○目標に向けて、いろいろな運動遊びに繰り返し挑戦したり、友達と一緒に楽しんだりする。… Ⓐ
○秋の自然の変化に気付き、不思議を感じたり遊びに取り入れて興味・関心を広げたりする。… Ⓒ
・友達と共通の目的をもち、自分の力を発揮しながら役割を果たしていこうとする。
・自分なりの目標をもち、思い切り力を出して運動遊びに取り組む。
・身近な自然物に触れたり、秋の実りの収穫を体験したりする。

---

### 具体的な環境◆と保育者の援助○

○作品展開催のために必要なことや気付いたことを話し合い、準備を進めながら期待や意欲を高められるようにする。

看板や各コーナーの表示、
入り口で渡す修行の内容を書いた巻物、
修理コーナー　など

○入り口の受付係や各コーナーの案内係などの分担を決め、係の動き方や言葉など考えたことを伝え合い、具体的にイメージできるようにしていく。
○参観当日は、保護者を案内したり、修行の場や忍者の森で遊び方を教えたりする姿を見守り、友達と力を合わせて作り上げた作品展の成果を実感し、満足感や達成感を味わえるようにする。
◆自分たちで場を準備してドッジボールや開戦ドンなどを始められるよう用具を整えておく。
（ライン引き、得点表、ボール　など）
○仲間同士で進めていたチーム対抗の集団遊びをクラス全体の遊びに取り入れ、みんなで楽しめるようにする。その中で、クラスでルールを共有したり、いろいろな運動遊びの経験をするきっかけとなるようにする。

○戸外での遊びでは、風の心地良さや冷たさを感じたり気付いたりできるよう、保育者も共感したりクラスの話題にしたりしていく。
◆ヒヤシンスやクロッカスの水栽培やスイセンの生長の様子に気付き、興味・関心をもてるよう、よく見える場所に置いたり、図鑑を用意したりする。
○色づいたカキの実を子どもと一緒に収穫し、秋の実りのうれしさに共感する。また、葉の色の変化の様子を子どもと一緒に見て、色の美しさや不思議など、感じたことを伝え合い共有する。
○勤労感謝の日をテーマに話し合い、いろいろな仕事をしている人たちがいることに気付き、感謝の気持ちをもてるようにする。
○集まりのときに、季節の絵本や長編の物語の読み聞かせをし、イメージの共有や物語の世界を楽しめるようにする。

絵本・物語：『もりのかくれんぼう』
『きいちゃんのどんぐり』『おちばいちば』
『ぼくは王さま』『かいぞくポケット』

---

### 反省・評価のポイント

★作品展で自信をもって自分の役割を果たし、満足感や達成感につながるような援助を工夫できたか。
★チームで取り組む運動遊びを、自分たちで進めていく楽しさを味わうことができたか。

---

# 11月 週の計画

## 4週 11/25(月)〜30(土)

**今週の予定** 就学時健診、午睡終了、誕生会

### 前週の 幼児の姿

○作品展を保護者に見てもらい、自分なりに案内できたことや、喜んでもらったことで達成感を味わっている。
○仲間意識をもって遊ぶことを楽しんでいる。
○園庭や遠足で行った公園で集めたり、家庭から持ち寄ったりした自然物を、製作など遊びに取り入れている。

---

○目当てや目標をもって運動遊びに取り組み、自分たちで遊びを進める楽しさを味わう。… Ⓐ
○作品展の余韻を味わい、自分たちで作った物を使って遊ぶことを楽しむ。… Ⓑ
○身近な自然物に親しみ、遊びに取り入れたり、飾ったりして楽しむ。
・作品展に展示した修行の場や道具を使って遊んだり、年下の子どもを忍者の森に招待したりする。
・友達と誘い合って運動遊びに取り組み、自分の力を発揮していく。
・自然物を遊びに取り入れ、工夫して使ったり作ったりして遊ぶ。

---

◆作品展の会場は遊べるコーナーとしてつくった場や遊具を残し、余韻を楽しめるようにする。
○興味のある子どもを中心に、年下の子どもを招待して遊ぶ時間をつくり、楽しめるようにする。案内したり遊び方を教えたりする中で相手に応じて関わろうとする姿を認め、5歳児としての動きの経験を自信につなげていく。
○三すくみ鬼やドッジボールなどで遊ぶときは、子ども同士で教え合おうとする姿を認め、保育者も仲間に入ってルールを共通理解できるようにし、みんなで楽しめるようにする。
○グループの友達と楽しんでいるショーごっこや踊りなどは、目的を共有して力を合わせる楽しさを味わえるよう場や時間を保障していく。

> 歌・楽器・踊り：『北風小僧の寒太郎』
> 『空にらくがきかきたいな』
> 『シンコペーテッド・クロック』　など

○合奏では、友達と誘い合い、好きな楽器を選んで合奏する楽しさを味わえるよう、楽器のコーナーをつくり、いろいろな楽器やCDプレーヤーを置いておき、自分たちで楽しめるようにしておく。

（ウッドブロック、スレイベル、タンブリン　など）
○就学時健診についてクラスの話題に取り上げ、小学校生活への関心や就学への期待を高められるようにする。
◆自然物を使って、試したり考えたりして遊びに取り入れられるよう、分かりやすい分類や必要な用具を扱いやすく安全な構成を工夫して準備したり、絵本を用意したりする。

> マツボックリのツリー：スパンコール、ビーズ、
> 細いモール、速乾性木工用接着剤、
> ボトルキャップ　など
> モビールや壁飾り：木の実、落ち葉、いろいろな太さの枝、麻ひも、グルーガン　など
> リース：木の実、ドライフラワー、サンキライなどの赤い実、ヒイラギの葉、リボン、綿、ドーナツ型に切った段ボール板、木工用接着剤　など
> 絵本：『まるごとどんぐり』
> 『きってはってこうさくブック』　など

○思い思いの表現を楽しんだり、工夫したりする姿を認め、他児にも知らせたり、壁面に飾ったりして、クラス全体の話題にしていく。

★気の合う友達と考えやイメージを伝え合いながら、目的を共有して取り組む楽しさを味わえたか。
★自然物を使って、考えたり工夫したりして表現したくなるような環境を構成できたか。

# 11月 日の計画

## 11/7（木）

| 環境を構成するポイント | 予想される幼児の活動 | 保育者の援助 |
|---|---|---|
| ○自分たちでルールのある運動遊びを始められるよう、ラインを引いておき、用具を取り出しやすくしておく。<br>○遊戯室に巧技台や一本橋、巧技台などを組み立てて修行の場をつくり、忍者になり切って動きを楽しめるようにする。<br>○忍者のイメージがより広がるように、絵本や図鑑、音楽などを用意する。<br>○設計図を友達同士で見合える場所に掲示しておき、必要な材料や手順などを書き加えたりできるようにする。<br><br>○子どものアイディアを聞きながら、実現するために必要な道具や材料を一緒に用意したり、提案したりする。<br>（大型のブロック、段ボール板、黒い布、台車　など）<br>○クラスのみんなで、それぞれのグループの考えたことや、進み具合を聞く機会を設ける。 | ○登園する。<br>○所持品の始末をする。<br>○好きな遊びをする。<br>（園庭：はん登棒、雲梯、ドッジボールなど<br>保育室：製作、ごっこ遊び　など<br>遊戯室：忍者ごっこ）<br>○片付ける。<br>○グループの友達と「忍者の森」のイメージで共同製作に取り組む。<br>・製作に必要な材料や手順を決める。<br>・作ったり動かしたりしながら、遊び方を考える。<br>・考えたことや困っていることを友達と伝え合う。<br>○昼食をとる。<br>○園庭や保育室で好きな遊びをする。<br>○片付ける。<br>○集まる。<br>・グループごとに考えたことや、進み具合をクラスの友達と伝え合う。<br>○歌をうたう。<br>（絵本：『わんぱくだんのにんじゃごっこ』<br>♪：『空にらくがきかきたいな』）<br>○降園準備をする。<br>○降園する。 | ○ルールや考えがずれて遊びが進まないときは、友達同士で解決しようとしている姿を見守ったり、必要に応じてルールを整理したりしていく。<br>○子どもが試していることや、工夫していることを認め、他児にも気付かせたり、楽しさを共有したりしていく。<br>○「忍者の森」のイメージが共通になるよう、保育者も遊びの楽しさに共感し、具体的な動きや作る物を言葉にしていく。<br>○一部の子どもの思いだけで進めているときは、友達にも考えがあることを伝え、聞いてみるよう促す。<br>○一人ひとりの考えや困ったことを引き出し、グループの友達と一緒に作り上げる楽しさにつなげる。<br>○忍者になり切って遊ぶ中で、動かすこと、案内することなど必要な役割があることにも気付けるようにする。<br>○子どもたちのアイディアや考えを認め、必要な材料や準備しておくことを子どもと確認し、次の取り組みへの意欲や期待につなげる。 |

**反省・評価のポイント**

★グループの友達と一緒に共通のイメージをもって、話し合うことができたか。
★自分なりの目当てに向かって繰り返し取り組み、挑戦する楽しさを味わえるよう援助できたか。

# 11月 日の計画

## 11/26 (火)

**ねらい**
○年下の子どもに応じて、自分たちの考えたことや遊びの楽しさを伝えようとする。
○自然物を遊びに取り入れて、試したり工夫したりして遊ぶことを楽しむ。

**内容**
○年下の子どもに自分たちの作った物や「忍者の森」の場に案内したり、遊び方を教えたりする。
○秋の自然物の形や色、大きさに興味をもち、比べたり、試したりして遊ぶ。

| 環境を構成するポイント | 予想される幼児の活動 | 保育者の援助 |
|---|---|---|
| ○やりたいことが実現できるように必要な場や用具を、子どもと一緒に考え、用意していく。<br>（看板、巧技台、ひな壇、マット、音楽テープ、衣装　など）<br>○遠足や園庭で収集した自然物を、子どもが分類して置けるようにする。<br>（マツボックリ、ドングリ、小枝、色づいた落ち葉、木の実　など）<br>○リースやツリー作りで装飾できる材料を、子どもが自分で選べるように形、色、大きさごとに小分けにして用意する。<br>（ビーズ、モール、麻ひも、リボン、綿、毛糸　など）<br>○ドングリの絵本や工作の本などを置いておき、作り方のヒントにしたり、遊びの刺激にしたりする。<br><br>○年下のクラスの保育者と事前に打ち合わせをし、じっくりと交流ができるよう時間や人数などを調整する。<br>○案内して楽しかったこと、うれしかったことなどを話したり、聞いたりする時間を設ける。<br>○椅子に座って話を聞き、姿勢を保てるようにする。 | ○登園する。<br>○所持品の始末をする。<br>○好きな遊びをする。<br>　園庭：ドッジボール、開戦ドン　など<br>　保育室：自然物を使った製作（リース、マツボックリのツリー　など）<br>　　ごっこ遊び、楽器遊び　など<br><br>○片付ける。<br>○年下の子どもを「忍者の森」に招待する。<br>・友達と役割を決める。<br>・遊び方を知らせる。<br>・招待して感じたことを話す。<br>○手洗い・うがい、水分補給をする。<br>○昼食をとる。<br>○園庭や保育室で好きな遊びをする。<br>○片付ける。<br>○集まり、振り返りと明日の予定を話し合う。<br>○歌をうたう。<br>　（♪：『ぼくらはみらいのたんけんたい』）<br>○降園準備をする。<br>○降園する。 | ○友達と遊びを進める中で、考えが食い違う場面では、互いの思いを聞くように促し、どうしたら遊びが楽しくなるのか一緒に考えられるようにする。<br>○遊びながら、素材に応じた用具があることに気付かせたり、使い方を知らせたりする。<br>（接着剤、グルーガン　など）<br>○楽しんで作っている姿を見守り、工夫した所を聞いたり認めたりしていく。<br>○うまくいかないところを、子どもと一緒に考え、繰り返し試してみたり、新たな材料や用具を提案したりする。<br><br>○自分なりに考えて、相手に分かりやすく説明しようとする姿を捉え、良かった言葉や動きを認めていく。<br>○自分たちだけでなく、年下の子どもにも喜んでもらえたことのうれしさに共感し、満足感を味わえるようにする。<br><br>○保育者や友達の話に関心をもって聞き、自分のこととして話を聞く大切さを知らせる。 |

**反省・評価のポイント**

★年下の子どもに自分なりに関わる姿を認め、5歳児としての自信につながるようなことばがけができたか。
★自然物を使って、いろいろな素材と組み合わせて作ったり、遊びに取り入れたりすることを楽しめたか。

CD-ROM ▶ 🗀 11月 ▶ 📄 5歳児_11月_26日の計画

# 12月の計画

## 見通しをもって自分たちで遊びや生活を進められるように

### 生 活

**友達とルールをつくったり守ったりして、体を動かす遊びを楽しめるように**

寒くなりますが、戸外で積極的に縄跳びや竹馬に取り組む姿や、クラスの友達を誘って自分たちで遊びを進めていく姿が見られます。友達の姿に刺激されて、いろいろな遊びに取り組み、できるようになるうれしさが味わえるようにしていきます。また、友達と相談しながら遊びをより楽しくしていくことができるように援助していきましょう。そして友達と一緒にルールを守りながら、体を動かして遊ぶ楽しさを十分に味わえるようにしましょう。

| 健康な 心と体 | 自立心 |
|---|---|
| 道徳性・規範 意識の芽生え | 思考力の 芽生え |

### 人との関わり

**自分の力を発揮しながら、同じ目的に向かって折り合いを付けていけるように**

お楽しみ会など、昨年の5歳児の姿を思い出して、自分たちで共通のイメージをもって進めていくようになります。グループやクラスで思いや考えを伝え合う話し合いの場を設けたり、目的の実現に向けて協力して取り組む姿を見守ったり、トラブルを解決したりしてやり遂げた充実感をもてるようにしていきましょう。また、遊びを進めていく中で、文字や数に興味をもち、読んだり、書いたりする機会をもてるようにしていきましょう。

| 協同性 | 言葉による 伝え合い |
|---|---|
| 数量や図形、標識 や文字などへの 関心・感覚 | 思考力の 芽生え |

## 季節ごよみ

- ○木の葉が落ち始め、冬の気配が少しずつ感じられる。
- ○商店街や地域の家の窓にイルミネーションやクリスマスの飾りが見られるようになる。
- ○日なたと日陰の温度差が大きくなる。
- ○水の冷たさを感じるようになる。
- ○風が冷たく、吐く息が白くなっている。
- ○日が短くなり、暗くなるのが早くなる。
- ○門松やしめ縄などの正月飾りが街で見られ、年末の雰囲気になる。

## 遊びへの取り組み

### 年末・年始の社会事象に興味・関心をもてるように

　地域の様々な年末・年始の伝統行事に興味・関心をもって見たり調べたりするとともに、人々が協力して取り組む風習などを伝え、子どもたちが地域に親しみがもてるようにしていきましょう。夕暮れ時に街のイルミネーションを見たり、餅つきや大掃除、正月などの準備をする機会を設けたりして、その時季ならではの生活を体験できるようにしましょう。また、保護者にも社会生活にふれる機会になることを伝え、年末年始の生活の中で、挨拶の仕方やマナーなどを育んでいけるようにしていきましょう。

| 社会生活との関わり | 豊かな感性と表現 |

## 保育なるほど解説！

### 「要録の準備」

　要録作成は3月ですが、この時季になると、保育記録をどう整理して要録作成するか園内で話し合うことがあると思います。こうした話し合いで、ぜひ、担任する子どもの一人ひとりについて、年度当初からの保育記録を時系列に並べながら、どのような変容を遂げてきているか書き出した事例を持ち寄り、話し合ってみましょう。一つひとつの記録は「点」ですが、「線」となることで、その間にある「育ち」に気付きます。保育者間で、発達の読み取りを共有し、要録作成の準備をすることは大切です。

12月の計画

# 12月 月の計画

※ねらい(…Ⓐ など)が、月案と週案で関連し合っていることを読み取ってください。

## クラスづくり

○鬼ごっこやボール遊び、縄跳びなどをして、ルールを守る大切さや、体を動かす気持ち良さを味わえるようにしたい。
○年末お楽しみ会などでは一人ひとりが自分の力を発揮しながら、同じ目的に向かって役割を分担したり協力したりしていけるようにしたい。年末の社会事象や季節の変化などに関心を高め、遊びや生活に取り入れていけるようにする。

## 前月末の 幼児の姿

**生活**

○鬼ごっこやドッジボールなどを自分たちで進めながらルールを守ったり、動き方のコツを教え合ったりして楽しんでいる。

○縄跳びや竹馬などに繰り返し挑戦することを楽しみながら、体を動かす楽しさを感じている。

**人との関わり**

○「忍者の森」に、他クラスや年下の友達を招待したり案内したり、必要な物を作り足したり壊れた所を修理したりして楽しんでいる。

○友達と一緒に考えを出し合ったり、相手に分かるように話したりしながら、他クラスの作品を自分たちの遊びに取り入れている。

**遊びへの取り組み**

○遠足などで集めた自然物や、収穫した物を遊びに取り入れて、それぞれにイメージしたことを表現して楽しんでいる。

○気温の変化や風の冷たさなどを言葉にして、友達や保育者と共感し合いながら季節の移り変わりを感じている。

## ねらい

○ルールを考えたり工夫したりしながら繰り返し挑戦し、体を動かして遊ぶことを楽しむ。…Ⓐ

○自分の力を発揮しながら同じ目的に向かって協力したり活動を進めたりする楽しさを味わう。…Ⓑ

○年末の社会事象や初冬の自然に興味・関心を高め、遊びや生活に取り入れようとする。…Ⓒ

## 幼児の経験する 内容

○ルールを守って遊ぶ楽しさを感じながら、よりおもしろくなるように友達と相談したり遊び方を工夫したりする。
○体を動かす遊びに繰り返し挑戦し、やり方が分かったり少しずつできるようになったりするうれしさを感じる。
○思い切り体を動かしたり、多様な動きやバランスを体験したりする。
○互いに思いや考えを伝え合いながら、受け入れたり、共感したりして遊びや活動を進めようとする。
○グループで取り組む活動で、必要なことを考えながら役割を分担したり、協力したりして自分の力を発揮する。
○見通しをもって活動しながら、同じ目的に向かって取り組む楽しさや、やりたいことを表現するうれしさを感じる。
○街や生活の変化に気付き、関心を高めたり、生活に取り入れたりしようとする。
○風の冷たさや息の白さ、落ち葉が舞う様子などに自然の変化を感じ、言葉にしたり、様々な方法で表現したりする。
○餅つきや大掃除など、年末を迎える準備が分かり、楽しんで参加する。
○かるたやすごろくなどを楽しみ、文字や数字に関心を高め、遊びに取り入れる。

## 家庭・地域 との連携
保護者への支援も含む

★かるたやすごろく、こま回しなどの正月の伝承遊びに興味をもって取り組んできたことを伝え、年末年始に家族と一緒に楽しめるようにする。
★新しい年を迎えるために園で取り組んできたこと(ロッカーや靴箱の掃除、遊びの道具の整理・整頓 など)を通して、きれいになる気持ち良さや感謝の気持ちを感じていることを知らせ、家庭での生活につなげられるようにする。

## 健康・食育・安全 への配慮
養護の視点も含む

○手洗い・うがいをする大切さを自覚して自ら取り組めるように、健康に関わる絵本を手に取りやすい所に置いたり、紙芝居を読み聞かせたりする。

○餅米をふかす匂いや、米から餅になっていく様子などに興味をもてるように見せたり知らせたりしていく。

○空気が乾燥するので、木製の遊具がささくれていないか確認したり、土ぼこりが舞わないように水をまいたりする。

**指導計画から学ぼう** 保育力アップ

### グループの友達と同じ目的に向かって活動を進める楽しさを味わえるように

　お楽しみ会についてクラスの友達と相談する場を設け、気の合う友達と楽しんでいる遊びや活動を発表する機会をつくっていきます。やりたいことや役割を明確にしながら、グループごとの取り組みが分かるようにしていきましょう。また自分たちで見通しをもって進めていけるように援助していきましょう。

## 環境の構成と保育者の援助

### ルールを考えたり工夫したり、繰り返し挑戦したりしながら体を動かすことを楽しめるように

○年下の子どもや他クラスの友達が遊びに加わったり、遊ぶ人数が増減したりするなどの状況に応じて、ルールや遊び方を工夫できるように声を掛ける。

○自分たちでルールや遊び方のアイディアを出し合ったり工夫したりしている様子を捉え、遊びがおもしろくなったり遊びやすくなったりしたことに共感していく。また、クラスのみんなにも伝え、自分たちで遊び方を考えるきっかけにしていく。

○縄跳びや竹馬などやりたいことをして遊ぶ様子を見守りながら、挑戦する気持ちを認めたり、時には一緒に取り組み、励ましたり共感したりして、挑戦する意欲につなげていく。

### 力を発揮しながら、同じ目的に向かって工夫したり協力したりする楽しさを味わえるように

○クラスの中で、それぞれが自分の力を発揮できるように、一人ひとりの興味・関心や挑戦していることなどを捉えておく。

○活動の内容によって、クラスのみんなで話し合ったり、グループごとに相談したりできるように場を設けるなどして、それぞれの思いや考えが出し合えるようにしていく。

○年末お楽しみ会に向けて見通しをもったり、自分たちで進める意欲が高まったりするように、やりたいことや役割、作った物など、グループごとの取り組みが分かるようにしておく。

### 年末の社会事象や、初冬の自然に興味・関心を高められるように

○年末の生活の仕方や地域の行事などについて、見たり聞いたりしたことを遊びや生活に取り入れられるように、クラスの集まりなどで話題にしたり、地域の新聞を掲示したりする。

○餅つきや大掃除、正月を迎える準備などをして、その意味や年末の生活の仕方が分かったり、準備が整う気持ち良さを感じたりできるようにする。

○年賀状作りや、かるた、すごろくなどを用意し、遊びの中で文字や言葉、数字や図形などに親しみながら、自分の遊びや生活に取り入れられるようにする。

## ゆったり過ごすために… ～園で長時間過ごすための配慮～

### やりたいことにじっくりと

○夕暮れ時に園庭のイルミネーションや園舎内に飾ってあるクリスマスツリーなどをみんなでゆっくりと見たり、歌をうたったりして、その雰囲気を楽しめるようにする。

○暖かな室内では、毛糸で指編みをしたり、ツリーや室内の飾り作りをしたりして楽しめるように、細かな材料も用意しておく。また、年下の友達に作り方を教えたり、一緒に飾ったりする時間を大切にしていく。(ビーズ、リボン　など)

**保育者のチームワーク**

★年末お楽しみ会では、年下の子どもや他クラスの友達と一緒に楽しめるように時間や場の調整をする。

★竹馬や長縄跳びなどとボール遊びの場が混在しないように、声を掛け合い場づくりをしていく。

## 反省・評価 のポイント

★遊びのルールを工夫したり、繰り返し挑戦したりしながら体を動かす楽しさを感じていたか。

★それぞれが自分の力を発揮しながら、友達と一緒に活動を進める楽しさを感じられるように援助できたか。

# 12月 週の計画

**1週** 12/2(月)〜7(土)

今週の予定：避難訓練

※ねらい(… Ⓐ など)が、月案と週案で関連し合っていることを読み取ってください。

## 前週の 幼児の姿

○鬼ごっこやボール遊びなどを自分たちで進める楽しさを味わっている。

○作品展に向けて作った物で繰り返し遊んだり、修理したり、年下の友達を招待したりして楽しんでいる。

○集めた秋の自然物を使って飾り作りなどを楽しんでいる。

## ねらい○と内容○

○友達と一緒にルールを守ったり工夫したりして遊びを進める楽しさを味わう。… Ⓐ

○やりたいことを繰り返し楽しみ、できるようになるうれしさや表現する喜びを味わう。… Ⓐ Ⓑ

・友達と一緒に鬼ごっこを進めながら、やり方を工夫したりルールを考えたりして楽しむ。

・竹馬や縄跳びに繰り返し挑戦しながら、コツをつかんだりやり方が分かったりするうれしさを感じる。

・遊びの中で友達と一緒にいろいろな方法で表現して楽しむ。

・今までの経験を生かしながら落ち着いて避難訓練に取り組もうとする。

## 具体的な環境◆と保育者の援助◎

○保育者も一緒に鬼ごっこやドッジボールなどに参加し、ルールを守ったり、体を動かして遊んだりするおもしろさや楽しさに共感していく。

○友達と一緒に遊びを進める中で、困っている子どもがいたり、遊びが停滞したりしていることに気付けるように状況を伝えるなどしていく。また、「鬼を2人にしてみたらどうかな?」「ゲームの時間を決めてみる?」などと提案し、自分たちでアイディアを出し合ったり、工夫したりする楽しさを感じられるようにする。

○縄跳びや竹馬に挑戦する様子を励ましながら、難しさに共感したり、友達の体の使い方に着目できるように声を掛けたり、少しずつできるようになっていることを認めたりして、挑戦する意欲につなげていく。

もうすこしまえにたおして

◆それぞれにやりたいことを思い切り楽しんだり、繰り返し挑戦したりできるように、ボール遊びと縄跳び、竹馬などの園庭の遊びの様子を見ながら柔軟に場づくりをする。

○お楽しみ会につながるような絵本や歌に親しんだり、自分たちで手に取りやすいようにしたりしていく。

> 絵本：『てじなでだましっこ』『てぶくろ』
> 『おおきなかぶ』
> ♪：『ジングルベル』『赤鼻のトナカイ』
> 合奏：『喜びの歌』

◆友達と一緒に表現しようとしていることのイメージを捉えながら、身近な素材や道具を手に取りやすいように用意しておくとともに、合奏や劇の効果音に使える楽器や道具、素材を提案していく。

（木琴、鉄琴、ウィンドチャイム、サウンドホース　など）

○友達と一緒に楽しんでいる様子を見守りながら「音がそろっていてきれいだね」「冷たい風の音みたいだね」などと言葉にして、音色を意識したりイメージを広げたりするきっかけにしていく。

○好きな場所で遊んでいるときに避難訓練を行ない、今までの経験を生かして、落ち着いて行動するよう声を掛けながら、防災頭巾を正しくかぶったり、ハンカチを取り出して口を覆ったりして避難できるようにする。

## 反省・評価のポイント

★自分たちでルールを工夫しながら遊びを進め、楽しんでいたか。

★それぞれにやりたいことに挑戦したり、友達と一緒に表現したりして楽しめるように援助できていたか。

CD-ROM ▶ 📁 12月 ▶ 📄 5歳児_12月_1・2週の計画

# 12月 週の計画

## 2週 12/9(月)〜14(土)

今週の予定：誕生会、餅つき

### 前週の 幼児の姿

○友達と一緒にルールのある遊びを楽しんだり、自分なりの目当てに向かって挑戦したりして、戸外で体を動かして遊んでいる。

○育てているダイコンの生長の様子に関心をもち、畑へ見に行っている。

---

○誕生会や年末お楽しみ会に向けて友達と一緒に考えたり工夫したりすることを楽しむ。… Ⓑ

○餅つきの意味や餅ができるまでの過程に関心をもつ。… Ⓒ

・見通しをもち、お楽しみ会に必要な物を友達と相談しながら作ったり、練習をしたりする。

・友達と思いや考えを伝え合いながら、イメージを共有して遊ぶ。

・誕生児が喜ぶことを考えながら誕生会の準備をしたり、会を進めたりする。

・餅つきの意味を知ったり雰囲気を味わったり体験をしたりして、餅ができるまでの過程を知る。

---

○年末お楽しみ会について話し合い、好きなこと、やりたいことのグループに分かれて取り組めるようにする。
（縄跳びグループ、合奏グループ、手品グループ　など）

○それぞれのやりたい気持ちを尊重しながら、1グループの人数が8人程度になるように調整し、グループ内のやり取りが活発になるようにしていく。

○子どもたちが話し合う姿から、それぞれが自分の思いや考えを伝えられているか、友達の思いや考えを聞こうとしているかを捉え、必要に応じて援助していく。

◆年末お楽しみ会をイメージして必要な小道具や装飾を製作できるように様々な素材を用意する。

　ツルや木の実などの自然物、段ボール板、ボール紙、リボン、モール、フェルト、毛糸、綿、ビーズ、輪ゴム、ビニールテープ　など

◆場を分けたり小道具の置き場を決めたり、必要な楽器や音源、機器を使えるようにしたりして、グループごとに年末お楽しみ会の練習を進めていけるようにする。

○アイディアを出し合って作った物の飾り付け方を決めるなどして、クラスのみんなで年末お楽しみ会に向かっていく期待感や楽しさを味わえるようにする。

○誕生会の日を知らせ、誕生児のことを考えながら、準備をしたり会の流れを相談したりすることを楽しめるように援助する。

○年末お楽しみ会に向けて取り組んでいることで、誕生会にも生かせる内容は誕生会の機会にも発表できるようにし、経験が重なるようにする。

○餅米を水につけるなどの事前の準備を見られるようにしたり、絵本などを用意したりして餅つきへの関心や期待を高めていく。
（絵本：『ねずみのもちつき』『みんなでもちつき』）

○白米と餅米を比べたり、ふかしたての餅米の香りをかいだり、餅をついたり、食べたりすることを体験し、餅ができるまでの過程や、餅つきをする意味などに関心をもてるようにする。

---

のポイント

★友達と一緒に考えたり工夫したりすることを楽しんでいたか。

★餅つきの意味や、餅ができるまでの過程に関心をもつことにつながるよう、環境を構成できたか。

# 12月 週の計画

## 3週 12/16（月）〜21（土）

**今週の予定** 身体計測、年末お楽しみ会、大掃除、冬至

※ねらい（… **A** など）が、月案と週案で関連し合っていることを読み取ってください。

### 前週の 幼児の姿

○年末お楽しみ会で、発表するグループを決めたり、何を披露するかを相談したりしながら準備を進め、当日を楽しみにしている。

○餅つきを経験して、年末年始に向けての行事や文化に興味をもち始めている。

### ねらい○と内容・

○友達と協力しながら、年末お楽しみ会の準備や当日の進行をして、充実感を味わう。… **B**

○年下の子どもや大勢の保育者の前で発表することで、認められる喜びや、達成感を味わう。… **B**

○冬の自然に興味をもつ。… **C**

・年末お楽しみ会に向けて、友達と協力して役割を分担したり、必要な物の準備をしたりする。

・縄跳びや楽器の演奏など、自分が披露したいことや挑戦したいことに繰り返し取り組む。

・自然と関わる中で疑問に思ったことを調べたり、保育者や友達と話題にしたりする。

### 具体的な環境◆と保育者の援助○

◆お楽しみ会で、司会の子どもが話すカードや、年下の子どもや保育者への招待状などを作れるような文具や紙類を用意しておく。

（色画用紙、千代紙、色紙、スタンプ、シール、パス、油性フェルトペン　など）

○年末お楽しみ会当日に向けて、子どもが自分たちで協力しながら準備をする姿を温かく見守っていく。子ども同士の気持ちがすれ違っている様子があったときには、保育者が間に入り、互いの気持ちを伝え合えるような援助をしていく。

◆子どもが自分の披露したい縄跳びや手品、楽器やこま回しなどを、年末お楽しみ会当日まで繰り返し取り組めるような時間やスペースを十分に確保する。

ひもがぬけるてじなです

○グループで協力したことや、一人ひとりが取り組んでいる姿を集まりの中などで話題にすることで、自分だけで

なく友達の頑張りにも気付けるようにする。

○子どもが自分たちで会を進めようとする姿や、やり遂げようとしている姿を受け止め、子どもたちを応援しながら盛り上げる。当日に緊張したり、戸惑ったりしている様子があったときには、自信をもってできるように励ましたり、子ども同士で支え合う姿を認めたりする。

○年下の子どもとは、会の最後に季節の歌を一緒にうたったり、会が終わった後に一緒に昼食を食べたりすることで、見てもらった喜びや充実感を味わえるようにする。

（♪：『あわてんぼうのサンタクロース』『ジングルベル』『ゆき』『かぜっこふ ゆっこさむがりっこ』　など）

◆年末お楽しみ会が終わってからも、子どもが披露していた楽器や遊具を自由に使えるように出しておく。新しい遊びに興味をもったり、挑戦したり、また年下の子どもに使い方を教えようとしたりするきっかけにする。

○冬至の日には、集まりの中などで文化的な意味を伝え、季節の食べ物にも興味・関心をもてるようにする。

◆冬の動植物に興味をもてるような図鑑や絵本を用意する。

（絵本：『10ぴきのかえるのふゆごもり』『てぶくろ』など）

### 反省・評価のポイント

★年末お楽しみ会の準備や当日の進行を友達と協力して行なうことで、充実感を味わえるように援助できていたか。

★年下の子どもや大勢の保育者の前で発表することで、認められる喜びや、達成感を味わっていたか。

# 12月 週の計画

## 4週 12/23(月)〜31(火)

今週の予定　大掃除

### 前週の 幼児の姿

○年末お楽しみ会をやり遂げた達成感を味わっている。
○鬼ごっこやドッジボールなどを繰り返し遊んでいる中で、年下の子どもや他クラスの友達も遊びに加わるようになってきている。

---

○ルールを考えたり工夫したりしながら体を動かして遊ぶことを楽しむ。… Ⓐ
○年末の地域の様子や伝統行事に興味・関心を高め、遊びや生活に取り入れようとする。… Ⓒ
・年下の子どもや他クラスの友達が遊びに加わるなど、状況に応じてルールや遊び方を工夫しようとする。
・大掃除や正月を迎える準備を通して、きれいにする心地良さや新年を迎える喜びを感じる。
・かるたやすごろくなど必要に応じて、文字や数字を活用しながら進めようとする。

---

◆『花いちもんめ』や『バナナ鬼』などのルールを考えたり、工夫したりしながら遊ぶことを楽しめるように、繰り返し遊べる場や試行錯誤する時間を保障していく。
○新しい考えやアイディアを子ども同士が受け入れて遊びを進めているときには見守り、友達と一緒に遊びを展開していく楽しさを味わえるようにする。
○自分たちで遊びを進めていく姿を見守りながら、トラブルが起きたときにはできるだけ子ども同士で解決できるようにし、互いの思いや考えを言葉で伝えられるようにする。
○異年齢児たちと一緒に保育者も仲間に加わったり、頑張る姿を応援したりすることで、更に遊びを工夫しようとする気持ちが芽生えるようにする。
◆散歩に出掛けたり、地域の行事などに関する情報を手に取りやすいようにしたりすることで、年末の街の様子にふれる機会をもてるようにする。
○地域の様子を見て感じたことや、家族と一緒に経験してきたことを話題にし、年末年始を楽しみに過ごせるようにする。
○年末に大掃除を行なう意味に気付き、ロッカーや靴箱、園庭や保育室の遊具など、身の回りの物を整えようと

する気持ちが芽生えるようにする。

◆正月の伝承遊びに興味をもてるように、取り出しやすい場所に置いたり、取り組める場を用意したりする。
（かるた、すごろく、こま、けん玉　など）
○かるたやすごろくなどでは、友達と一緒に遊んだり自分でつくることができる環境を用意したりし、楽しみながら文字や数字に親しめるようにする。
○子ども同士で繰り返し楽しんだり、遊び方を教え合ったりする姿を認めていく。こまやけん玉は保育者も一緒に遊びながらコツを伝えていく。
○正月や干支に興味をもち、年末年始の生活のイメージをもてるような絵本を用意したり、歌をうたったりする。
（絵本：『かさじぞう』『くまのこのとしこし』）
（♪：『お正月』）

---

**反省・評価のポイント**

★鬼ごっこやドッジボールのルールを考えたり、工夫したりしていく中で、子ども同士が活発にやり取りすることができていたか。
★年末の地域の様子や伝承行事に興味をもてるような環境構成や援助ができたか。

# 12月 日の計画 12/12（木）

**ねらい**
○12月生まれの友達が喜ぶことを考えながら祝おうとする。

**内容**
○友達と一緒に誕生会を進め、12月生まれの友達を祝う。
○試したり工夫したりしながら必要な物を準備する。

## 環境を構成するポイント

○一日の生活の流れが分かるよう掲示を工夫することで、生活に見通しをもち、友達と誘い合って活動に取り組めるようにする。

○前日の続きの遊びを自分たちで遊びだせるように場を構成する。

○様々な素材を使えるように用意し、試したり工夫したりしながら作れるようにする。

○楽器や音源、機器などを用意し、丁寧に扱うことが分かるようにする。

○子どもたちが中心となって誕生会の準備を進めていけるように、保育室の備品を整える。

○子どもたちと一緒にプログラムを掲示し、誕生会の内容がみんなに分かるようにする。

> おたんじょうかい
> ・おともだちのしょうかい
> ・いんたびゅー
> ・おたのしみ
> ・ぷれぜんとわたし

## 予想される幼児の活動

○登園する。
・挨拶をし、朝の支度をする。
・一日の予定を確認する。
○当番の活動をする。
○好きな遊びや年末お楽しみ会、誕生会に向けての取り組みをする。
・好きな遊びをする。
> 室内：ごっこ遊び、プレゼント作り、年末お楽しみ会の小道具作り
> 戸外：鬼ごっこ、縄跳び
○片付けをし、部屋に集まる。
・誕生会の役割に分かれて、必要な物を用意する。
> 司会の原稿、プレゼント、12月生まれの友達に身に着けてもらうペンダントや王冠　など
・友達に祝ってもらうことを喜んだり、友達が喜ぶ姿を見てうれしさを感じたりする。
○誕生会をする。
○手洗い・うがいと昼食の準備をする。
○昼食を食べる。
○片付けをする。
○餅つきの米を研ぐなど、準備をしたり見たりする。
○片付けをして、降園準備をする。
○降園する。

## 保育者の援助

○挨拶をし笑顔で迎える。
○登園してきた子どもの様子から一人ひとりの健康状態を把握する。
○年末お楽しみ会や誕生会に向けての活動を進める姿を認めたり、必要に応じて役割に気付けるような援助をする。
○進行役の子どもと一緒に誕生会の流れや、必要な物があるかを確認し、自信をもって会を進められるようにしていく。
○戸外では友達とルールを伝え合って遊んだり、自分なりの目当てに向かって挑戦したりして思い切り体を動かす楽しさを味わえるようにする。
○自分たちで誕生会の準備をする姿やお祝いをする姿、会を進めようとする姿を認め、必要に応じて援助をする。
○餅米を水につけるなどの事前の準備を見られるようにする。
○読み聞かせをし、餅つきへの期待が高まるようにする。
（絵本：『ねずみのもちつき』）
○明日の餅つきの話をして、見通しをもてるようにしたり期待を高めたりする。

## 反省・評価のポイント

★12月生まれの友達のことを考えながら誕生会を進めようとしていたか。
★友達と一緒に試したり工夫したりしながら必要な物を作れるような環境を構成できたか。

# 12月
# 日の計画
## 12/19（木）

| ねらい | ○年末お楽しみ会を楽しみにする。<br>○自分たちで協力しながら活動を進めていく充実感を味わう。 |

| 内容 | ○年末お楽しみ会の準備をしたり、当日の流れを確認したりして期待を膨らませる。<br>○子ども同士で声を掛け合いながら準備したり、グループの活動を行なったりする。 |

## 環境を構成するポイント

○一日の生活の流れが分かるように、予定表や時計などを子どもが見やすい位置に掲示する。

○ごっこ遊びの他に、年末お楽しみ会で披露しようとしているこま回しや、縄跳びなどの練習を伸び伸びとできるような時間やスペースを確保しておく。

○当日の会の進め方や楽器の準備など、子どもが今日準備しようとしていたことをホワイトボードなどを使って目で見て確認できるようにしておく。

○それぞれのグループがじっくり練習できるような場を用意する。

○帰りの集まりでは、年末お楽しみ会の流れを黒板などに書いて見通しがもてるようにする。

○ドッジボールや大縄跳びなど、午前中の遊びを継続できるように準備する。

○日没後の室内では、部屋の温度・湿度に十分に配慮しながら調節する。

○一人でじっくり遊んだり、少人数の友達と遊べるような遊具を用意しておく。

## 予想される幼児の活動

○登園する。
・挨拶をして、朝の支度をする。
○当番活動をする。
○好きな遊びをする。
（室内：ごっこ遊び、装飾作り、
　　　　こま作り　など
戸外：縄跳び、氷鬼、こま回し　など）
○集まりをする。
・年末お楽しみ会の流れを確認する。
・今日準備しようとしていたことなどを伝え合う。
○年末お楽しみ会に向けた活動をする。
（グループごとの縄跳び、手品、
楽器の演奏などの練習　など
司会の子どもが話す言葉の確認や
招待状渡し　など）
○昼食をとる。
○遊びの振り返りや、お楽しみ会の予定を確認したり、当日に歌う『ジングルベル』を歌って降園する。

○戸外か室内で好きな遊びを楽しむ。
○おやつを食べる。
○ゆったりと過ごしながら、室内で好きな遊びを楽しむ。
（ままごと、トランプ、リバーシ、
将棋、あやとり、指編み　など）
○片付けをして、降園準備をする。
○降園する。

## 保育者の援助

○一人ひとりと明るく挨拶を交わし、健康状態の把握をする。

○ふだんの遊びをしている子と年末お楽しみ会に向けた活動をしている子どもの姿を捉えながら、それぞれに合った援助ができるように保育者間で連携をとっていく。

○子ども同士で準備を進めようとする姿を温かく見守っていく。互いの気持ちがすれ違っているときには、間に入りながら気持ちを受け止めたり、橋渡しをしたりして援助していく。

○帰りの集まりの時間では、それぞれのグループで取り組んできたことや、たくさんの人に見てもらうことを話題にして当日を楽しみにする気持ちが更に膨らむようにする。

○午前中から引き継ぎの際には、保育者間で子どもの健康状態をきちんと伝えられるように連携を取る。

○手洗い・うがいの必要性を伝え、特に外遊びの後には丁寧に行なえるように見守っていく。

## 反省・評価のポイント

★子ども同士で声を掛け合い、協力しながら準備を進めていたか。
★年末お楽しみ会に期待が高まるように援助できていたか。

# 1月の計画

## 互いの良さを認めながら友達と一緒に遊びや活動を進める楽しさを

### 生活

**目当てをもち、繰り返し工夫したり挑戦したりするように**

　少し難しいことにも自分なりに目当てをもって挑戦し、友達と励まし合って、粘り強く取り組むようになります。満足できるまで継続して取り組めるような場と時間を保障し、できるようになったことを友達と一緒に喜び合えるようにしていきます。また、たこ揚げやすごろく、かるたなどの伝統的な遊びに親しみ、興味・関心を深めていけるようにし、活動の広がりや深まりに応じて数量や図形、文字などへの関心・感覚をもてるよう、一人ひとりに丁寧に援助しましょう。

| | |
|---|---|
| 自立心 | 思考力の芽生え |
| 数量や図形、標識や文字などへの関心・感覚 | 健康な心と体 |

### 人との関わり

**思いや考えを言葉で伝え合い、友達と一緒に進めていく楽しさを味わえるように**

　自分が経験したことや考えたことなどを自分の言葉で話し、相手の話に興味をもって聞くようになってきます。絵本や物語の世界を楽しみ、豊かな言葉や表現にふれる機会をつくりましょう。そして、これまでの経験を生かして、グループやクラスの友達と協力して活動を進めていく楽しさを味わえるようにしていきましょう。こうした経験を通して、相手に分かるように言葉で伝えたり、相手の話を注意して聞いたりして、理解するようになってきます。

| | |
|---|---|
| 言葉による伝え合い | 豊かな感性と表現 |
| 協同性 | 道徳性・規範意識の芽生え |

## 季節ごよみ

○門松や正月飾り、鏡餅な
　どが飾られている。

○新年の挨拶を交わし、正
　月の雰囲気が感じられる。

○地域で正月の行事が行な
　われている。

○風や空気が冷たく、吐く
　息が白い。

○冷たい風が吹き、寒さが
　厳しい日には、霜柱や氷
　が見られる。

○雪が降る日もある。

○インフルエンザなどの感
　染症が流行し始める。

## 遊びへの取り組み

### 冬の自然に関心をもち
### 関わりを深めるために

　張り詰めた空気や日ざしの暖かさなど、冬の身近
な事象に関心をもち、発見したことを喜んだり伝え
合ったりする姿が見られます。また冬の寒さの中にも、
秋に種をまいた野菜が実ったり、球根が芽を出したり
して、初春を感じることもあるでしょう。保育者は、一
人ひとりの気付きに共感しながら、更に好奇心や探求
心をもって予想を立てたり、確かめたり、伝え合った
りして、自然との関わりが深まるような環境を工夫し
ましょう。

| 自然との関わ |
| り・生命尊重 |

| 思考力の |
| 芽生え |

| 言葉による |
| 伝え合い |

### 保育なるほど解説！

#### 「異年齢児との関わりの良さ」

　異年齢には、同年齢では見られない子ど
も同士の関わりがあり、乳幼児期の発達に
は、その両方が必要です。特に、家庭や地域
で異年齢児との関わりが少なくなっている
現代では、異年齢児との関わりの良さを改め
て見直すことが大切です。そのためには、生
活体験や発達が異なることによって生み出
される活動の中で、子ども一人ひとりが経験
していることを丁寧に読み取りつつ、それぞ
れに豊かな体験が得られる環境を工夫する
ことが求められます。

# 1月 月の計画

※ねらい(…Ⓐ など)が、月案と週案で関連し合っていることを読み取ってください。

## クラスづくり

○こま回しや縄跳びなどでは自分なりの目当てをもち、友達と励まし合いながら、満足できるまで継続して取り組む姿を大切にしていきたい。思いや考えを友達と伝え合いながら、遊びや活動を進めていけるようにしたい。物語の世界を楽しみ、友達と一緒に表現する楽しさを味わえるように援助していく。霜柱や氷など冬の自然事象に関心をもち、好奇心や探究心をもって確かめたり考えたりして、関わりを深めていってほしい。

## 前月末・今月初めの 幼児の姿

**生活**

○休み明けの疲れや、生活リズムの乱れなどから、体調を崩したり眠たくなったりする様子が見られる。

○年末年始に経験したことを保育者や友達に話したり、興味をもって尋ねたりしている。

**人との関わり**

○友達との再会を喜び、保育者や友達と新年の挨拶をしたり、誘い合って一緒に遊んだりすることを楽しんでいる。

○年下の友達と一緒に遊ぶ中で、遊び方を伝えたり、相手に合わせてルールを変えたりして遊びを進めようとしている。

**遊びへの取り組み**

○鬼ごっこやドッジボールでは、ルールを考えたり工夫したりして遊びを進める楽しさを味わっている。

○かるたやすごろくなど、正月の伝承遊びに興味をもって、保育者や友達と一緒に楽しんでいる。

## ねらい

○自分なりの目当てをもち、繰り返し試したり工夫したりして、挑戦する楽しさを味わう。…Ⓐ

○思いや考えを言葉で伝え合い、友達と一緒に表現したり遊びを進めたりする楽しさを味わう。…Ⓑ

○冬の身近な自然や伝統行事に関心をもち、遊びに取り入れる。…Ⓒ

## 幼児の経験する 内容

○自分で決めた目当てに向かって繰り返し挑戦し、できるようになった喜びを感じる。

○友達と教え合ったり励まし合ったりしながら、遊びを進め、できたうれしさを分かち合う。

○かるたやすごろく作りを通して、文字や数量への関心を高める。

○自分が経験したことや考えたことを相手に分かるように言葉で伝えようとする。

○絵本や物語の世界を楽しみ、イメージしたことを様々な方法で表現する。

○互いの思いや考えを伝え合いながら、遊びに必要な物を作ったり役割を決めたりする。

○ルールを考えたり工夫したりしながら遊びを進めるおもしろさを味わう。

○正月や節分などの伝統行事に関心をもって遊びに取り入れる。

○霜柱や氷ができることの不思議やおもしろさを感じ、特性や変化に気付いて試したり考えたりする。

○分からないことや興味をもったことについて、友達と一緒に考えたり調べたりして、探究する楽しさを味わう。

○栽培物を収穫することや食べることに喜びを感じる。

## 家庭・地域 との連携
### 保護者への支援も含む

★新年お楽しみ会では地域の人に、伝承遊びやしし舞を披露してもらう機会をつくる。

★生活発表会に向けて子どもたちが考えたり協力したりする姿を、クラス便りや掲示などを活用して保護者に伝えていく。

★近隣の小学校との交流では、小学校の保育者と連携を取り、交流給食や小学校の授業体験などの、互いが楽しめる活動を取り入れ、小学校に親しみをもてるようにする。

## 健康・食育・安全 への配慮
養護の視点も含む

○生活リズムや手洗い・うがいの大切さを改めて伝え、健康への意識をもてるようにする。
○鏡開きをしたり、収穫したダイコンを七草がゆに入れて食べたり、おせち料理を話題にしたりして、正月の食文化への関心が高まるようにする。
○給食の配膳時にトレーを使い、自分たちで配膳できるようにする。

指導計画から学ぶ 保育力アップ

### 友達と一緒に表現したり遊びを進めたりする楽しさを味わえるように

かるたやすごろくなど、自分たちが遊ぶ物を作る機会をつくっていきましょう。より遊びがおもしろくなるアイディアをグループで分かりやすく伝え、相手の考えを聞こうとする姿を認め、友達と一緒につくり上げていく楽しさを感じられるようにしましょう。また、文字や数量への関心が高まるような環境構成も工夫していきましょう。

## 環境の構成と保育者の援助

### 自分なりの目当てをもち、繰り返し試したり工夫したりして、挑戦する楽しさを味わえるように

○竹馬やこま回しなど、繰り返し挑戦していく中で遊び方を考えたり変化させたりする姿を捉え、子どもの考えた竹馬コースを描いたり、こまの土俵を難しくしたりして、遊びをよりおもしろくする経験ができるようにしていく。
○友達と競い合ったり、教え合ったり、励まし合ったりする姿を認め、できた喜びに共感したり、喜びを友達と分かち合ったりできるようにしながら、自信につなげていく。
○年賀状やかるた、すごろくなどは、自分たちでアイディアを出し合って作れるよう、用具や材料を用意しておく。

### 思いや考えを言葉で伝え合い、友達と表現したり遊びを進めたりする楽しさを味わえるように

○経験したことや考えたことをグループやクラスの友達に伝える機会をつくり、分かりやすく伝えようとしたり相手の話に興味をもって聞こうしたりする姿勢を認めていく。

○互いの思いや考えを伝え合いながら、遊びに必要な物を作ったり役割を決めたりする中で、友達との意見の違いに気付いたり、葛藤する体験を味わったりしながら、友達と一緒に作り上げていく楽しさを感じられるようにする。
○生活発表会に向けての取り組みでは、子どものつぶやきや発想を周りの友達と共有できるようにするなどして、それぞれが自分の考えを伝えやすい雰囲気づくりをする。また、イメージをすり合わせながら進めていけるように援助する。

### 冬の身近な自然や伝統行事に関心をもち、確かめたり考えたりして関わりを深められるように

○冬の自然に興味をもち、調べたり考えたりできるように必要な道具や図鑑などを用意し、探究する楽しさを味わえるようにする。
○伝統行事の由来や趣旨を知らせ、絵本を用意して、興味をもてるようにしていく。

## ゆったり過ごすために…　～園で長時間過ごすための配慮～

### 暖かな室内で楽しめるように

○昼に作ったかるたやすごろくを引き続き楽しめるように、じゅうたんや小さめのラグを敷き、家庭的な雰囲気になるような遊びの場を構成する。

○暖かい室内の中で、バランスゲーム、ボードゲーム、ぼうずめくり、将棋、リバーシなどを用意し、じっくりと遊べる場を構成する。

### 保育者のチームワーク

★たこ揚げやこま回し、発表会の練習でホールを使用する場合には、時間や使用する場所について調整する。

## 反省・評価 のポイント

★自分なりの目当てをもち、繰り返し試したり挑戦したりする楽しさを味わえていたか。

★思いや考えを言葉で伝え合いながら活動を進められるような援助ができていたか。

# 1月 週の計画

**1週**

1/6(月)〜11(土)

**今週の予定** 七草、新年お楽しみ会、鏡開き

※ねらい(… Ⓐ など)が、月案と週案で関連し合っていることを読み取ってください。

## 前週・週の初めの幼児の姿

○保育者や友達に新年の挨拶をしたり、年末年始の出来事を話したりしている。
○こまやかるたなどの正月の伝承遊びに興味をもち、楽しんでいる。

## ねらい○と内容・

○年末年始に経験したことを友達と伝え合い、遊びに取り入れていく。… Ⓑ
○正月の伝統や慣習に興味をもって関わる。… Ⓒ
・年末年始の出来事を保育者や友達に話したり、友達の話に興味をもって聞いたりする。
・新年お楽しみ会に参加し、正月の雰囲気を味わう。
・文字や数に興味をもって、年賀状ごっこやかるた、すごろくを楽しむ。
・自分たちで育てたダイコンを収穫して食べることを喜ぶ。

## 具体的な環境◆と保育者の援助○

○年末年始の出来事を友達の前で話す機会を設け、話を聞いてもらううれしさが味わえるようにする。また、友達の話を最後まで聞こうとする姿を認め、話を聞くことの大切さを伝える。
◆こま、たこ揚げ、羽根つきなどの安全な遊び方や扱い方を確認する機会を設けたり、子どもの動線に配慮した場を用意したりして、一人ひとりが気を付けて遊べるようにする。
◆年末年始に経験したことを、いつでも遊びに取り入れられるように必要な物を用意する。
( ポストを作る大きな箱、はがきサイズの紙、五十音表、ひらがなスタンプ、カラーフェルトペン )
○年賀状ごっこやかるたなどの遊びを通し、文字や数字への興味・関心をもって遊びに取り入れて楽しめるように一人ひとりに合わせた丁寧な援助をする。

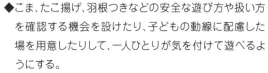

○自分たちで遊びのルールを決めたり、遊び方を工夫し

たりしている姿を見守り、友達と話し合いながら進める姿を認める。
( 室内遊び：かるた、すごろく )
( 戸外遊び：巴鬼、ドンジャンケン )
○寒さで厚着になりがちなので、積極的に戸外に出て体を動かし、温かくなることを感じられるようにする。また、暑くなったり汗をかいたりしたときには衣服の調整や汗を拭くことなどを自分で行なえるように気付かせていく。
◆新年お楽しみ会では、近隣の方に伝承遊びを披露してもらったり、しし舞にふんしてもらったりして、日本の伝統に興味をもてるようにする。
◆こまや羽根つきなど、得意なことを年下の友達の前で披露する機会を設け、自信につなげる。
○七草や鏡開きなどの由来を知らせ、日本の伝統文化に興味をもてるようにする。
○みんなでダイコンを収穫し、味わう体験を通して、収穫の喜びや食べ物への感謝の気持ちをもてるようにする。
( ♪：『北風小僧の寒太郎』『十二支のうた』 )
( 手遊び：『餅つき』 )
( 絵本：『金のがちょう』『さんまいのおふだ』『開運えほん』 )

## 反省・評価のポイント

★正月の伝統や慣習に興味をもち、関わることを楽しんでいたか。
★年末年始に経験したことを遊びに取り入れられる環境構成ができていたか。

136　 CD-ROM ▶ 📁 1月 ▶ 📄 5歳児_1月_1・2週の計画

# 1月 週の計画 2週

## 1/13（月）〜18（土）

今週の予定

### 前週の 幼児の姿

○年始の社会事象に興味をもち、自分の経験したことを保育者や友達に伝え合っている。
○友達を誘い合って、正月の伝承遊びを繰り返し楽しんでいる。

○自分なりの目当てをもち、繰り返し挑戦することを楽しむ。… Ⓐ
○友達と思いや考えを伝え合い、一緒に遊びや活動を進める。… Ⓑ
・友達と励まし合ったり、教え合ったりしながら、正月の伝承遊びを繰り返し楽しむ。
・友達と一緒に工夫をしながら、かるたやすごろくを作って遊ぶ。
・生活発表会に向けて、絵本や物語に親しみをもち、イメージを広げていく。

◆縄跳び、竹馬、こま、けん玉などのチャレンジカードや技の表を作り、自分なりの目当てに向かって挑戦する楽しさを感じられるようにする。
○一人ひとりが自分で決めた目当てに向かって取り組み挑戦する姿を認めたり、励ましたりして、できたときに一緒に喜び、自信につなげていく。
◆友達と繰り返し遊んだり、挑戦したりできるよう、トーナメント表を用意したり、保育者が少し難しい技の見本を見せたりする。

○友達が頑張っていることに気付いて、一緒に喜んだり、応援したり、言葉を掛けている姿を認めていく。
◆かるた、すごろく、たこなどを自分たちで作って楽しめるように必要な材料を用意しておく。
（竹ひご、カラーポリ袋、たこ糸、模造紙、厚紙　など）
○自分で作ったかるたやすごろくなどを紹介したり、できたことを披露したりする場を設け、自分なりの工夫を伝えたり、友達の様子を見て刺激を受けたりできるようにする。
○これまで親しんできた絵本や物語を、子どもたちが自分で自由に手に取れる場所に並べておき、劇ごっこでやってみたい話を選んだり、話をつくり出したりできるようにする。
（絵本：『かさじぞう』『さるかに合戦』）
◆絵本や物語の世界のイメージを広げながら、表現する楽しさを味わえるように、遊びの場を確保したり、材料を準備したりする。
（段ボール板、大型積み木　など）
◆生活発表会に向けて内容を決めていく際には、絵や動きなど様々な表現方法を用いながら、それぞれの思いや考えを伝え合える場をつくる。
○自分の考えを伝えたり、友達の意見を聞いたりしながら、折り合いをつけようとする姿を認め、必要に応じて保育者も加わり、話し合いを進めていく。

反省・評価 のポイント

★自分なりの目当てをもって、繰り返し遊ぶことができていたか。
★友達と思いや考えを伝え合えるような援助ができていたか。

# 週の計画

## 3週 1/20（月）〜25（土）

今週の予定　避難訓練、誕生会、身体計測

※ねらい（… Ⓐ など）が、月案と週案で関連し合っていることを読み取ってください。

### 前週の 幼児の姿

○縄跳び、竹馬、こま回しを、友達と励まし合いながら繰り返し楽しんでいる。
○かるたやすごろくを友達と一緒に作って遊んでいる。
○絵本や物語を基に、友達とお話づくりを楽しんでいる様子が見られる。

## ねらい（○）と内容（・）

○友達と考えや思いを伝え合いながら、イメージを共有して活動を進めていく。… Ⓑ
○冬の自然事象に関心をもち、見たり、触れたりする。… Ⓒ
・発表会でやりたいことや必要な物を、友達と意見を出し合いながら一緒に作っていく。
・自分たちでルールを工夫したり、伝え合ったりしながら、鬼ごっこやドッジボールを楽しむ。
・霜柱や氷などに触れて、不思議やおもしろさを感じる。

## 具体的な環境（◆）と保育者の援助（○）

○生活発表会にする劇をどのように演じていくかを決めていく際には、それぞれの意見やアイディアを出し合えるように、少人数のグループで進めていく。
◆友達と誘い合い、劇の役になり切り表現することを自由に楽しめるように、簡単な舞台を用意する。
◆劇に使う大道具や小道具について思いや考えを出し合い、友達と一緒に作れるように、必要な素材や材料、用具を準備する。
（カラーポリ袋、不織布、お面ベルト、深い紙皿、モール　など）

○子どもたち同士の話し合いでつくった物語のイメージを表現しやすいように、ペープサートや紙芝居にして、繰り返し楽しめるようにしたり、友達に伝えやすくしたりする。
◆自分たちで遊びを進められるように、点数表を用意したり、ラインを引いたりしておく。

○その日の良かったことや発見、アイディアなどをクラスの中で話題にし、友達の良いところに気付いたり、互いの考えを認め合ったりできるようにしていく。
◆冬の自然事象について不思議に思ったことをいつでも調べたり、確かめたりできるように、必要な物を用意しておく。
（図鑑、温度計、虫メガネ　など）
○霜柱や氷、息の白さなど、子どもの発見や驚き、疑問などに共感し、好奇心をもって関われるようにしていく。
◆楽器を使いたいときに取り出せる場所に置いておき、様々な音色にふれたり、友達とリズムを合わせる心地良さを味わったりできるようにする。
（木琴、鉄琴、ハンドベル、シンバル、カセット、CDなどの音源　など）
○誕生会では、自分の夢中になっている遊びや、発表会で歌う予定の歌をうたい、歌詞の意味を思い浮かべたり、みんなで気持ちをそろえる心地良さを楽しんだりする。
（♪：『カレンダーマーチ』『世界中のこどもたちが』）
○誕生会までの日程を確認し、見通しをもって、自分たちで準備を進めていけるようにする。

## 反省・評価のポイント

★冬の自然の不思議やおもしろさを感じ、好奇心をもって関わることができたか。
★発表会に向けて、それぞれの意見を伝え合えるような援助ができたか。

# 1月 週の計画

## 4週 1/27(月)〜31(金)

今週の予定

## 前週の 幼児の姿

○友達と一緒に劇ごっこの動きを考えたり、せりふを言ったりしている。生活発表会に期待をもち、互いの思いや考えを伝え合いながら取り組みを進めることを楽しんでいる。
○冬の自然事象の不思議やおもしろさを感じ、霜柱を探すなどして興味をもって関わっている。

---

○冬の自然事象に好奇心をもって関わり、友達と一緒に調べたり、考えたりする。… **C**
○友達と競い合ったり励まし合ったりしながら、できるようになった喜びを感じる。… **A**
○生活発表会に向けて、友達と意見を伝え合いながら準備を進める。… **B**
・霜柱・氷・つららなどの特性に気付き、予想を立てたり、確かめたりする。
・友達と競い合ったり、励まし合ったりしながら、こま回しやけん玉などに繰り返し挑戦する。
・節分の由来を知り、鬼のお面や升作りなどを自分なりに工夫しながら作ることを楽しむ。

---

○霜柱や氷についての関心を深め、予想を立てたり考えを出し合ったりできるように、科学絵本や写真絵本を見たりクラスの中で話題にしたりする。

（絵本：『おかしなゆき ふしぎなこおり』 『しもばしら』『きらきら』 など）

◆霜柱や氷がどのようにできるのか、予想を立てて繰り返し試したり、確かめたりすることができるように、用具や材料を用意する。

（プラスチックカップ、アルミボウル、紙パック、陶器 など）

○冷たい物に触れた感覚、人肌の温もりなど、この時季ならではの感覚を十分に味わえるように、保育者も体験を共有しながら、子どもの気付きに共感していく。
◆友達が工夫したり挑戦したりしてきたことを認め合えるように、こま回しやけん玉などの技を見せ合う場や、友達と勝負して競い合う場などを構成する。

○友達とのつながりを深め、自信をもてるようにこま回しや縄跳びなど、友達と励まし合いながら目当てに向かって繰り返し挑戦している姿を認めていく。
○鬼のお面や升作りは、完成させる日を子どもと決めて製作を行なう。友達の作品を見て更に工夫したり、見通しをもって取り組んだりする姿を認めていく。
○節分や鬼に関する絵本や紙芝居を通して、節分の由来を伝え、関心をもてるようにする。

（絵本：『ふくはうちおにもうち』『鬼ぞろぞろ』 『鬼のうで』 など
♪：『豆まき』）

◆泣き虫鬼や怒りんぼう鬼など、自分の作りたい鬼をイメージし、工夫して鬼のお面作りができるように必要な物を用意しておく。

（紙袋、毛糸、絵の具、カラーフェルトペン、接着剤 など）

○物語の内容に合わせた言葉や動きを相談し、友達と一緒に考え、アイディアを取り入れながら進めていけるように援助する。
◆生活発表会までの取り組みに見通しをもてるように、カレンダーに予定を記入したり、進行状況が分かるような表を作成したりする。

---

反省・評価のポイント

★冬の自然事象に関心をもち、友達と一緒に試したり確かめたりして関われるような環境を用意できたか。
★友達と競い合い、できたことを共に喜び合う中で自信をもったり、友達とのつながりを深めたりできていたか。

# 1月 日の計画 1/9(木)

## 環境を構成するポイント

○子どもが発表する際は、輪になり互いの顔が見られるようにする。
○今日の予定を見て分かるように、ホワイトボードに記入する。

○正月の伝承遊びは、いつでも遊び始められるように、事前に遊具の破損がないか確認しておく。
○安全に正月の伝承遊びができるように、子どもと一緒に遊びの場を決める。
○文字や数字に興味をもち、遊びに取り入れられるように、五十音表やひらがなスタンプを用意する。

○こまのひもは絡まりやすいので、自分たちで片付けやすいように、区切られたケースを用意する。

○当番活動の表を掲示し、今日の当番が見て分かるようにする。

○午前中の遊びを引き続き、楽しめるようにしておく。

## 予想される幼児の活動

○登園する。
・朝の挨拶をし、支度をする。
○朝の集まりをする。
・年末年始にあった出来事を友達の前で話す。
・一日の予定を確認する。
○好きな遊びをする。

　戸外：たこ揚げ、羽根つき、竹馬、縄跳び　など
　室内：郵便ごっこ、こま、すごろく、かるた　など

・片付けをする。
・排せつ、手洗い・うがいをする。
○昼食を食べる。
○当番活動をする。
○好きな遊びをする。
○おやつを食べる。
○クラスで集まる。
・『北風小僧の寒太郎』を歌う。
・『十二支のおはなし』を見る。
・今日の振り返りや、明日の予定を確認する。
○ゆったりと、好きな遊びを楽しむ。
　（こま、けん玉、あやとり）
○降園する。

## 保育者の援助

○一人ひとりと笑顔で挨拶を交わし、心身の状況を確認する。
○友達の発表に興味をもって最後まで聞けるように、質問コーナーを設けたり、クラスの人数に合わせて時間で区切って、夕方の時間に行なったりする。
○こまやたこ揚げ、羽根つきなどは、特性を知らせ、安全を意識できるようにする。
○保育者も遊びに入り、正月の伝承遊びの楽しさを感じられるようにする。

○久しぶりの登園で、手洗い・うがいなどが、おろそかになりやすいので、丁寧に行なえているか確認する。
○絵本を通して、正月の伝統文化に興味をもてるようにする。
○一日を振り返り、それぞれの気付きを共有する。
○明日の新年お楽しみ会についての話をし、期待が膨らむようにする。

## 反省・評価のポイント

★相手に伝わるように発表したり、友達の話に興味をもって聞いたりしていたか。
★正月の伝承遊びに興味をもてるような環境構成や援助ができていたか。

# 1月

# 日の計画

## 1/21（火）

**ねらい**
○生活発表会に向けての活動の中で、友達と気持ちを合わせて取り組む楽しさを味わう。
○冬の自然事象について、見たり、触れたりしながら好奇心をもって関わる。

**内容**
○劇に必要な物を考えて、自分たちで工夫して描いたり作ったりする。
○霜柱や氷の特性に気付き、発見を喜んだり遊びに取り入れたりする。

| 環境を構成するポイント | 予想される幼児の活動 | 保育者の援助 |
|---|---|---|
| ○一日の生活に見通しをもち、遊びや活動を始められるように、予定を見える場所に掲示しておく。<br>○前日に準備した霜柱や氷作りの状態を、子どもと一緒に見たり、より良い場所を探したりする。<br>○戸外で体を動かして友達と一緒に遊びを進められるように、ライン引きなどの用具を取りやすい所へ置いておく。<br>○こま回しやけん玉は遊ぶ場所を子どもと一緒に確認し、他の遊びと動線が重ならないようにする。<br>○見通しをもって取り組めるように、全体で話し合ったことや、役やグループごとに準備することを書き出す物を用意する。<br>○同じ役やグループごとに集まって、動きや言葉を考えたり、小道具作りを行なったりできるようにする。<br>○劇の各グループの進捗状況や今後の予定が分かるような表を作成して、子どもと話し合ったことを書き出すなどして、見通しをもって取り組めるようにしていく。 | ○登園する。<br>・支度をする。<br>・朝の挨拶をする。<br>・一日の予定を確認する。<br>○当番活動をする。<br>○好きな遊びをする。<br>　園庭：霜柱探し、氷作り、<br>　　　ドッジボール、縄跳び　など<br>　室内：かるた、すごろく、こま回し、<br>　　　ごっこ遊び　など<br>○片付けをする。<br>○生活発表会への取り組みを行なう。<br>・劇の道具を作る。<br>・せりふや動きを考える。<br>○昼食をとる。<br>○保育室で好きな遊びをする。<br>○片付ける。<br>○今日の振り返りと明日の予定を確認する。<br>○室内で好きな遊びをする。<br>○おやつを食べる。<br>○ゆったりと過ごしながら、室内で好きな遊びを楽しむ。<br>　ごっこ遊び、こま、あやとり、将棋、<br>　リバーシ、トランプ　など<br>○降園する。 | ○明るく挨拶をし、一人ひとりの健康状態を把握する。体調を崩していた子どもには保護者から家庭での様子を聞き、細かく確認する。<br>○霜柱や氷に関しての子どもの気付きに共感し、周りの友達と特性や気付きを伝え合う姿などを見守っていく。<br>○吐く息の白さや園庭から室内に戻ったときの温かさを感じている姿に共感し、冬ならではの感覚を味わえるようにする。<br>○友達のアイディアを取り入れたり、一緒に工夫したりしている姿を認めていく。<br>○グループの話し合いの状況を見て、うまく思いを表現できていない子どもに対しては、考えを引き出せるように援助する。<br>○振り返りの時間では、劇の取り組みの中でのグループごとの工夫や考えを話題にし、明日への期待を膨らませていく。<br>○一人ひとりの体調の変化に注意しながら、ゆったりと過ごせるようにする。 |

**反省・評価のポイント**
★友達と気持ちを合わせて取り組む楽しさを味わえるように援助することができたか。
★冬の自然事象について、考えたり、確かめたりしながら関わりを深めていたか。

# 2月の計画

## 目的に向かって友達と一緒にやり遂げていく楽しさを味わえるように

### 生活

**伝統行事に親しみ、生活や遊びに取り入れていけるように**

　生活に潤いをもたらす伝統行事の節分やひな祭りなど、日本古来の行事に込められた願いを知り、季節の移り変わりを感じるなど、社会生活へ関心をもつきっかけにしていきましょう。行事に関わるお面作りや、ひな人形作りでは、地域ごとの伝統的なお話や食べ物・飾り物などにも興味をもちながら取り組めるようにしていきましょう。

思考力の芽生え

社会生活との関わり

道徳性・規範意識の芽生え

健康な心と体

### 人との関わり

**クラスの友達と協力し、目的に向かって見通しをもって取り組めるように**

　生活発表会に向けて、一人ひとりが自分の力を発揮しながら友達と一緒に考えたり試行錯誤したりし、互いの良さを認め合える取り組みとなるようにしていきましょう。また、自分たちでつくり上げていく創造性のある表現の可能性を広げていき、やり遂げる楽しさを味わえるようにしていきましょう。

言葉による伝え合い

豊かな感性と表現

協同性

自立心

## 季節ごよみ

- ○寒い日には雪や氷、霜柱などの自然事象が見られる。木枯らしが吹く日もある。
- ○園内にヒイラギ、イワシの頭、豆殻などの飾りや鬼の面が飾られている。

- ○引き続き、インフルエンザなどの感染症が流行している。
- ○寒さの厳しい日が続く。
- ○ウメ、スイセン、ヒヤシンスなどが咲き始める。

- ○暖かな日もあり、寒さが厳しい日との気温差がある。

- ○木々が芽吹き始め、日だまりが暖かな日が増えてくる。
- ○園内にひな人形やモモの花が飾られている。

## 遊びへの取り組み

### 季節の変化に興味や関心をもち、遊びに取り組めるように

　雪や霜柱など冬の自然事象への興味・関心を、調べたり試したりする知的好奇心を生かせる取り組みとなるよう一人ひとりの考えを大切に取り上げていきましょう。寒さの中でも、今まで経験してきた鬼ごっこやボール遊びなどの体を動かす遊びに、クラスのみんなで取り組む機会をつくっていきましょう。

自然との関わり・生命尊重

数量や図形、標識や文字などへの関心・感覚

## 保育なるほど解説！

### 「自立心を育む」

　「自立」は幼児期に完成するものでなく、幼児期の「自分のことは自分でする」という「生活の自立」は、思春期の「自分の人生は自分で決めたい」という「精神的な自立」につながり、青年期の「経済的な自立」となるといわれています。幼児が、やりたいことがある中で、「生活していくために、しなければならないこと」を自覚して取り組み、それを成し遂げたときに味わう達成感が大切であり、そのことが自信となり、「自立しようとする心」につながるのです。

# 2月 月の計画

※ねらい(… Ⓐ など)が、月案と週案で関連し合っていることを読み取ってください。

## クラスづくり

○生活発表会に向けて、友達と協力したり役割を分担したりしながら、自分たちで考えたことを実現していくおもしろさを感じられるようにしたい。また、一人ひとりが自分の力を発揮し、互いの良さやその子らしさを認め合いながら遊びや生活に意欲的に取り組み、充実感や友達とのつながりを深めてほしい。
○冬の寒さや春の兆しに気付き、身近な自然事象を遊びや生活の中に取り入れ、就学に期待をもてるようにしていく。

## 前月末の 幼児の姿

**生活**

○正月の伝承遊びや節分に向けた製作などを通して、行事の意味や由来に関心をもっている。

○投げごまやけん玉など、自分で決めた目当てに向かって繰り返し取り組んだり、友達と競い合って楽しんだりしている。

**人との関わり**

○小学生と交流することで、学校に親しみをもち、就学への期待をもつ姿が見られる。

○生活発表会に期待をもち、取り組む内容を相談したり、意見を出し合いながら必要な物を作ったりし、クラスやグループで活動を進めている。

**遊びへの取り組み**

○友達と意見を出し合ったり、教え合ったりしながら自分たちで遊びを進めている。
○ルールを工夫したり、伝え合ったりしながらドッジボールや鬼ごっこなど、体を動かす遊びを楽しんでいる。
○冬の自然事象の不思議やおもしろさを感じ霜柱や氷を探すなどして、興味・関心をもち関わっている。

## ねらい

○共通の目的に向かって友達と考えを出し合いながら協力し、表現する楽しさを味わう。… Ⓐ

○一人ひとりが自分の力を発揮し、意欲的に遊びや生活に取り組む中で、友達とのつながりを深めていく。… Ⓑ

○冬の自然に関心をもち探究したり、伝統行事に親しみをもち遊びや生活に取り入れたりして楽しむ。… Ⓒ

## 幼児の経験する 内容

○考えたことや感じたことを相手に分かるように話したり、相手の言葉を聞いて受け入れたりする。
○劇遊びのストーリーや場面に合う言葉や動き、道具、音などを考え合い、工夫して表現することを楽しむ。
○リズムに合わせる楽しさや、気持ちを合わせて歌う心地良さを感じる。
○クラスの活動に意欲をもって取り組み、みんなで協力してやり遂げていく。
○友達と遊び方やルールを相談したり、競い合ったりしながら戸外で体を動かして遊ぶ。
○見通しをもって生活を進めたり、必要なことに進んで取り組んだりする。
○年下の子どもに親しみをもち優しく接する。
○小学生との交流を楽しみ、就学や小学校生活に期待をもつ。
○霜柱や氷、雪など、不思議に感じたことを確かめたり試したりする。
○つぼみの膨らみ、芽吹きなど冬から春への自然の変化に気付き、友達と発見を楽しむ。
○節分やひな祭りなどの意味やいわれを知り、日本古来の行事に関心をもつ。
○様々な素材を使って自分なりに工夫しながら丁寧にひな人形を作る。

## 家庭・地域 との連携
保護者への支援も含む

★クラス便りや掲示板を通して、生活発表会に向けた取り組みの過程やエピソード、子どもたちが経験していることを保護者に具体的に伝え、育ちを共有していく。
★クラス保護者会では、就学に向けて早寝早起きをして生活リズムを整えられるように伝える。
★花粉症やインフルエンザなどにより、体調を崩しやすい時季であるため、保護者との連携を密にし、一人ひとりの体調の変化に留意する。

## 健康・食育・安全 への配慮
養護の視点も含む

○インフルエンザなどの感染症が流行し、体調を崩しやすい季節なので、手洗い・うがいを自分から行なえるようにする。更に、早寝早起き、食事のバランスなど、生活に必要なことを話題にし、病気の予防に関心をもてるようにする。
○保育室の温度・湿度を確認し、適切に管理する。
○戸外から室内に入るときは、滑ってけがのないように配慮する。

### 指導計画から学ぶ　保育力アップ

### 目的に向かって友達と考えを出し合いながら協力し表現する楽しさを味わう

幼児期の終わりまでに育ってほしい姿に「協同性」があります。生活発表会は、友達同士が相手の良さに気付いて協同して活動することの大切さを学ぶ絶好の機会です。今までに経験してきたことを生かして友達と共通の目的に向かって自分の力が発揮できるよう、学び合える関係を支えていきましょう。

## 環境の構成 と 保育者の援助

### 共通の目的に向かって友達と一緒に考えを出し合いながら協力し、表現する楽しさを味わう

○一人ひとりが思いや考えを出し合い、受け入れ合いながらイメージを膨らませ、工夫して表現する姿を認めていく。
○今まで経験したことを話題にしたり、新しい素材や用具を提案したりして、劇遊びに必要な物を作ったり効果音を考えたりするなど表現の幅を広げられるようにしていく。
○活動を振り返る機会をつくり、グループでの取り組みをクラス全体で共有していく。また、友達と役割を分担しながら活動を進める充実感や次の意欲につながるようにする。

### 一人ひとりが自分の力を発揮し、意欲的に遊びや生活に取り組む中で友達とのつながりを深める

○友達同士で遊び方やルールを相談したり、作戦を立てたりして競い合う楽しさを感じられるように時間や場を確保する。状況に応じて保育者も遊びに加わり、自分の力を出しながら思い切り体を動かして遊ぶ楽しさを味わえるようにする。

○未就園児の一日入園や、当番活動の引き継ぎを行なう中で、年下の子どもへの関わり方を考えられるようにする。
○学校ごっこをしたり、小学校での生活をクラスで話題にしたりして、就学に期待をもてるようにする。
○見通しをもって取り組む姿や、自分の役割に進んで取り組む姿を認めて自信につながるようにする。

### 冬の自然に関心をもち探究したり、伝統行事に親しみをもち生活に取り入れたりして楽しむ

○自然の発見や驚き、不思議に思う気持ちを受け止め、確かめたり試したり調べたりできるような用具を準備する。
○冬から春への自然の変化を探したり、発見したりするおもしろさや喜びに共感する。
○節分やひな祭りの行事に込められた願いを話題にし、日本の文化を通して季節の移り変わりを感じられるようにする。
○製作では様々な素材を選べるようにし、本物らしく作る楽しさ、作り上げる満足感を味わえるようにする。

### ゆったり過ごすために…　〜園で長時間過ごすための配慮〜

#### それぞれのペースで楽しめるように

○異年齢児と一緒に遊ぶと楽しい遊び（絵合わせ、簡単な製作など）、5歳児同士で遊ぶと楽しい遊び（将棋、リバーシ、カードゲーム　など）を用意し、それぞれのペースで無理なく遊べるように配慮する。

○指編みやリリアンなど、温かさを感じる素材を使って室内でじっくり遊べる場を構成する。

### 保育者のチームワーク

★生活発表会の取り組みについて、保育者で話し合う機会を設け、使用する場所の調整をする。また、他の保育者や他クラスの子どもから良さや頑張りを認められる機会をつくり、自信につなげていく。

### 反省・評価 のポイント

★友達と考えを出し合ったり、協力したりして遊びや活動を進める楽しさを味わえたか。
★自然の変化に興味をもち、遊びに取り入れられるよう援助できたか。

※ねらい（… Ⓐ など）が、月案と週案で関連し合っていることを読み取ってください。

## 前週の 幼児の姿

○生活発表会で演じる物語を友達と一緒に演じながら、それぞれの表現を楽しんでいる。
○節分の由来を知り、鬼のお面や升作りなどをしている。

## ねらい○と内容・

○生活発表会に向けて友達と考えを出し合い、表現を工夫しながら演じることを楽しむ。… Ⓐ
○友達と相談したり競い合ったりしながら体を動かし、ルールのある遊びの楽しさを味わう。… Ⓑ
・自分の考えを言葉で伝え、相手の考えを聞きながら、劇遊びで必要な物を作ったり表現したりする。
・曲想を感じ取りながら、クラスの友達と気持ちを合わせて歌ったり、合奏したりする。
・相手と駆け引きを楽しんだりチームで作戦を立てたりし、ルールのある遊びを楽しむ。
・立春の意味を知り、冬から春へと季節が移り変わることが分かる。

## 具体的な環境◆と保育者の援助◎

◆友達と一緒に考えたアイディアを生かしながら、役柄や場面に合った大道具や小道具などを工夫して作れるように素材や用具を準備しておく。

（段ボール板、工作紙、絵の具、不織布、画用紙、カラーポリ袋、緩衝材　など）

○様々な表現の仕方があることに気付けるように、それぞれの良さや工夫している場面を友達同士で伝え合いながら、互いに刺激し合えるようにする。

◆友達と誘い合って進んで取り組めるように、劇の道具や楽器、絵本などは、出し入れしやすい置き方を子どもたちと相談して決め、自分たちで劇の準備や片付けができるようにする。

（絵本：『エルマーのぼうけん』『オズの魔法使い』『ともだちや』『さんまいのおふだ』　など）

◆様々な楽器に親しみながら合奏する楽しさを味わえるように、交代しながら繰り返し遊べるようにする。

（大太鼓、小太鼓、シンバル、木琴、鉄琴、ウッドブロックなど）

○歌や合奏でリズムや声がそろっていく心地良さ、みんなで一緒に合わせた力強さなどが実感できるようにする。

（♪：『世界中のこどもたちが』『きみのこえ』『ともだちいいね』『LET'S GO! いいことあるさ』　など）

○保育者も遊びに入りながら楽しさに共感し、友達と競い合ったり作戦を立てたりしながら、体を動かす楽しさを十分に感じられるようにする。

（三つ巴鬼、ドッジボール、ドロケイ　など）

○こま回しや竹馬、縄跳びなど友達同士でコツを伝え合ったり回数を競い合ったりして遊ぶ様子を認め、友達からの刺激を取り入れながら繰り返し楽しめるようにする。

○ヒイラギやイワシを飾り、鬼や豆をまくことの意味などにふれながら、自分の作ったお面を着けて節分の豆まきを楽しめるようにする。

○冬から春へと季節が移ることを話題にし、春の訪れについて関心を高めたり、自分の年齢や成長を確認したりできるようにクラスで話し合う機会をつくる。

## 反省・評価のポイント

★友達と考えを出し合いながら工夫して表現していたか。
★戸外で体を動かしてルールのある遊びを楽しめるよう、場や時間の調整ができたか。

# 2月 週の計画

## 2週 2/10(月)〜15(土)

**今週の予定** 建国記念の日、避難訓練、生活発表会

### 前週の 幼児の姿

○劇に必要な物を作ったり、思いや考えを出し合ったりして、張り切って生活発表会の準備を進めている。
○短い時間でも戸外に出て、友達と思い切り体を動かして遊んでいる。

---

○生活発表会を通して、友達と協力しながら自信をもって表現し、やり遂げた達成感を味わう。… Ⓐ
○身近な冬の自然事象に関心をもち、工夫して遊びに取り入れる。… Ⓒ
・互いの良さを認め合いながら、自信をもって表現する喜びを感じる。
・生活発表会に期待をもち、友達と協力して取り組む楽しさを感じる。
・雪や氷の不思議を感じ、考えたり工夫したりして楽しむ。
・寒さの中でも友達と戸外で体を動かして遊ぶ楽しさを味わう。

---

○友達と交代で観客になったり、他クラスや年下の友達を招待して劇を見せたりする機会をつくり、緊張感や、表現する楽しさを感じられるようにする。
◆演じる際、どの位置に立つと観客に見えやすいかなども感じられるように話し合ったり、必要に応じて印を付けたりし、動き方が分かるようにする。
○観客になった友達からの意見を聞いたり、大勢の前で演じた感想をクラス全体で共有したりしながら、友達と一緒に自信をもって表現できるようにする。
○一人ひとりの動き、役割などをクラスで確認し、自分のことだけでなく、友達の役割なども知り、互いに声を掛け合ったり、助け合ったりできるようにする。
◆会場に椅子やベンチを並べたり、楽器を用意しておく場所を決めたりなど、生活発表会に向けて子どもたちと一緒に会場や道具の準備をし、当日に期待をもち十分に力を発揮できるようにする。
◆生活発表会に向けての活動や寒さから、室内で過ごすことが多くなるので、一日の中で静と動のバランスを考え、短時間でも友達同士で誘い合い、思い切り体を動かして遊べるように用具や遊具を準備しておく。
（ボール、しっぽ、ライン引き　など）

○人数を調整したり、ルールを確認したりしながら、自分たちで遊びを進められるように見守っていく。
◆冬ならではの自然事象の発見や、試行錯誤することを楽しめるようにする。
　雪の結晶の観察：黒い紙や布、虫メガネ
　雪を使う遊び：かき氷・シャーベットに見立てて入れる容器、雪ウサギの目に使う実、耳に使う葉
　氷作り：バケツ、いろいろな空き容器、花や木の実

○氷を作りやすい場を探したり、器の素材や形を考えたりするなど、探究するおもしろさを味わえるようにする。

---

**反省・評価のポイント**

★生活発表会を通して、クラスの友達とのつながりを感じながら、自信をもって表現できたか。
★身近な冬の自然に関心をもち、工夫して遊びに取り入れられるような援助ができていたか。

# 2月 週の計画

## 2/17(月)〜22(土) 3週

今週の予定：誕生会、身体計測、小学校交流

### 前週の 幼児の姿

○生活発表会では、クラスの友達と協力して取り組み、一人ひとりが力を発揮し、やり遂げた達成感を味わっている。
○雪や氷を様々な遊びに取り入れ、楽しんでいる。

## ねらい(○)と内容(・)

○生活発表会の余韻を味わいながら友達と一緒に表現したり、自分たちで遊びを進めたりしていく。… Ⓐ
○小学生や年下の子どもと関わり、一緒に活動する中で自分たちの成長を感じる。… Ⓑ
・生活発表会での経験を生かして遊んだり、頑張ったことを言葉や絵などで表現したりする。
・小学生に親しみを感じながら交流をし、就学への期待をもつ。
・誕生会の係を年下の子どもに引き継いだり、内容を分かりやすく伝えたりする。
・友達の刺激を受けながら運動遊びに取り組んだり、少し複雑なルールの遊びを楽しんだりする。

## 具体的な環境(◆)と保育者の援助(○)

◆生活発表会後も、道具や衣装、楽器などを残しておき、自分たちの遊びに取り入れたり、片付けたりしやすいように置き方を工夫する。
○友達同士で役柄を交代したり、やりたい楽器を担当して合奏したりしている姿を受け止め、一人ひとりの自信につなげていく。

○年下の子どもが、道具を借りに来たり劇をやってみたいと言いに来たりした際は、使い方や扱い方など、自分たちで伝えている姿を見守っていく。
○生活発表会で経験したことを話したり描画などで表したりする機会をつくり、自分で頑張ったことや、クラスで協力してやり遂げたことを実感できるようにする。
◆誕生会の引き継ぎでは、年下の子どもにも分かるようなプログラムや配置図などを作り、司会の言葉などを丁寧に伝えながら一緒に取り組めるようにしていく。

○縄跳びや竹馬、ボールを使った遊びなど、友達とコツを伝え合いながら取り組む姿を認め、励ましていく。
○できるようになったことを、みんなの前で披露する場をつくり、達成感を感じたり、周りの子どもの刺激となるようにしたりする。
○小学校との交流では、授業を見学させてもらったり、校内を案内してもらったりして、就学に期待をもてるようにする。その中で、学校ならではの体験ができるように、小学校の教諭と事前の打ち合わせをし、交流が互いに楽しい活動になるようにする。
（授業体験、ランドセルを背負う　など）
◆小学校との交流の経験からごっこ遊びが始まった際には、イメージがより広がるように必要な物を一緒に考えたり自分たちで作って遊べるような材料を準備したりする。

> ランドセル作り：紙袋、空き箱、工作紙、色画用紙、リボン　など、五十音表
> ♪：『ドキドキドン！　一年生』『一年生になったら』　など

## 反省・評価のポイント

★生活発表会の余韻を味わいながら、友達と一緒に表現することを楽しむことができたか。
★小学生との交流や誕生会の引き継ぎをする中で、それぞれが自分たちの成長を感じられるような援助ができたか。

## 2月 週の計画

### 4週　2/24(月)〜29(土)

**今週の予定**　未就園児一日入園

### 前週の 幼児の姿

○生活発表会の余韻を楽しみながら様々な表現を楽しみ、充実感を味わっている。

○年下の子どもに誕生会の司会や手順を分かりやすく伝えたり優しく関わったりしている。

○縄跳びや竹馬などコツを伝え合いながら楽しんでいる。

○ひな祭りの由来や願いを知り、自分なりに考えたり工夫したりしながら、作ることを楽しむ。… ◉

○友達とのつながりを感じ、考えを受け入れ合いながら遊びや生活を進める楽しさを感じる。… ◉

・ひな祭りの由来を知り、自分なりに工夫しながら丁寧にひな人形を作る。

・未就園児が来ることを楽しみに準備をしたり、相手に応じて関わろうとしたりする。

・友達と共通の目的に向かって、話し合ったり、互いの考えを受け入れたりしながら、遊びを進める。

・これまでの経験を生かして遊んだり、友達と誘い合ってルールのある遊びを楽しんだりする。

○子どもたちと一緒にひな人形を飾り、人形の姿や表情、衣装や装飾品、道具などを話題にしたり、絵本を通して由来や願いなどを伝えたりして、関心が深まるようにする。

（絵本：『ひなまつりにおひなさまをかざるわけ』 『もりのひなまつり』 など）

◆ひな人形作りでは、これまでの経験を生かして自分なりに工夫し、それぞれのイメージに合わせて作れるように手順を提示したりいろいろな材料を用意したりする。

（紙パック、紙粘土、空き瓶、布、千代紙、毛糸、冠・烏帽子・扇子用の色紙、色画用紙、ボトルキャップ、ビーズ、モール など）

◆保育室にひな壇を作り、自分の人形を飾るうれしさや満足感を味わえるようにする。また、子ども同士でひな人形を見合えるようにして、友達の頑張りや工夫に気付き、更に工夫しようとする気持ちをもてるようにする。

○今までに親しんだルールのある遊びを繰り返す中で、相手の動きや状況に応じてチームで作戦を考え、競い合うおもしろさを味わえるようにする。

（ドッジボール、三つ巴鬼、ドロケイ、しっぽ取り など）

○遊びの様子によっては、保育者も仲間の一員になり、楽しい気持ちや悔しい気持ちに共感しながら、一緒に遊ぶことを楽しめるようにしていく。

○一日入園に向けて、未就園児が楽しめるような内容を子どもたちと考え、準備していく。

（プレゼント：お面、ペンダント など　歌、手遊び など）

○友達の意見を取り入れることで遊びや活動が発展するおもしろさを感じられるように、友達と相談して進めている姿を認めていく。

（♪：『こぶたぬきつねこ』 『パンダうさぎコアラ』）

○ウメやスイセン、クロッカスなどの開花や日ざしの暖かさなど、子どもたちの気付きを大切にし、春の訪れを感じられる機会になるよう話題にしていく。

### 反省・評価のポイント

★ひな祭りの由来や願いを知り、自分なりに考えたり工夫したりしながら、作ることを楽しんでいたか。

★友達の考えを受け入れ、遊びや生活を進められるような援助ができたか。

第2章　子どもに合わせて計画を立てよう

2月 週の計画

# 2月
# 日の計画
## 2/10（月）

**ねらい**
○一人ひとりが表現することを楽しみながら、他クラスや年下の友達の前で演じる喜びを感じ、自信をもつ。
○自分たちで人数を調整しながら、ルールのある遊びを楽しむ。

**内容**
○友達と気持ちを合わせ、自信をもって動いたり役になり切って表現したりする。
○友達と協力して遊びに必要な場をつくり、ルールの確認や人数調整をして遊びを進めていく。

| 環境を構成するポイント | 予想される幼児の活動 | 保育者の援助 |
|---|---|---|
| ○子ども同士で進んで劇の準備ができるよう、衣装や小道具などを役ごとに分かりやすく分類しておく。<br><br>○大道具など、劇に必要な物を子どもが運ぶ際は、動線に配慮して安全に運べるようにする。<br><br>○戸外では、それぞれがやりたい遊びを存分に楽しめるよう、場の取り方を調整したり、必要な用具を子どもが手に取りやすい場所に用意しておいたりする。<br><br>○保育者間で連携して、園庭で遊ぶ時間や場所などを調整し、子どもが伸び伸びと体を動かして遊べるようにしておく。 | ○登園する。<br>・朝の挨拶をする。<br>・持ち物の始末、手洗い・うがいをする。<br>○劇を演じるための準備をする。<br>・役ごとに集まり、動きやせりふを確認する。<br>○他クラスや年下の友達の前で劇を発表する。<br>・衣装を着たり、大道具を運んだりする。<br>○好きな遊びをする。<br>　戸外：縄跳び、ドッジボール、<br>　　　　三つ巴鬼　など<br>　室内：劇遊び、家ごっこ、指編み、<br>　　　　カードゲーム、空き箱製作<br>　　　　など<br>○片付ける。<br>○昼食を食べる。<br>○当番活動をする。<br>○好きな遊びをする。<br>○片付けをする。<br>○クラスで集まる。<br>・歌をうたう。<br>　（♪：『きみのこえ』）<br>・当番の交代をする。<br>○降園準備をする。<br>・今日の振り返りと明日の確認をする。<br>・身支度をする。<br>・帰りの挨拶をする。<br>○降園する。 | ○自分たちで劇の準備を進めたり、動きや言葉を確認したりする姿を認め、友達の前で演じることに期待をもてるようにする。<br>○友達と一緒に演じた後には、子ども同士の感想を聞き取り伝え、子どもが具体的に友達の良さに気付き認め合うことで、一人ひとりの自信につながるようにする。<br>○友達と誘い合って遊びを進める姿を認めたり、楽しんでいる姿に共感したりする。<br>○室内での活動が多くなるため、短い時間でも子ども同士で戸外遊びを始められるよう、遊びに必要なラインを引いておいたり、用具を準備しておいたりする。<br>○園庭で遊ぶ時間とのバランスをとりながら、保育者同士で声を掛け合い、安全面に十分に配慮する。<br>○振り返りの時間には、劇を見た他クラスの子どもが楽しんでいたことや、良かった点などを話題にし、翌日の活動への期待や意欲につながるようにする。 |

## 反省・評価のポイント

★表現することを楽しみ、観客の前で演じる喜びを感じたり、自信をもったりすることができたか。
★自分たちで協力して遊びを進めていくことができるように、適切な環境構成や援助ができたか。

## 2月
## 日の計画
## 2/27（木）

**ねらい**
○未就園児が来ることを楽しみにし、遊具を用意したり、場を整えたりする。
○進んで戸外に出て、友達と一緒にルールのある遊びを楽しむ。

**内容**
○未就園児歓迎会に向けて、クラスの友達と準備をし、相手に応じて優しく関わろうとする。
○戸外で友達と、相談したり協力したりして、ルールのある遊びを楽しむ。

### 環境を構成するポイント

○未就園児と一緒に遊ぶ場や必要な物など、前日までに子どもと相談した内容をホワイトボードに書いておき、自分たちでどこに構成するかを話し合いながら準備を進められるようにする。

○未就園児の興味・関心に応じて場をつくり、遊ぶ場が狭いときは、机やござなどで調整する。

○紙芝居を見る際は、ござやマットなどを敷き、未就園児が集まって話を聞きやすいような環境を構成する。

○歓迎会で手遊びをするときは、未就園児も一緒に楽しめるよう、一人ひとりの顔が見えるように配慮する。

○昼食後は、ドッジボールや三つ巴鬼など子どもたちがすぐに遊べるように、ライン引きやカラー標識などを所定の場に置いておき、自分たちで用具を出し入れしやすいようにしておく。

### 予想される幼児の活動

○登園する。
・朝の挨拶をする。
・身支度をする。
・一日の予定を確認する。
・歓迎会の当日準備をする。
○未就園児を保育室で迎える。
○未就園児と好きな遊びをする。
　（室内：ブロック、電車、車、粘土、塗り絵、ままごと）
○片付ける。
○紙芝居を見る。
　（『おおきくおおきくおおきくなあれ』）
○未就園児歓迎会をする。
　（手遊び：『こぶたぬきつねこ』
　　プレゼント：『折り紙ペンダント』）
○昼食を食べる。
○戸外で好きな遊びをする。
　（ドッジボール、三つ巴鬼、短縄）
○片付ける。
○降園準備をする。
・身支度をする。
・今日の振り返りと明日の予定を確認する。
・歌をうたう。
　（♪：『あしたははれる』）
○帰りの挨拶後、降園する。

### 保育者の援助

○子どもたちが自分たちで準備を進めている姿を見守り、戸惑う場面では、必要に応じて配慮する。

○未就園児に優しく声を掛けたり、目線を合わせて話したりする姿を認めていく。

○園庭の遊びでは緊張している未就園児が遊びに入りやすいよう、声を掛けたり一緒に遊んだりして、楽しい雰囲気をつくっていくようにする。

○片付け後は、みんなで集まり、未就園児も声を出して楽しんで参加できるような紙芝居を読む。

○歓迎会後は、未就園児が楽しく遊んでいた姿を振り返り、喜びや満足感を感じられるような機会をもつ。

○午後の好きな遊びでは、保育者も仲間の一員になって体を動かして遊び、楽しい気持ちや悔しい気持ちに共感しながら、みんなで遊ぶ楽しさを感じられるようにする。

### 反省・評価のポイント

★未就園児が来ることを楽しみにし、自分たちで遊具を用意したり、場を整えたりしていたか。
★進んで戸外に出て、友達と一緒にルールのある遊びを楽しめるよう援助できたか。

# 3月の計画

## 就学への期待をもちながら自信をもって友達と園生活を楽しめるように

### 生活

**園生活を振り返りながら、
成長の喜びを感じ合えるように**

　自分たちの使ってきた保育室やロッカー、引き出しなどを片付けたり、次のクラスのために壁面を飾ったり、クラスのみんなで園生活を振り返ったりしながら、互いに成長を感じ合えるようにしましょう。一方、今までに楽しんできた遊びやうたってきた歌などを十分に楽しめるよう工夫していきましょう。

| | |
|---|---|
| 自立心 | 言葉による伝え合い |
| 豊かな感性と表現 | 協同性 |
| 道徳性・規範意識の芽生え | |

### 人との関わり

**互いの良さを認め合いながら、
園生活を十分に楽しめるように**

　それぞれの良さを認め合いながら、一人ひとりが自分の力を発揮して、自信をもって園生活を楽しめるようにしていきましょう。残り少ない園生活を楽しみながら、お世話になった様々な人々への感謝の気持ちを表す機会をつくり、卒園に向けて生活を整えていきましょう。

| | |
|---|---|
| 思考力の芽生え | 社会生活との関わり |
| 健康な心と体 | 自立心 |

## 季節ごよみ

○暖かい日もあるが、まだ肌寒い日もある。

○ホトケノザやオオイヌノフグリが咲いている。

○ウメの花が咲き、フキノトウが芽を出している。

○進級就学祝い会(修了式)の準備や練習に取り組んでいる。

○天気の良い日は暖かく、サクラのつぼみが膨らんでいる。

○チューリップの芽が出始めている。

○サクラの開花が見られる。

○暖かい日が増え、ダンゴムシやアリが活発に動き始める。

○新クラスへの移行に伴い生活の場所が変わる。

# 遊びへの取り組み

### 春の訪れとともに就学への期待をもてるように

ウメやアンズなどの木々が開花し、冬ごもりから目覚めたカエルが出て来て、池ではオタマジャクシが泳ぐなど、春の訪れに気付く感性を大切にしながら、自然の中で遊んだり様々な発見をしたりしたことを友達同士で伝え合う姿も大切にしていきたいものです。

保育者や友達の話に耳を傾けて聞いたり、言葉で伝え合ったりすることの楽しさを十分に味わえる機会を大切にしていきましょう。

| 言葉による伝え合い | 自然との関わり・生命尊重 |
| --- | --- |

| 数量や図形、標識や文字などへの関心・感覚 |
| --- |

## 保育なるほど解説!

### 「進級する子どもたちへ」

子どもにとって大きいクラスは憧れであり、進級することに胸を膨らませています。したがって、この時期の指導計画作成では、その期待に応えつつ、子ども一人ひとりがその子なりに「大きくなった自分」を自覚して、自信をもって行動できる場や機会をつくっていくことが大切です。そこで得た「自分の力に対する信頼」が、新年度の新しい環境を受け止めて、これまでの環境との違いや段差をのり越えて、人や物との新たな関わりをつくりながら成長していく力になるからです。

3月の計画

# 3月 月の計画

※ねらい(…**A**など)が、月案と週案で関連し合っていることを読み取ってください。

## クラスづくり

○遊びや生活の中で、成長した喜びを感じ、友達と互いの良さを認め合いながら、一人ひとりが自分の力を発揮して園生活を十分に楽しんでほしい。卒園に向けて、園生活を振り返る中で様々な人への感謝の気持ちを言葉に出して表現することを大切にしていきたい。また、春の訪れを感じて自然にふれたり、就学に向けて、自分の力を発揮したりしながら期待と自信をもって過ごせるようにしたい。

## 前月末の 幼児の姿

### 生活
○クラスの友達と協力して、発表会をやり遂げ、満足感や達成感を味わい、一人ひとりが自信をもって過ごしている。
○ひな祭りの由来を知って関心が深まったり、ひな人形製作を通して、自分で工夫して表現したりする楽しさを感じている。

### 人との関わり
○未就園児一日入園や誕生会の進行係についての引き継ぎなどを通し、年下の子どもと関わり親しみや思いやりをもって接している。
○小学生との交流を行なったり、学校ごっこを楽しんだりする中で、就学への期待が高まっている。
○今までに親しんだルールのある遊びを繰り返し楽しむ中で、友達と協力したり競い合ったりしながら遊ぶ楽しさを感じている。

### 遊びへの取り組み
○縄跳びや竹馬などをできるようになったことに自信をもったり、友達と見せ合ったりしながら遊ぶことを楽しんでいる。
○スイセンやクロッカスなどの生長に気付き、春の訪れを感じている。

## ねらい

○自分たちで遊びや生活を進めていく楽しさや充実感を味わい、自信をもつ。… **B**

○互いの成長や良さを認めたり、思いを受け入れ合ったりしながら、友達とのつながりを深める。… **A**

○身近な自然の変化に気付き、春の訪れを感じたり、就学に期待をもったりする。… **C**

## 幼児の経験する 内容

○生活や遊びの中で自分たちの力を発揮し、自信をもつようになる。
○卒園に向けての様々な活動に意欲的に取り組む。
○クラスの友達と一緒に園生活を振り返りながら思い出を話したり、気持ちを込めて一緒に歌をうたったりしていく。
○これまでお世話になった人たちに感謝の気持ちを言葉で表現する。
○年下の子どもに対し、思いやりや親しみをもって関わる。
○好きな遊びの中で、友達と互いの思いを伝え合ったり、考えを取り入れたりしながら十分に楽しむ。
○互いの成長や良さを認め合いながら、話し合ったり受け入れ合ったりして遊ぶ。
○今まで遊んできた遊びを存分に楽しむ中で、繰り返し挑戦し、自分の力を十分に発揮して成長を感じられるようになる。
○日ざしの暖かさや草木の変化など、気付いたことや感じたことを保育者や友達と伝え合う。
○園庭に咲いた草花の香りに気付いたり、保育室に飾ったりする。
○就学までの生活に見通しや期待をもって過ごす。

## 家庭・地域
### との連携
保護者への支援も含む

★保護者と子どもたちの成長を喜び合う中で、卒園や就学への期待や不安など、子どもの心の変化を受け止め、十分に愛情をもって関わっていけるようにする。
★就学に向けて規則正しい生活を送る大切さを伝え、身の回りの始末を自分でできるように親子で確認する機会を設ける。
★小学校、学童保育施設までの通学路を親子で歩き、交通ルールや危険な箇所について確認する機会をもてるように伝えていく。

## 健康・食育・安全 への配慮
養護の視点も含む

○規則正しい生活を送ることの大切さをクラスで話題にし、一人ひとりが意識しながら健康に園生活が過ごせるようにしていく。

○今まで給食や弁当を作ってくれた人への感謝の気持ちを感じ取れるような、メッセージカードや手紙を作る機会を設ける。

○花粉症が出始める時季なので、子どもの様子について家庭と連絡を取り、必要に応じて個別に対応する。

### 指導計画から学ぶ 保育力アップ

#### 自分たちで遊びや生活を進めていく楽しさや充実感を味わい、自信をもつ

　幼児期の終わりまでに育ってほしい姿に「自立心」があります。園生活も最終の月を迎え自分たちでどのように過ごしていくか見通しをもち、意識をしながら主体的に生活を送るようになります。自分でしなければならないこと、自分たちでしたいことや、一日の過ごし方も自分で決められるよう、自立心を育んでいきましょう。

## 環境の構成と保育者の援助

### 互いの成長や良さ、思いを受け入れ合いながら、友達とのつながりを深められるように

○友達と今まで楽しんできた遊びを繰り返し楽しむことができるように、十分な時間と場所を確保する。

○考えを伝え合ったり、試したりしながら遊ぶ様子を見守り、それぞれが力を発揮して、遊びを実現できるようにする。

○園生活が楽しい思い出になるように、保育者も仲間になって一緒に遊びながら楽しさを共有できるようにしていく。

### 自分たちで遊びや生活を進めていく楽しさや充実感を味わい、自信をもてるように

○卒園式までの見通しがもてるように、カレンダーに予定を書き込んだり、クラスで話題にしたりして、活動が分かるようにする。

○クラスで園生活を振り返る機会を設けたり、今までうたってきた歌を一緒にうたったりしていく。

○活動に取り組む中で、力を発揮しているところや頑張っている姿を具体的な言葉にして認め、自信をもてるようにしていく。

○残りの園生活で子どもたちがやりたいことを考えたり、計画を立てたりする機会を設けていく。

○お世話になった人たちへの感謝の伝え方を相談したり、プレゼント作りができるような素材を用意したりする。

○年下の子どもに、飼育物の世話の仕方を教えたり、一緒に遊んだりできる時間を設けたりする。

### 身近な自然の変化に気付き、春の訪れを感じたり、就学に期待をもったりできるように

○春に関する絵本や植物の図鑑を見たり、春の歌をうたったりして、季節に関心をもてるようにする。

○園庭や近隣の公園に出掛けて、サクラ並木やタンポポ、チューリップなどを見て、みんなで楽しめるようにする。

○ロッカーや遊具をきれいにしたり、次年度に向けて保育室の装飾を子どもと共に考え、卒園への意識や就学への期待をもてるようにする。

## ゆったり過ごすために… ～園で長時間過ごすための配慮～

### 自分のペースで楽しめるように

○一人ひとりがゆったりと好きな遊びを楽しめるように場を構成する。自分の思うままに過ごしたり、不安や寂しさを感じて過ごしたりしている子どもの思いを受け止め、友達や保育者と寄り添って過ごせるようにする。

○一緒にいたい友達と関わって遊ぶことを楽しめるように、将棋やリバーシ、カードゲームなどを用意する。また、保育者も一緒に遊んで心地良い雰囲気を大切にできるようにする。

### 保育者のチームワーク

★園全体で子どもたちを送り出せるように、卒園に向けての取り組みの様子や子どもの育ちを保育者間で共有していく。

## 反省・評価 のポイント

★互いの成長や良さを認めたり、思いを受け入れ合ったりしながら、友達との関わりを深めることができたか。

★友達と協力して遊びや生活を進めていく楽しさや充実感を味わい、自信をもてるような援助ができたか。

3月 月の計画

# 3月 週の計画

**1週** 3/2(月)〜7(土)

今週の予定：ひな祭り会

## 前週の 幼児の姿

○ひな人形製作では、様々な素材を自分で選んで一人ひとりが工夫して作る姿がある。

○学校ごっこを楽しんだり、友達と学校について話したりして、就学への期待が高まっている。

○友達とルールのある遊びを繰り返し楽しんでいる。

## ねらい○と内容・

○卒園式やお別れ会に向けて見通しをもって取り組み、自分たちで準備を進めようとする。… Ⓑ

○友達と好きな遊びを楽しんだり、互いの思いや考えを取り入れたりしながら遊ぶことを楽しむ。… Ⓐ

・卒園式に向けて今までの園生活を振り返り、楽しかったことなどを言葉で伝えたり聞いたりする。

・クラスで今までうたってきた歌を思い出し、みんなで声をそろえてうたう。

・お別れ会で年下の子どもに向けて渡すプレゼント作りをする。

・友達と誘い合いながらドッジボールやリレー、鬼ごっこなどをする。

## 具体的な環境◆と保育者の援助○

◆残りの園生活に見通しがもてるように、3月のカレンダーに行事予定を記入したり、残りの日数を示した日めくりのような掲示物を用意したりする。

○カレンダーや掲示物を見ながら残りの日数をクラスで話題にしたり、みんなでやりたいことを相談したりしながら残りの園生活を楽しみにできるようにしていく。

◆今までの園生活を振り返り、子どもたちから出た意見や出来事をホワイトボードに書き出していく。

○自分の言葉で伝えている様子や友達の話を聞いている様子を見守りながら、子どもたちの思いに共感したり一緒に振り返りながら喜んだりしていく。

○今までうたってきた歌のメロディーを感じたり、気持ちを込めてうたったりできるように、歌詞のイメージをもてるような話をしていく。

（♪：『ともだち賛歌』
『さよならぼくたちのほいくえん』）

◆お別れ会で年下の子どもに渡すプレゼントについて、クラスで相談したり、役割分担が分かるように示した物を掲示したりする。

（カレンダー作り　など）

◆自分で見通しをもって進められるように、必要な素材はいつでも取り出せる場所に用意しておく。

（画用紙、色鉛筆、
油性フェルトペン、
絵の具　など）

○クラスのみんなで決めた役割や期日に気付いて、自分たちで進めようとする姿を具体的な言葉で認めながら見守っていく。

◆自分たちで誘い合いながら遊びだせるように、ドッジボールやリレー、鬼ごっこなどで必要な物を用意しておく。

（ライン引き、ボール、バトン、ゴールテープ　など）

◆ひな祭り会では、作ったひな人形を見たり、歌をうたったりする。

（♪：『うれしいひなまつり』）

○自分が作ったひな人形を友達に見せたり、友達が作った作品の良さに気付いたりしながら、互いの持ち味の良さを認め合う姿を見守っていく。

## 反省・評価のポイント

★卒園式やお別れ会に向けて見通しをもって取り組み、自分たちで準備を進めるための環境構成や準備はできていたか。

★友達と誘い合ったり互いの思いや考えを取り入れたりしながら、好きな遊びを楽しむことができていたか。

# 週の計画

## 3月 2週

**3/9(月)〜14(土)**

今週の予定 お別れ会、誕生会、身体計測、避難訓練

### 前週の 幼児の姿

○今までの園生活を振り返って楽しかったことを話したり、自分たちで見通しをもって相談したりしている。
○クラスでうたってきた歌や卒園式でうたう歌を、みんなで声をそろえてうたっている。
○お別れ会に向けて年下の子どもへプレゼント作りをしている。

---

○友達の良さを認めたり、思いを伝え合ったりしながら自分に自信をもつ。… Ⓐ
○年下の子どもに親しみや思いやりの気持ちをもつ。… Ⓑ
・卒園式に参加する意味が分かり、自信をもってお別れの言葉を言ったり気持ちを込めて歌ったりする。
・年下の子どもに親しみをもって関わり、お別れ会に楽しんで参加する。
・4歳児に当番の引き継ぎを行ない、分かりやすく伝えたり思いやりをもって関わったりする。
・避難訓練では、今までの避難訓練時の経験を振り返り、自分の身は自分で守ることを確かめていく。

---

○お世話になった人への感謝の気持ちや自分たちの成長を感じながら、心を込めて歌おうとしている姿を認める。
（♪：『ありがとうの花』『夢わかば』 など）
○卒園式に参加する意味が分かり、その場にふさわしい態度に気付いて参加できるようにし、意識しながら取り組んでいる姿を具体的に言葉にし、認めていく。
（証書の受け取り方、姿勢、返事の仕方、礼 など）

◆お別れ会では互いの表情や様子がよく見えるような場の構成を工夫する。
○年下の子どもが企画してくれたり、お祝いしてくれていることのうれしさに共感する。
○クラスみんなで作ったプレゼントを年下の子どもに手渡したり、感謝の気持ちを言葉で伝えたりしている姿を見守っていく。
◆4歳児にどのように当番の引き継ぎを行なっていくか、クラスで相談する機会を設ける。子どもたちの意見を取り入れながら役割分担をしていき、ホワイトボードに書き出す。
（植物への水やり、飼育物の世話、お休み調べ など）
○当番の引き継ぎでは具体的な手順などを分かりやすく

教えたり、優しく手伝いながら関わったりしている姿を認め、自分たちの成長を感じ、自信をもてるようにしていく。

○避難訓練後に災害時の過ごし方や今までの避難訓練で経験したことについてクラスで話題にし、年下の子どもへの見本になっている立派な姿を認めていく。また、自分の身は自分で守ることを確かめて、安全に過ごすことを意識できるようにしていく。

◆行事や卒園式に向けての取り組みが多くなるので、一日の生活の流れを示しておき、見通しをもって遊べるようにする。
○できるようになったことに自信をもち、友達と誘い合って生活を進めたり、自分のしたい遊びを楽しんだりする姿を認めていく。

---

★友達の良さを認めたり、思いを伝え合ったりしながら、自分に自信をもつことができたか。
★お別れ会や当番の引き継ぎなど、年下の子どもに親しみや思いやりの気持ちをもてるような援助ができたか。

# 週の計画

## 3週

**3/16（月）〜21（土）**

**今週の予定：** 卒園式

※ねらい（…Ⓐ など）が、月案と週案で関連し合っていることを読み取ってください。

### 前週の 幼児の姿

○卒園式に向けて、証書の受け取り方や態度が分かって意識しながら取り組んでいる。
○4歳児に当番の引き継ぎを行ない、植物の水やりや飼育物の世話の仕方を分かりやすく教えて、自分たちの成長を感じている。

### ねらい○と内容・

○卒園することの喜びを実感し、自分に自信をもって行動する。…Ⓐ Ⓑ
○春の訪れを感じたり、就学に期待をもったりする。…Ⓒ
・卒園式に向けて保育室や廊下の装飾をすることを楽しむ。
・卒園式に参加し、様々な人からお祝いされるうれしさや自分の成長を感じ、充実感を味わう。
・身近な春の自然にふれて、気付いたことを調べたり観察したりする。

### 具体的な環境◆と保育者の援助○

◆保育室や廊下、ホールなど、卒園式に向けて装飾する材料を用意しておき、子どもたちと一緒に飾り付けをできるようにする。
（フラワーペーパー、画用紙、色紙、スズランテープ など）
◆子どもたちの成長や今までの園生活の思い出を感じられるように、写真や作品などを飾る。
○卒園式に緊張や不安を感じている子どもの気持ちを受け止め、一人ひとりの取り組む姿を言葉にして認めたり励ましたりしながら自信をもてるようにする。
○自分の成長を感じられるように、卒園式での姿を十分に認めていく。
○卒園の喜びや就学に期待をもてるように、就学後の生活について話題にしたり、絵本を読んだりする。
（絵本：『みんなともだち』『ランドセルがやってきた』 など）
○自分たちでしたい遊びをクラスのみんなで話し合いながら、楽しめるような機会をもつ。
○友達同士で誘い合いながら繰り返し遊ぶ中で、楽しさを十分に感じられるように、友達と工夫して遊ぶ姿を認めていく。

○保育者も一緒に遊ぶ機会を多くもち、残り少ない園生活を楽しく過ごせるようにして共有していく。
◆身近な草花や生き物を見つけて、調べたり観察したり保育室に飾ったりできるようにする。
（ナノハナ、スイセン、チューリップ、図鑑、花瓶、虫かご、虫メガネ、ポリ袋 など）
○春の自然にふれて、日ざしの暖かさや花の開花、花びらの枚数など、気付いたことや発見したことを子ども同士で伝え合える機会を設ける。

○今までうたってきた春の歌をみんなでうたう。
（♪：『春がきたんだ』 など）

### 反省・評価のポイント

★卒園することの喜びを実感し、自分に自信をもって行動することができたか。
★春の訪れを感じたり、就学に期待をもったりできるような援助ができたか。

# 3月 週の計画

**4週** 3/23(月)〜31(火)

今週の予定

## 前週の 幼児の姿

○卒園式を終えて達成感や充実感を味わい、伸び伸びと過ごしている。また、友達と小学校の話をして就学を楽しみにする子どもも、別れが寂しくなっている子どももいる。
○春の訪れを感じて気付いたことを保育者や友達に伝え合い、関心を高めている。

---

○保育者や友達とのつながりを感じながら、残りの園生活を十分に楽しむ。… Ⓐ
・友達と思いや考えを伝え合いながら、一緒にしたい遊びや好きな遊びを十分に楽しむ。
・クラスの友達や年下の子どもと、公園や近隣の施設に出掛ける。
・今まで楽しんできた遊びをクラスみんなで楽しみ、満足感を味わう。
・お世話になった人たちへの感謝の気持ちを、自分たちで考えた言葉で表す。
・自分たちが過ごした保育室をきれいに掃除したり、身の回りの物を整頓したりする。

---

◆子どもたちがしたい遊びを十分にできるように、クラスで相談しながら日々の活動内容を決めていく。また、決まったことがいつでも見て分かるように、ホワイトボードに書いておく。

◆様々な場所で遊んだり食事をしたりできる機会を設け、5歳児ならではの特別な時間を楽しめるようにする。

○子どもたちがやりたい気持ちを実現して遊んだり、生活したりできるように園内の職員にも呼び掛けて、場や時間を調整できるようにしていく。

（職員とのドッジボール大会、異年齢児との交流散歩 など）

◆卒園式の飾りは余韻を味わったり、雰囲気を楽しんだりできるようにし、来年度に進級してくる子どものために残して、アレンジできるようにする。

◆感謝の気持ちを込めてプレゼントを作ったり、手紙を書いたりできるように素材を用意する。

（鉛筆、五十音表、色紙、画用紙、モール、ラッピング袋、便箋　など）

○お世話になった人へ感謝の気持ちを伝えられるように、園内の保育者のことをクラスで話題にしていく。また、作ったプレゼントや手紙を渡す姿を認めていく。

◆春の自然に興味・関心が高まるように、近隣に花見へ出掛けたり、自然の豊かな公園に散歩へ出掛けたりする。

○自分たちが使ってきた場所や物に感謝の気持ちをもち、きれいにしたり整理したりする機会を設ける。

○次の5歳児のためにきれいにする気持ちをもち、製作ワゴンやロッカーの奥など、丁寧に掃除をしている子どもたちの意欲的な姿を認めていく。

◆保育室の移行後も安心して過ごせるように、荷物や靴の置き場など子どもの動線を考えて環境構成の工夫をする。

○卒園や就学することに対し、寂しさや不安を感じている姿に対して、丁寧に気持ちを受け止めながら遊びや生活に満足感がもてるように話していく。

○登園最終日には、保護者を含め、一人ひとりの子どもたちに声を掛けて、今までの成長を喜んだり、就学への期待が膨らむようなことばがけをして励ましたりして送り出す。

---

**反省・評価 のポイント**

★保育者や友達とのつながりを感じながら、残りの園生活を十分に楽しむことができたか。
★就学への期待を膨らませ、お世話になった人や物へ感謝の気持ちをもてるような援助ができていたか。

| ねらい | ○園生活を振り返り、卒園式で伝えたい思いを言葉や歌で表現する。 |
|---|---|

| 内容 | ○卒園式のお別れの言葉を自分で考えたり、友達に伝えたりする。<br>○卒園式でうたう歌の歌詞をイメージしながら気持ちを込めて歌う。 |
|---|---|

## 環境を構成するポイント

○一日の生活の流れを絵や時計に合わせて表示して示しておく。
○自分たちですぐに遊びだせるように、必要な用具はあらかじめ取り出しやすい場に置いておく。
（ライン引き、ボール、ゴールテープ、バトン、縄　など）

○片付けの時間は時計の絵で示す。

○考えたことや思ったことを話しやすいようにグループで進めていく。
○子どもたちから出た言葉をホワイトボードに書き出す。

○保育室に今までの行事の写真を掲示して、自分たちで園生活を振り返ることができるようにする。
○当番をしているときの具体的な姿を話題にしていく。

○子どもが自分で出して遊べるような遊具を用意する。
（カードゲーム、ボードゲーム、パズル、毛糸、アイロンビーズ　など）

## 予想される幼児の活動

○登園する。
・朝の挨拶をする。
・支度をする。
○園庭で好きな遊びをする。
（ドッジボール、リレー鬼ごっこ、縄跳び　など）
○片付けをする。

○卒園式に向けて取り組む。
・園生活で楽しかった話をグループごとにする。
・お別れの言葉を自分で考えて友達に伝える。
・友達が考えたことを聞く。
○クラスのみんなで歌をうたう。
（♪：『ありがとうの花』<br>『ともだち賛歌』<br>『さよならぼくたちのほいくえん』<br>など）

○昼食をとる。
○当番活動をする。
・飼育物の世話、食後の床掃除などをする。
○好きな遊びをする。
・室内で自分のしたい遊びを十分にする。
○おやつを食べる。
○好きな遊びをする。
○降園準備をして降園する。

## 保育者の援助

○一人ひとりの取り組みや成長を認めていきながら、自信につながるようにしていく。
○友達と誘い合い、好きな遊びを楽しむ姿を見守りながら、自分たちで遊びを進めていく姿を具体的に言葉にして認めていく。

○友達と話をする姿を見守り、園生活で経験したたくさんの楽しいことを感じられるようなことばがけをしていく。
○一人ひとりが感じた思いを言葉で表現している姿を認めながら、お別れの言葉をみんなで考え合える機会をもつ。
○歌詞のもつ意味を気付かせながら気持ちを込めて歌うことができるようにしていく。

○年下の子どもに当番を引き継ぐことを話題にし、どのように教えたらいいか一緒に考えたり働き掛けたりしていく。
○自分のしたい遊びを保育者や友達と一緒にしたいという気持ちを受け止めていく。

## 反省・評価のポイント

★園生活を振り返り、卒園式で伝えたい思いを言葉や歌で表現することができたか。
★卒園に向けての活動を通して、子どもたちの思いや表現を認め、自信をもって取り組めるような援助ができたか。

# 3月 日の計画

## 3/24（火）

3月 日の計画

### ねらい
○これまで楽しんできた遊びを友達と一緒に楽しむ。
○お世話になった人へ、感謝の気持ちや親しみをもって遊ぶことを楽しむ。

### 内容
○友達と思いや考えを伝え合いながらしたい遊びをする。
○お世話になった人へプレゼントを作ったり、手紙を書いたりする。
○保育者や友達と一緒に体を動かすことを楽しむ。

## 環境を構成するポイント

○一日の生活の流れを絵で示したり、時計と一緒に表示したりしておく。
○自分たちでプレゼントを作りだせるように、様々な素材を用意しておく。
（鉛筆、フェルトペン、便箋、色紙、リボン、画用紙、ラッピング袋　など）
○文字を見たり、探したりできるように五十音表や文字の絵本を置いておく。
○戸外で子どもたちが遊びだせるよう、用具を出しておく。
（ライン引き、ボール、バトン、ゴールテープ、縄　など）
○異年齢児と一緒に過ごせる場をもてるようにする。

○すぐに始められるように、ドッジボールのラインをあらかじめ引いておく。

○室内で自分のやりたいことができるような遊具を用意する。
（カードゲーム、ボードゲーム、パズル、毛糸、アイロンビーズ　など）

## 予想される幼児の活動

○登園する。
・朝の挨拶をする。
・荷物の整理や身支度をする。

○好きな遊びをする。
室内：プレゼント作り、手紙を書くなど
戸外：縄跳び、ドッジボール、リレー　など
異年齢児との関わり：折り紙、製作、一緒に絵を描く　など
○クラスで集まる。
・歌をうたう。
（♪：『春がきたんだ』）
・残りの園生活への見通しがもてるように話し合う。
・集団ゲームをする。
（『なんでもバスケット』）

○昼食をとる。
○保育者とのドッジボール大会をする。

○好きな遊びをする。
・室内で落ち着いて過ごす。
○おやつを食べる。

○好きな遊びをする。
○降園準備をして降園する。

## 保育者の援助

○プレゼント作りをする姿を見守りながら、いろいろな思いや気持ちを受け止めたり話を聞いたりしていく。
○保育者も仲間になって一緒に体を動かして遊び、楽しさを共有していく。

○子どもの遊びの様子を共有したり、午後の予定を話したりして、残りの園生活を楽しみにできるようにする。

○いろいろな子どもが自信をもって遊んだり、友達とのつながりを感じたりしながら遊んでいる姿を認めていく。
○保育者も一緒に楽しみ、子どもを応援しながら盛り上げていく。
○必要に応じて、ござやマットで休息を取りながら、ゆっくりと過ごせるようにする。
○保育者や友達とふれあいながら、寄り添って遊ぶ様子を認め、満足できるようにする。

## 反省・評価のポイント

★これまで楽しんできた遊びや好きな遊びを友達と一緒に楽しんでいたか。
★お世話になった人へ、感謝の気持ちや親しみをもって遊べるような援助ができたか。

# 文章表現・文法チェック

指導計画など、文章を書いた後には、必ず読み返してチェックするようにしましょう。
気を付けておきたいポイントを紹介します。

## である調 と ですます調 をそろえよう

一つの文章の中に、「である調」と「ですます調」を混在させると、統一感がなくなり、わかりづらくなります。しっかりとした印象を与える「ですます調」を場面に応じて使い分けるようにしましょう。

### 文 例

✕ 自分のしたい遊びがはっきりとして<u>きました</u>が、物の取り合いが増えて<u>きている</u>。

**「である調」**

〇 自分のしたい遊びがはっきりとして<u>きた</u>が、物の取り合いが増えて<u>きている</u>。

**「ですます調」**

〇 自分のしたい遊びがはっきりとして<u>きました</u>が、物の取り合いが増えて<u>きています</u>。

## 並列 で 文章が続くときは…

同じ概念のものを並べて使うときには、「たり」や「や」を使います。そのとき、「〜たり、〜たり」と必ず2回以上使い、「や」も2回目以降は読点で区切るなどしておきましょう。

### 文 例

✕ 冬の冷たい風にふれ<u>たり</u>、霜柱に触れて<u>遊ぶ</u>。

〇 冬の冷たい風にふれ<u>たり</u>、霜柱に触れ<u>たり</u>して遊ぶ。

✕ ミカン<u>や</u>カキ<u>や</u>クリなど〜

〇 ミカン<u>や</u>カキ<u>、</u>クリなど〜

## 「の」を置き換えよう

助詞の「の」が3回以上続くと文章が読みづらくなります。そこで使われている「の」にどのような意味があるか考え、置き換えられるものは置き換えることで、読みやすくしましょう。

### 文 例

✕ テラス<u>の</u>机<u>の</u>上<u>の</u>容器に、〜

〇 テラス<u>の</u>机に<u>置いた</u>容器に、〜

## 主語 と 述語

文章の中で、「何が（誰が）」を示す主語と、「どうする、どんなだ、何が」にあたる述語が対応するようにしましょう。

### 文 例

✕ <u>保育者が</u>それぞれの話を聞いて受け止め、仲良く<u>遊ぶ</u>。

〇 <u>保育者が</u>それぞれの話を聞いて受け止め、仲良く遊べるように<u>手助けをする</u>。

# 第3章 計画サポート集

ここでは、指導計画以外の様々な資料や計画例を掲載しています。

園全体で共通理解をもって進めていけるようにしましょう。

# 施設の安全管理

## 施設の安全管理チェックリスト

保育中の子どもたちの事故防止のために園内外の安全点検に努めると同時に、保育者間で共通理解を図る必要があります。下に示す一例を見ながら、あなたの園をイメージしてみましょう。

### 保育室

※園によって園内の設備は様々です。一例としてご覧ください。

#### 出入り口

- □ ドアを塞ぐ物や開閉の妨げになる物は置かれていないか
- □ ドアを閉じたときに指を挟むことを防止できる（安全装置）ようになっているか

#### 備品

- □ ロッカーの上に重い物や落下して壊れる物（花瓶や絵本や図鑑）が置かれていないか
- □ ピアノは固定されているか
- □ ピアノの上に物が載っていないか
- □ 椅子の重ね方は高すぎないか
- □ 椅子の片付け収納の場所は子どもの行動の妨げにならないか

#### 教材

- □ 紙類の整理はされているか、床に落下しているものはないか
- □ 子どもの作った作品は整理して置かれているか
- □ 紙や素材は床に落ちていないか

#### 窓・ベランダ

- □ 身を乗り出すことを可能にするような高さのある台や物が窓の下やベランダに置かれていないか
- □ ベランダに落下物になるような物が出したままになっていないか（ほうき・ちり取りなど）
- □ 飛散防止フィルムは剥がれていないか

#### 壁・天井

- □ 子どもの首にかかるようなひもやリボンなどはないか
- □ 掲示物やびょうなどが外れていないか
- □ 時計は固定されているか

#### 床

- □ 床板は破損はないか
- □ 床板は滑りやすくなっていないか
- □ 押しピン、ガラスなど危険物を放置していないか

#### 遊具

- □ 積み木やブロックは落下の危険がない高さになっているか
- □ 発達に応じて遊具や用具が置かれているか

> Ex. **3歳児**：はさみを机の上で取って使えるように、机上に立てて管理する。
> **4歳児**：壁掛けホルダーを使用して、製作コーナーの付近に用意する。
> **5歳児**：自分の道具箱で管理する。

#### 水道とその周辺

- □ 蛇口の開閉はスムーズであるか
- □ 清潔に保たれているか
- □ 排水の状況は良いか
- □ 石けんは補充されているか
- □ 給水用のマットは安全に置かれているか

#### 電気

- □ コンセントは安全に使われているか
- □ スイッチに不具合はないか
- □ 照明に不具合はないか

#### ホール

- □ 不要なもの・危険なものはないか
- □ 巧技台や体育用具など、安全点検がなされ、安全に保管されているか
- □ 時計や掲示物は落ちないように固定されているか
- □ 床がぬれて滑りやすくなっていないか、汚れていないか

☑ **チェックリストの使い方**

このチェック項目は、月に1回の定期的な点検に向け作成されたものです。付属のCD-ROM内のデータには、貴園の環境に合わせて書き換えていただけるように一覧になっています。貴園に合わせてアレンジする過程で、保育中のヒヤリ・ハッとする場や園独自の設備、災害時の安全も含めて話し合いましょう。また、日常の点検の参考資料としてもお役立てください。

# 園庭

※園によって園内の設備は様々です。一例としてご覧ください。

## 共通チェック
- □ 不要な物・危険な物は置いていないか
- □ 危険な物など放置していないか
- □ ぬれて滑りやすくなっていないか、汚れていないか

## 園庭
- □ 遊具が動線を塞いでいないか
- □ プランターの置き場所や畑は安全か
- □ 周辺の溝に危険物はないか
- □ 溝の蓋は完全に閉まっているか、また、すぐに開けられるか
- □ 石・ごみ・木くず・ガラス破損など、危険物はないか
- □ でこぼこや穴はないか

## 避難経路
- □ 危険物などがなく、正常に通行できるか
- □ 非常口の表示灯はついているか

## 駐車場
- □ 周りの柵や溝の蓋が破損していないか
- □ マンホールの蓋は完全に閉まっているか
- □ マンホールの蓋は、すぐに開けられる状態になっているか
- □ 石・ごみ・木くず・ガラス破片など、危険な物は落ちていないか

## 固定遊具
- □ 腐食や破損はないか
- □ ネジの緩みはないか
- □ 落下したときのクッションはあるか

## 砂場
- □ 砂の状態はよく、砂の中に危険物・汚物（とがっている物、ネコのふんなど）はないか
- □ 遮光用のテントがあるか
- □ 保護ネットはあるか

## 廊下
- □ 消化器は指定場所に安全に設置されているか
- □ 通路を塞ぐ物はないか

## プール
- □ プールの周辺に不要な物、危険な物はないか
- □ 遮光用のネットがあるか
- □ プール監視役の体制は整っているか

## テラス
- □ 不要な物・危険な物は置いてないか
- □ ぬれて滑りやすくなっていないか、汚れていないか（雨の日は特に注意しましょう）
- □ 紫外線を遮るテントやグリーンカーテンがあるか

# 健康支援

子どもの生命の保持と健やかな生活の確立は、保育の基本となります。子ども一人ひとりの健康状態、発育・発達の状態に応じて、心身の健康増進を図り、疾病等の対応に努めましょう。ここでは、2つの保健計画例を紹介します。

## 健康支援のポイント

### ❶ 常に健康観察を

常に、子ども一人ひとりの健康状態を把握しておきます。常に子どもの健康状態に気を配り、きめ細かな観察を心掛けましょう。

### ❷ 早期発見で適切な対処を

早期発見と適切な処置が求められます。嘱託医など、医療機関とも連携を取り、迅速に対応してもらえるようにしておきましょう。

緊急です！

### ❸ 保護者や保育室との情報共有

子どもの健康状態や体質などについてできるだけ、保護者と情報共有をしておきます。全職員が見られるように記録に残し、適切な処置を取れるように話し合っておきましょう。ふだんの様子を把握しておくことが、異状のときに正しい判断につながります。

この子は……

## 健康観察チェックポイント

子どもの健康状態を把握するために、毎日の健康観察を欠かさず行ないましょう。

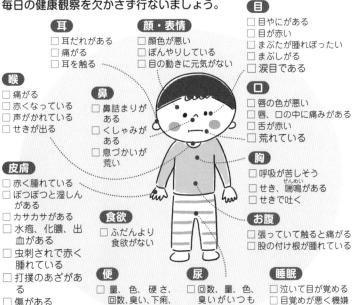

**耳**
- □ 耳だれがある
- □ 痛がる
- □ 耳を触る

**顔・表情**
- □ 顔色が悪い
- □ ぼんやりしている
- □ 目の動きに元気がない

**目**
- □ 目やにがある
- □ 目が赤い
- □ まぶたが腫れぼったい
- □ まぶしがる
- □ 涙目である

**喉**
- □ 痛がる
- □ 赤くなっている
- □ 声がかれている
- □ せきが出る

**鼻**
- □ 鼻詰まりがある
- □ くしゃみがある
- □ 息づかいが荒い

**口**
- □ 唇の色が悪い
- □ 唇、口の中に痛みがある
- □ 舌が赤い
- □ 荒れている

**皮膚**
- □ 赤く腫れている
- □ ぶつぶつと湿しんがある
- □ カサカサがある
- □ 水疱、化膿、出血がある
- □ 虫刺されで赤く腫れている
- □ 打撲のあざがある
- □ 傷がある

**食欲**
- □ ふだんより食欲がない

**胸**
- □ 呼吸が苦しそう
- □ せき、喘鳴がある
- □ せきで吐く

**お腹**
- □ 張っていて触ると痛がる
- □ 股の付け根が腫れている

**便**
- □ 量、色、硬さ、回数、臭い、下痢、便秘などいつもと違う

**尿**
- □ 回数、量、色、臭いがいつもと違う

**睡眠**
- □ 泣いて目が覚める
- □ 目覚めが悪く機嫌が悪い
- □ 眠りが浅い

参考：2012 改訂版 保育所のおける感染症対策ガイドライン（厚生労働省・平成 24 年 11 月）

## 保健年間計画

| 【保健目標】 | 1．健康な心と体をつくる |
|---|---|
| | Ⅰ　期　（4〜5月） |
| **目標** | ・心身ともに安定して過ごす<br>・生活リズムをつくっていく |
| **実施内容** | ・登園時と長時間保育前に健康チェックを行ない、保育中の観察、家庭との連絡等により子どもの健康状態を把握する<br>・新しい環境での生活による疲れに注意する<br>・室内の衛生・消毒・換気の管理、テーブルと椅子の配置状況に留意する<br>・気温差、運動後等衣服の調節をする<br>・園庭および室内の安全点検を行なう<br>・入室時、食前食後に行う手洗い、うがいを指導する |
| **保健活動** | 4月　春の定期健康診断<br>4月　身体測定（胸囲、頭囲含む）<br>5月　身体測定（身長・体重）<br><br>・月1回身体測定<br>・月1回頭髪チェック<br>・健康教育 |
| **家庭との連携** | ・新入園児保護者への健康指導、保健活動の説明<br>・生活リズムを整えるための生活指導<br>・体調不良、肥満、アレルギー等の個別相談、指導<br>・健診結果記載健康連絡カード配布<br>・月1回身体測定表配布<br>・健康関係、感染症発生状況、検診のお知らせ等の掲示<br>・園だよりに「保健のはなし」掲載 |
| **幼児向け健康教育** | 4月　目に見えない菌て何だろう<br>　　　「手洗い・うがい指導、せき・くしゃみをするとき、トイレの使い方」<br>5月　虫歯をやっつけろ<br>　　　「歯科、口腔内衛生指導」 |
| **職員研修** | 4月　感染経路を学び、感染防止と対策について理解を深める |

CD-ROM ▶ 計画サポート集 ▶ 保健年間計画

子どもたちの健康管理のために園で取り組む内容の年齢別年間計
画表の一例です。全職員が確認できるようにしておきましょう。

| 2．衛生的な生活をする | 3．安全に過ごす | 4．自分の体に関心をもつ |
|---|---|---|
| Ⅱ　期　（6月〜8月） | Ⅲ　期　（9月〜12月） | Ⅳ　期　（1〜3月） |
| ・夏を元気に過ごす<br>・自分の体を知り、自主的な健康管理をする | ・活動を通して寒さに慣れる<br>・戸外で遊び丈夫な体をつくる<br>・感染症の予防を知る | ・戸外で体を動かし元気に過ごす<br>・進級・就学に向けて生活を整えていく<br>・自分や他人を大切にする気持ちを育てる |
| ・梅雨期の健康と衛生に注意する<br>・睡眠、休息を十分に取れるようにする<br>・室内の温度、湿度を適切に保つ<br>・汗の始末や着替えを行なうよう指導する<br>・シャワーを浴びて清潔に保つ<br>・皮膚疾患の予防と早期発見に努める<br>・衛生的で安全なプールの管理を実施する | ・気温や運動後等に合わせ衣類を調節する<br>・戸外活動の増加にあたり、事故やけがの防止に努める<br>・室温、湿度調節や換気の状態に留意する（温度 20 〜 22℃、湿度 60％を目安）（気温、体調に応じて配慮する）<br>・うがい・手洗いの大切さを指導する | ・室内と戸外の衣類を調節する<br>・暖房中の換気や室温、湿度を適切に保つ<br>・流行性疾患の発生に注意し、職員・保護者で情報を共有しながら迅速に対応する<br>・うがい、手洗いの習慣を身につけるようにする<br>・進級・就学に向けて情緒の安定に努め、生活を整える |
| 6月　下旬よりプール開始<br>6月　歯科検診、眼科検診、耳鼻科検診<br><br>・プール消毒剤、残留塩素濃度測定器の整備<br>・プール清掃、危険な場所と危険物の点検<br>・月1回身体測定（身長・体重）<br>・月1回頭髪チェック<br>・健康教育 | 10月　秋の定期健康診断<br>10月　身体測定（胸囲、頭囲を含む）<br><br>・月1回身体測定（身長・体重）<br>・月1回頭髪チェック<br>・健康教育 | 3月　新入園児面接・健康診断<br><br><br>・月1回身体測定（身長・体重）<br>・月1回頭髪チェック<br>・健康教育 |
| ・プール遊び実施に向けての注意、指導<br>・夏を健康に過ごすための生活指導（体調管理、スキンケア　等）<br>・プールカード配布<br>・月1回身体測定表等配布<br>・園だよりに「保健のはなし」掲載 | ・薄着と健康な体づくりについて指導<br>・健診結果記載健康カード配布<br>・月1回身体測定表配布<br>・園だよりに「保健のはなし」掲載 | ・冬に多い感染症について注意喚起（インフルエンザ、感染性胃腸炎等）<br>・子どもの1年間の成長・発達を個別に通知<br>・身体測定表配布<br>・5歳児健康カード返却<br>・園だよりに「保健のはなし」掲載 |
| 6月　楽しくプールに入ろう<br>　　　「プール開始前の健康管理と安全指導」<br>7月　暑い日の過ごし方<br>　　　「水分補給、汗の始末、休息等健康管理」<br>8月　元気に過ごす秘密<br>　　　「生活リズムについて知る」 | 9月　けがをしたとき、具合が悪いとき<br>　　　「危険な場所と行動、血が出るわけ」<br>10月　目を大切にしよう<br>　　　「目の働きと目を守るためにすること」<br>11月　風邪をひかないために<br>　　　「うがい・手洗い指導で実際に体験する」<br>12月　動物になって跳んで、転がって動こう<br>　　　「敏しょう性や関節の動きを知る」 | 1月　食べ物の旅<br>　　　「体内の仕組みと排便の大切さを知る」<br>2月　鼻と耳が大切なわけ<br>　　　「鼻のかみ方、かんだ紙の始末について」<br>3月　みんな心も体も成長したね！<br>　　　「自分の1年間の成長を知り、相手の心と体を大切に思う気持ちを育む」 |
| 6月　安全な水遊びと感染症の対応 | 9月　運動によるけがを防止する<br>11月　下痢・嘔吐の処理方法を学ぶ | 2月　就学、進級等環境の変化と心身の安定 |

# 避難訓練

災害時の行動の仕方を身につけさせるためには、信頼関係のもとに子どもが保育者の指示に従い、一人ひとりが落ち着いた行動が取れるようにすることが大切です。また、避難訓練は、非常時に保育者や職員が落ち着いて状況を把握し、判断し、子どもを誘導できるかの訓練であることを自覚して行ないましょう。

（参考文献　幼稚園教育要領解説）

## 避難訓練のポイント …… 保育者が意識すること

### ❶ 不安や恐怖心を与えない

まず、保育者自身が落ち着いて指示を与えることが大切です。非常ベルを怖がるときは、園内放送や言葉で伝えます。避難方法に慣れさせておくなど、子どもたちが混乱しないように考えます。

### ❷ 職員間の話し合いを大切に

想定しておくべき事態や避難方法など、職員間で意見を出し合い、共通認識をもてるようにしましょう。避難訓練後、今回はどうだったか、改善できるところはあるかなどを振り返り、万一に備えて備蓄します。

### ❸ 地域の諸機関と連携を

地域の医療機関や消防署、警察署、区役所などの統治機関、また、地域住民と協力し、緊急時に地域一体となって、子どもたちを守る体制を整えておきましょう。緊急避難時の経路も話し合っておくといいですね。

## 避難訓練のポイント …… 子どもが身につけること

いろいろな災害があることを知り、避難の仕方が分かって行動する

| ❶ 話を聞いて必要なことに気づく | ❷ 分かったことを基に予測し、見通しをもって行動する | ❸ 自分の命を大切にする気持ちをもつ |

## 幼児の防災って？ …… 日頃の意識と指導が大切です！

地震や火災など、命に関わる災害は、いつ起こるか分かりません。日頃から防災意識をもって、いざというときに備えましょう。

### 5歳児の防災訓練

**ねらい：** 様々な状況が分かり、自分なりに予測を立てながら考えて行動できるようになる

様々な危険を回避するために必要なのは、危険があることに自分で気が付き、分かって行動するようになることです。遊びや生活の中での気付きや試行錯誤の経験が、自ら考えて行動をするための基礎となります。

### 自分のすることが分かり、指示に従って行動することができるようになる

避難のための放送や指示を自分から聞いて、考えて行動をすることができるようにしていきます。また、避難訓練が終わった後に、自分たちで気が付いたことを伝え合う機会もつくっていくことで、自分で聞いて考えて行動をすることができるようになっていきます。

### 必要なことやその理由がわかり、自分で考えて行動できるようになる

避難訓練が終わった後に、自分たちで気が付いたことを伝え合う機会もつくっていくことで、自分で聞いて考えて行動をすることができるようになっていきます。

### 命の大切さがわかり、自分の命を守ろうとする意識をもつ

消防署への見学、絵本、小動物の飼育など、生活の中のいろいろな機会の中で、命の大切さや自分たちの命を守るために力を尽くしてくれている人がいることを知らせていきます。

# 避難訓練年間計画

定期的な避難訓練の年間計画の一例です。貴園の想定しうる災害に備えて作成してください。

| 月 | 時 | 想定 | ねらい | 訓練方法 | 備考 |
|---|---|---|---|---|---|
| 4 | 午前 | 地震<br>火災 | ○避難時の約束事を知る。<br>○地震・火災発生放送の内容をよく聞く。<br>○幼児クラスの子どもは職員の笛の合図で集まる。 | ○その場で「ダンゴムシのポーズ」になる。<br>○放送の指示に従って安全に避難する。<br>○「お・か・し・も」の約束を知らせる。 | ○消防企画に基づき、任務、訓練方法を確認、係分担を行なう。<br>○全職員が放送機器の使用方法を確認し、使用方法を知る。<br>○消火器置き場の確認、非常持ち出し袋、帽子、靴の確認。<br>○防災頭巾の使用。 |
| 5 | 午前 | 総合訓練<br>地震<br>起震車体験<br>消火訓練 | ○地震の揺れを体験しながら身を守る方法を知る。<br>○火災発生時、避難放送を静かに聞き、指示を待って慌てずに行動する。（職員の訓練）<br>○消火器の扱い、連絡系統の確認を行なう。 | ○非常放送により避難する。<br>○起震車に乗り、地震の揺れを体験する。<br>○「お・か・し・も」について確認。<br>○消防署からの訓練の指導を受け、消火訓練をする。 | ○避難時の安全行動を知らせる。<br>○防災頭巾の使用。<br>○起震車体験（各自治体の防災課へ起震車の出動を依頼）。<br>○避難場所への連絡を行ない、連携を図る。 |
| 6 | 午前 | 洪水・津波 | ○水害時の避難の仕方（避難経路）を知る。<br>○安全な高台に歩いて避難する。 | ○5歳児クラスの子どもは、洪水時の避難場所に行く避難訓練をする。 | ○避難場所へ計画経路を通って移動する。（近隣機関への連絡）<br>（職員の訓練）○防災知識、及び、災害図上訓練。 |
| 6 | 午後 | 救急法 | （職員の訓練）○水による事故の防災と応急救護の訓練をする。 | ○消防署員から、緊急時の応急救護の指導を受ける（プール開き前に）。 | ○職員対象、AEDの取り扱いや救命救急について学ぶ。 |
| 7 | 午前 | 地震 | ○水遊び・プール遊び、戸外でも慌てず指示を聞いて安全な場所に避難する。 | ○水遊び中（無防備な体勢）に地震発生を想定し、けがのないように安全な場所に誘導する。 | ○水遊び中の訓練。肉声で伝える。<br>○体を保護する物を素早く用意。 |
| 7 | 土曜の午前 | 地震 | （職員の訓練）○平常と違った環境でも慌てず機敏に行動する。 | ○土曜の保育室、保育者、異年齢児保育の中で、臨時職員と行なう。 | ○土曜当番の決定後、訓練担当者を決める。 |
| 8 | 午前 | 台風・竜巻 | ○指示に従い、安全に避難する。 | ○ドアや窓を閉め、これらから離れた場所に移動する。 | ○扉や窓のガラスには飛散防止フィルムを貼っておく。<br>○戸外にいる場合は、素早く園舎内に入る。<br>○ガス、水道、換気扇などを止める。 |
| 9 | 午前〜夕方 | 総合訓練<br>大地震・津波 | ○避難場所で安全に過ごし、迎えを待つ。<br>○地震の怖さを知る。<br>○園外でも慌てず指示を聞いて落ち着いて安全な場所に避難する。<br>○災害時の食事について知る。園庭で食事をする。 | ○放送を聞き、保育者の指示に従って安全に避難できるようにする。<br>○「お・か・し・も」の約束を守って安全に一時避難場所に誘導する。<br>○避難場所・経路の確認（4・5歳児）。<br>○地域の避難場所では勝手に動かず、保育者と共に迎えを待つ。<br>○引き取りの時間・引き取り者の氏名を厳重に確認し、確実に引き渡す。 | ○警戒宣言発令。<br>○非常用品、食糧の点検。非常食の試食をする。<br>○慌てず的確な判断で放送を指示し、落下物に注意し、安全に一時避難場所に誘導する。<br>○確実に保護者に引き渡す。<br>○保護者の帰宅困難も視野に入れ、職員の動きを確認する。 |
| 10 | 昼寝時 | 地震〜火災 | ○昼寝時に保育者から声を掛けられ、目覚めて布団をかぶって身を守れるようにする。<br>○避難時の約束が身につき敏速に避難ができる。 | ○落下物に注意し、毛布などで頭部を保護できるようにする。<br>○指示に従い出火場所を避け、約束を守って素早く避難できるようにする。 | ○昼寝中の訓練。 |
| 11 | 午前 | 防犯訓練 | ○不審者が今にも侵入しそうなときに、保育者から口頭で合い言葉を聞いて速やかに安全な所へ避難する。 | ○警察官の派遣を依頼し、不審者対応やさすまたの使い方の指導を受ける。関連機関への連絡方法の確認（職員対応）。 | ○職員対象、不審者対応について学ぶ。 |
| 12 | 午前 | 地震 | ○保育者の指示に従い、機敏に行動する。 | ○慌てず保育者の指示に従い、避難できるようにする。 | ○散歩中、散歩に出ている職員と園に残っている職員が連絡を取り合う。 |
| 1 | 午前 | 総合訓練<br>大火災・Jアラート | ○保育者の指示を聞いて、安全な場所に避難する。<br>○いつでもどんなときでも慌てずに機敏に行動する。 | ○放送を聞き、素早く保育者の所に集まる。子どもの人数を把握する。 | ○安全な場所にスムーズに移動できるようにする。<br>○近隣への避難が必要なときの連絡方法の確認。 |
| 2 | 午前 | 火災 | ○声掛けだけで緊急の事態が分かり、保育者の指示に従い、避難する。<br>○火災の怖さや暖房器具の危険なことを知る。 | ○放送設備の故障を想定して、口頭で火災発生を知らせ、避難できるように訓練をする。 | ○放送設備故障（音と声で知らせる） |
| 3 | 午前 | 火災 | ○保育者の声掛けだけで緊急事態が分かり、指示により避難する。<br>○次の指示を静かに待ち、約束を守って安全に避難する。 | ○放送設備の故障を想定して、火災発生を大声で知らせる。 | ○大声で知らせる。年間計画の反省と評価。 |
| 3 | 予告なし | 地震〜火災 | ○どこにいても何をしていても慌てず、近くの保育者の所で素早く身を守り避難する。<br>○次の指示を静かに待ち、約束を守って安全に避難する。 | ○園庭、保育室、トイレなどどこにいても近くにいる保育者の所に集まるようにする。子どもを集め安全を確認しながら各クラスの人数を把握する。<br>○慌てずに避難できるようにする。 | ○予告なし。<br>○園児を誘導し安全を図るとともに初期消火にあたる。<br>○送迎時の場合、可能な限り保護者も一緒に避難してもらう。 |

# 食育

食育は、園において大切な保育の内容として位置づけられています。子どもたちの豊かな食体験を保障し、一人ひとりの実態に合わせてよりよい指導を行なうために計画を立てて取り組む必要があります。食育に関する計画の例を紹介します。立案の参考にしてください。

## 立案のポイント

### ❶ いろいろな食材や調理形態に触れる

食材は軟らかさ、硬さなどいろいろな口触りの違いがあり、また、焼く、揚げる、煮るなど調理方法で、トロトロ、パリパリ、など食感が変わります。初めて食べるときの印象をよくし、いろいろな食感を経験させましょう。

### ❷ いろいろな食具を使う

食具はその社会の文化です。スプーンは手首のグリップの使い方がポイントです。砂遊びのプリン作りで手首を返すことが経験できます。箸はスポンジをつまむ遊びや、クレヨン、鉛筆の正しい持ち方と共に身につきます。

### ❸ 楽しい食事タイム

食事は楽しく食べてこそ栄養として身につきます。食育のねらいにもありますが、仲良しの友達と共体験できるように、保育者が仲立ちとなって、一緒に食べる環境づくり・気配りを心掛けましょう。ふだんの食事量を把握しておくことが、異状の早期発見につながります。

## 食育年間計画

| 【年間目標】・おいしく楽しく食べる喜びを味わう | |
|---|---|
| **期** | **1期（4〜5月）** |
| **行事** | 入園式、保護者会、こどもの日、遠足 |
| **3歳児** | ・保育者や友達と一緒に食べる楽しさを感じる<br>・身近な食べ物に関心をもつ<br>・行事にちなんだ食事を知る |
| **4歳児** | ・新しい環境での食事の仕方を知り、みんなで楽しく食べる<br>・食具の使い方や姿勢に気を付けて、食べようとする<br>・行事食に関心をもつ |
| **5歳児** | ・みんなで食べる喜びを味わい、進んで食事をする<br>・食事の準備や片付けが分かり、自分たちで行なう<br>・行事食等を通して、日本の伝統文化に関心を高める |
| **調理体験** | ・おにぎり作り<br>・ソラマメの皮むき<br>・タケノコの皮むき |
| **栽培** | <苗植え>ナス、トマト、オクラ<br>プチトマト、ピーマン、キュウリ、サツマイモ |
| **食育環境** | ・採光に配慮した衛生的で落ち着きのある食事環境 |
| **保護者支援** | ・子どもの健康状態、発育状態、栄養状態、生活状況等を共有し、咀嚼や嚥下機能に応じて食品の大きさ、硬さ等に配慮し必要な栄養が摂取できるように保護者と連絡を取り合いながら進めていく。 |

CD-ROM ▶ 計画サポート集 ▶ 食育年間計画

| ・いろいろな食べ物への興味、関心を高める | ・食べ物の大切さを知り感謝の気持ちをもつ | |
|---|---|---|
| **2期（6月〜8月）** | **3期（9月〜12月）** | **4期（1月〜3月）** |
| 衣替え、歯と口の健康週間、七夕、夏祭り | 敬老の日、秋分の日、衣替え、運動会、イモ掘り、遠足、勤労感謝の日、作品展、餅つき、冬至 | 鏡開き、節分、立春、生活発表会、ひな祭り、卒園式 |
| ・食事をすることを楽しみにする<br>・栽培している夏野菜の生長を楽しみにし、見たり触れたりする<br>・食事のマナーを知り、行なおうとする<br>・保育者に加減してもらい、意欲をもって食べる | ・季節の食材に触れ、色、形、大きさ等に関心をもつ<br>・年上の子どもや身近な大人と食を通して触れ合うことを楽しむ<br>・自分が食べた食器を自分で片付けようとする | ・自分の体をつくるために食事が大切であることを知る<br>・献立名や食材に興味をもち、進んで食べようとする<br>・スプーンやフォークを正しく使いながら食べる |
| ・食器や食具の扱い方や片付けを知り、丁寧に行なう<br>・夏野菜の生長に興味をもち、収穫した野菜を味わう<br>・自分が食べ切れる量が分かり、満足感をもって食べ終える | ・楽しく食事をするために必要なマナーを知る<br>・行事食に興味をもち、身近な大人や異年齢児と関わることを楽しむ<br>・自分の体と食べ物の働きの関係性に気付き、進んで食べようとする | ・みんなで心地よく食事をするためのマナーを守ろうとする<br>・食事によって異なる食具を正しく使って食べようとする<br>・調理をする人がいることが分かり、感謝の気持ちをもつ |
| ・友達と一緒に食事の場を整えたり、主体的に当番活動や片付けを行なう<br>・夏野菜等栽培物の世話を通して食べ物の大切さ、命の大切さに気付く<br>・自分たちで育てた夏野菜を収穫したり食べたりし、食への関心を高める<br>・健康と食べ物との関係に関心を高めバランスよく食べる | ・みんなで食事をするために心地よいマナーを守り、楽しく食べる<br>・異年齢児と会食する中で、小さい子どもに優しく接しながら楽しく食べる<br>・時間を意識して食べようとする<br>・高齢者や地域の方と食を通して関わり、親しみや相手を大切にする気持ちをもつ | ・いろいろな友達や保育者と一緒に食事を楽しみながら、共感し合う喜びや信頼感をもつ<br>・学校給食を体験し、小学校給食に期待をもつ<br>・調理をする人、生産者、様々な食物に感謝の気持ちをもって食べる |
| ・カレー作り<br>・トウモロコシの皮むき<br>・エダマメの枝取り | ・お月見団子作り<br>・焼きイモ作り<br>・餅つき | ・クッキー作り<br>・煮大根作り |
| ＜収穫＞ | ＜苗植え＞<br>ジャガイモ、ダイコン、ニンジン、キャベツ | ＜収穫＞ |
| ・年齢・発達に合ったテーブル、椅子、食具の整備　・調理見学、調理員とふれ合う場づくり<br>・野菜等の栽培を通して、土、雨、太陽光等自然の恵みに気付く環境づくり | | |
| ・献立表配布、給食サンプルの公開、調理レシピ紹介、離乳食試食会、給食試食会、食事時間の保育参観（参加）、芋煮会、PTA、共済行事等の実施<br>・食物アレルギー、体調不良、障害をもつ子どもについて配慮すべき事項を共有し、嘱託医等と相談しながら保護者と合意の下で適切に進める | | |

# 子育て支援

子育て支援とは、保護者を支えることで、間接的に子どもの育ちを支えることです。乳幼児の保育をする際に、保護者との信頼関係を築くことは子どもを共に育てていく上で最も重要です。園生活において一人ひとりを大切にすることと同様に、各家庭の状況を理解した上で、その家庭に合わせた保護者支援を行なっていきましょう。また、地域の子育て家庭への支援も職員間で情報共有し、積極的に地域と連携しながら進めていきましょう。

## 園の役割

乳幼児施設においては、様々な家庭環境の子どもを保育しているため、現在の社会的な背景を理解し、子育て支援に積極的に取り組むことを使命と考える。

### 子育てを巡る環境の変化
○家族形態の変化（核家族化・ひとり親家庭の増加等）により親の子育て負担感が増大した。
○地域社会における人とのつながりが希薄になる傾向があり、人と関わる経験が少ないため、子育てに対する不安やストレスを抱えている親が増えている。
○子どもに関する理解が不足している。または、ネット等による情報を過信し、子どもと比較する。
○仕事と育児の両立のバランスが難しい。

## 保護者に対する支援の基本

 傾聴
保護者の話を
評価せずに
耳を傾ける

→

 受容
保護者の気持ち
を受け止める

→

共感
保護者の気持ちを
共に感じる

→

 支援を考える
保護者がつらく
感じている理由や
支援方法を考える

留意点　・子どもの最善の利益を考慮する　・保護者と共に、子どもの成長を喜び共有する
　　　　・保育者の専門性や、施設の特性を生かした支援をする。

## 1. 相談助言に当たって

・子どもと保護者の関係を丁寧に見取り、保護者の状況を踏まえて、保護者の養育力が向上するように支援する。
・相談、助言に当たっては保護者の気持ちを受け止め、相互の信頼関係を基本に保護者の自己決定を尊重する。
・保護者の要望を受け止め、相手の立場に立って聞くことを主として誠実に対応する。
・保護者や子どものプライバシーの保護、情報の秘密保持を遵守する。
・地域資源の活用、地域の関係機関・団体との連携及び協力を図る。

## 2. 入園している子どもの保護者に対する支援

### ●日常の保育における様々な機会を活用して行なう支援

**日々のコミュニケーション**
・送迎時の対応　・園だより
・クラス便り　　・連絡ノート
・電話連絡　　　・情報交換

**保護者が参加する行事**
・保育参観　　・保育参加
・個人面談　　・1日保育者体験
・PTA行事　　・父の会

**家庭教育学習**
・講演会　　　・教育懇談会

## ＜個人面談を行なう際の注意事項として＞

○基本的に複数の保育者で面談を行なう。

○個人面談前までに個人記録（所定のもの）をまとめる。
　　特に気になる保護者の場合は事前に園長に相談をする。

○面談で保護者から出された質問等で回答に迷った場合は即答せず「園長と相談します」
　　と話し、後日対応する。

○個人面談の日時を決定する際は、きょうだいで在園している場合は同じ日に予定する。

○面談の記録を取り、次年度の担当に引き継ぐようにする。

＊担当職員だけではなく、園長・副園長・教頭・主幹保育教諭・特別支援コーディネーター・
　　栄養士・看護師・調理員が組織として子どもや家族の支援にあたることを共通理解とする。

＊必要に応じて専門機関への紹介、情報提供の対応を考える。保護者の自主活動を援助する。

## ● 仕事と子育ての両立等の支援

家庭状況により、お迎え時間が一人ひとり異なることで、子どもが不安になったり寂しい思いをしたりしないように、保育方法を工夫する。

延長保育等では、一人ひとりがゆったりと過ごすことができるように工夫する。

保育中に体調不良になった場合（37.5℃以上の発熱・感染症等）は、早めに保護者に連絡し、お迎えの調整や、悪化して休みが長引くことがないように配慮する。

## ● 子どもの障害や発達上の課題が見られる保護者への個別支援

日頃の子どもの様子を小まめに伝えながら情報を共有し、家庭での様子や気になることはないかなど保護者の思いを確認する。

保護者から話を聞いたり、役所の窓口を通して関係機関と連絡を取り、支援に生かしていく。

療育機関にすでにかかっている場合には、その機関と連携を行ない、個別支援計画等を作成し、保護者と支援方法を確認しながら進めていく。

## ● 保護者の育児不安等への対応、保護者の希望に応じた個別支援

### 職員間で情報を共有する

園内で職員の役割分担を明確にした組織図を作成し、確実な情報共有に努める。必要に応じて園長が窓口となり専門機関との連携を図る。

### 個別支援を行なう

保護者の要望を聞き、不安が解消される方法を一緒に考える。子どもと保護者への援助計画や支援の記録を作成する。

### 支援計画の基本

保護者の育児不安や悩みなどに対して、保育者の専門性やスキルを生かして支援を行なう。

送迎時の対話や連絡帳などで得た情報を分析し、援助事項を職員会議で確認し、適切な対応をするための支援計画を作成する。

担任が替わっても子どもや保護者に対しての支援に一貫性をもち、継続して行なっていく。

## ● 虐待が疑われた場合の対応

園で虐待の疑いを発見　園長に報告

報告・相談　→
←　助言・指導

役所の担当窓口

・園児の保護者に状況を確認する
・虐待の事実を記録や写真に写す
・虐待の緊急度を判断する

役所に報告し、指導を受けたら →

・役所の担当窓口と連携して継続して協力体制を組む
・状況と今後の対応について職員間で共通認識する
・子どもと保護者への支援を開始し、記録に残す

### 虐待を疑われる子どもの特徴

・発育不良（低身長・低体重）・栄養障害
・体の不自然な傷・骨折・やけど・清潔保持の状況・激しいかんしゃく
・おびえ・極端に落ち着きがない
・笑いが少ない・泣きやすいなどの情緒不安定
・言葉が少ない・多動・乱暴で攻撃的な行動
・食欲不振・極端な偏食・拒食・過食・虫歯が多い

### 家族の態度

・子どものことについて話したがらない
・子どもの体にある傷について説明が不十分である
・必要以上にしつけが厳しい

## ● 虐待の早期発見、早期対応のための役割分担

| | |
|---|---|
| 園長 | ・職員から報告を受け、虐待の有無を確認する。<br>・保護者への対応を行なう。<br>・役所の担当窓口等、関係諸機関に連絡する。<br>・園の対応方法について検討し、職員会議において周知する。 |
| 副園長 | ・園長と共に、虐待の有無を確認する。<br>・子ども、保護者への対応を行なう。<br>・保育室の様子を確認する。 |
| 主任 | ・子どもの虐待の有無を確認する。<br>・虐待に関する情報を収集する。 |
| 看護師 | ・園児の身体的、精神的な状況を確認する。<br>・受診が必要な状況か判断する。 |
| その他の職員 | 見たこと、気付いたこと等を主任・副園長に報告する。 |

※個人情報の保護は必須であり、子どもや保護者の話をするときは、職員室、相談室、保健室などを使用し、外部に聞こえない状況をつくることを徹底する。

# 3. 地域における子育て支援

## ● 目標

○乳幼児施設では、地域の保護者等に対する子育て支援を積極的に行なうように努める。
○地域の子育て支援を利用することで、親子の愛着関係を深め、家庭の育児力を向上させる。

### 子育て支援のポイント

子育ち支援…子どもが育っていく
親育ちの支援…親が育っていく
親子関係の支援…子育て、親育て

親が相談できる身近な施設 → 親が安心感をもつ → 子育ての自信が生まれる → 自己肯定感が育ち、周りの人を思いやる → 施設が地域の子育ての核として信頼される

・施設の特性を生かし、職員がその専門性を発揮して子育て支援に関わることが重要である。
・職員が子育て支援がもつ役割の重要性を認識し、地域の親と子どもが安心して気持ちよく利用できるように発信し、園全体で温かな雰囲気づくりを心掛けることが大切である。

## ● 活動

・園庭開放、園見学、体験保育、保育参観、一時保育、病後児保育、休日保育
・育児講座、育児相談、栄養相談
・交流の場の提供

・子育てに関する情報の提供
　子育てイベントのパンフレット設置
　園行事のポスター掲示、インターネットで情報提供等

・園だより、保健だより、給食（食育）だよりの掲示
・給食試食会
・未就園児の会

# CD-ROMの使い方

ここからのページで、CD-ROM 内のデータの使い方を学びましょう。

## ❗CD-ROM をお使いになる前に必ずお読みください

本書付属の CD-ROM は、「Microsoft Word for Microsoft 365」で作成、保存した Word のファイルを収録しています。お手持ちのパソコンに「Microsoft Word 2016」以上、または「Microsoft Word for Microsoft 365」がインストールされているかどうか、ご確認ください。

付属の CD-ROM を開封された場合、以下の事項に合意いただいたものとします。

## ●動作環境について

本書付属の CD-ROM を使用するには、以下の環境が必要となります。CD-ROM に収録しているデータは、Windows 版の、Microsoft Word for Microsoft 365 で作成しています。処理速度が遅いパソコンではデータを開きにくい場合があります。

○ ハードウェア

Microsoft Windows 10 以上

○ ソフトウェア

Microsoft Word 2016 以上、

または Microsoft Word for Microsoft 365

○ CD-ROM を再生するには CD-ROM ドライブが必要です。

※ Mac OS でご使用の場合はレイアウトが崩れる場合があります。

## ●ご注意

○ 本書掲載の操作方法や操作画面は、「Microsoft 365 Personal」上で動く、「Word」を使った場合のものを中心に紹介しています。お使いの環境によって操作方法や操作画面が異なる場合がありますので、ご了承ください。

○ データは Microsoft Word for Microsoft 365（バージョン 2009）で作成されています。お使いのパソコン環境やアプリケーションのバージョンによっては、レイアウトが崩れる可能性があります。

○ お客様が本書付属の CD-ROM のデータを使用したことにより生じた損害、障害、その他いかなる事態にも、弊社は一切責任を負いません。

○ 本書に記載されている内容に関するご質問は、弊社までご連絡ください。ただし、付属の CD-ROM に収録されているデータについてのサポートは行なっておりません。

※ Microsoft Windows、Microsoft Word、Microsoft 365 は、米国マイクロソフト社の登録商標です。

※ その他記載されている会社名、製品名は、各社の登録商標及び商標です。

※ 本書では、TM、®、© マークの表示を省略しています。

## ● CD-ROM 収録のデータ使用の許諾と禁止事項

CD-ROM 収録のデータは、ご購入された個人または法人・団体が、営利を目的としない掲示物、園だより、その他、家庭への通信として自由に使用することができます。ただし、以下のことを遵守してください。

○ 他の出版物、企業の PR 広告、商品広告などへの使用や、インターネットのホームページ（個人的なものも含む）などに使用はできません。無断で使用することは、法律で禁じられています。なお、CD-ROM 収録のデータを変形、または手を加えて上記内容に使用する場合も同様です。

○ 本書付属の CD-ROM 収録のデータを複製し、第三者に譲渡・販売・頒布（インターネットを通じた提供も含む）・賃貸することはできません。

○ 本書付属の CD-ROM は、図書館などの施設において、館外に貸し出すことはできません。

（弊社は、CD-ROM 収録のデータすべての著作権を管理しています）

## ● CD-ROM 取り扱い上の注意

○ 付属のディスクは「CD-ROM」です。一般オーディオプレーヤーでは絶対に再生しないでください。パソコンの CD-ROM ドライブでのみお使いください。

○ CD-ROM の裏面に指紋をつけたり、傷をつけたりするとデータが読み取れなくなる場合があります。CD-ROM を扱う際には、細心の注意を払ってお使いください。

○ CD-ROM ドライブに CD-ROM を入れる際には、無理な力を加えないでください。CD-ROM ドライブのトレイに正しくセットし、トレイを軽く押してください。トレイに CD-ROM を正しく乗せなかったり、強い力で押し込んだりすると、CD-ROM ドライブが壊れるおそれがあります。その場合も一切責任は負いませんので、ご注意ください。

# CD-ROM 収録データ一覧

付属の CD-ROM には、
以下の Word ファイルを収録しています。

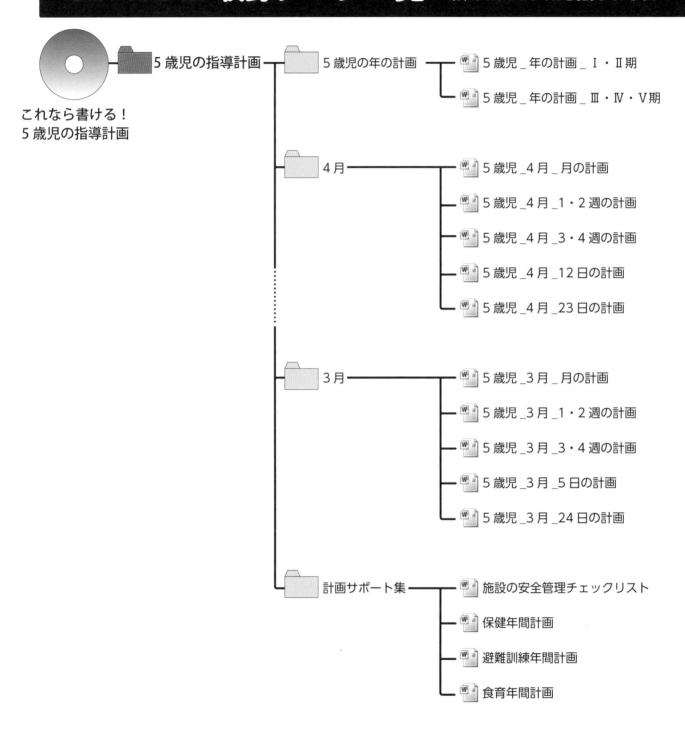

これなら書ける！
5 歳児の指導計画

※CD-ROM収録のWordデータは、使いやすくするた
め、枠の位置や文章の改行位置などが本書と異なると
ころがあります。各園の様式に合わせて作り変えてお
使いください。

# 付属のCD-ROMのWordファイルを使って
# 指導計画を作ろう

『Word』を使って、指導計画を作ってみましょう。付属の CD-ROM の Wordファイルは Microsoft Word for Microsoft 365 で作成されています。ここでは、Windows 10 上で、Microsoft Word for Microsoft 365 を使った操作手順を中心に紹介しています。

（動作環境についてはP.175を再度ご確認ください）

※掲載されている操作画面は、お使いの環境によって異なる場合があります。ご了承ください。

## CONTENTS

## 基本操作

### マウス

マウスは、ボタンを上にして、右手人さし指が左ボタン、中指が右ボタンの上にくるように軽く持ちます。手のひら全体で包み込むようにして、机の上を滑らせ上下左右に動かします。

**クリック** カチッ

左ボタンを 1 回押します。ファイルやフォルダー、またはメニューを選択する場合などに使用します。

**ダブルクリック** カチカチッ

左ボタンをすばやく 2 回押す操作です。プログラムなどの起動や、ファイルやフォルダーを開く場合に使用します。

**右クリック** カチッ

右ボタンを 1 回押す操作です。右クリックすると、操作可能なメニューが表示されます。

**ドラッグ** カチッ…ズー

左ボタンを押しながらマウスを動かし、移動先でボタンを離す一連の操作をいいます。文章を選択する場合などに使用します。

### 元に戻る・進む

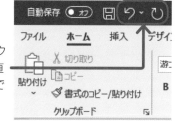

間違えたら⤺をクリックすると元に戻り、やり直せます。⤻は、その逆です。

# Ⅰ ファイルを開く・保存・印刷する

使用するファイルをCD-ROMから抜き出し、わかりやすいように名前を付けて保存します。使用する大きさに合わせて印刷サイズも変えることができます。

## 1 Wordファイルを開く

### 1. CD-ROMをパソコンにセットする

パソコンのCD-ROM（またはDVD）ドライブを開き、トレイにCD-ROMを入れます。

### 2. フォルダーを開く

自動的に「エクスプローラー」画面が表示され、CD-ROMの内容が表示されます。画面の右側にある「3歳児の指導計画」フォルダーをダブルクリックして開きます。

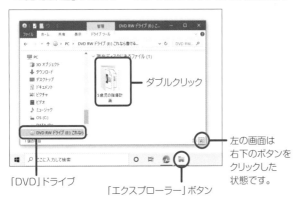

「DVD」ドライブ　　「エクスプローラー」ボタン

左の画面は右下のボタンをクリックした状態です。

### 3. ファイルをデスクトップにコピーする

使用するWordファイルをデスクトップにドラッグします。

### 4. ファイルをダブルクリック

5歳児_4月_月の計画

デスクトップにコピーしたWordファイルをダブルクリックします。

※デスクトップに保存すると、Windows10の規定ではOneDrive に保存されるので緑のチェックマークが付きます。

### 5. Wordファイルを開く

「Word」が起動して、下の画面が表示されます。

## 2 ファイルを保存・印刷する

### 1. 「名前を付けて保存」する

「ファイル」タブ→「名前を付けて保存」をクリックし、表示された画面で保存先（「ドキュメント」など）を指定します。わかりやすい名前を付け、最後に「保存」をクリックします。保存したファイルを開くには、タスクバーの「エクスプローラー」ボタンをクリックしファイルを保存した保存先を選択します。

### 2. 印刷する

プリンターに用紙をセットし、「ファイル」タブ→「印刷」をクリックします。表示された画面で、設定をお使いのプリンターに合わせ、「印刷」をクリックします。

※CD-ROM収録のWordファイルはすべて、A4サイズの設定になっています。適宜、用紙サイズの設定を変えて拡大縮小してお使いください。

※下の画像が出てくるときは、「無視」をクリックします。

# Ⅱ 文字や文章を変更する

担当クラスや、担当クラスの子どもたちの様子に合わせて、内容を変更しましょう。
書体や大きさを変えるなどアレンジしてみてください。

## 1 文字や文章を変更する

### 1. 変更したい文章を選択する

変更したい文章の最初の文字の前にカーソルを合わせてクリックし、ドラッグして変更したい文章の範囲を選択します。

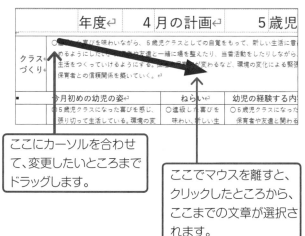

ここにカーソルを合わせて、変更したいところまでドラッグします。

ここでマウスを離すと、クリックしたところから、ここまでの文章が選択されます。

選択された文字の背景の色が変わります。

### 2. 新しい文章を入力します

そのまま新しい文章を入力します。

## 2 書体や大きさ、文字列の方向、行間、文字の配置を変える

### 1. 文章の「書体」や「大きさ」を変える

文章を好きな書体（フォント）に変えたり、文字の大きさを変えたりして、読みやすくしてみましょう。
まず、「1 1.変更したい文章を選択する」の方法で、変更したい文章の範囲を選択します。
次に、リボンの「ホーム」タブで「フォント」グループにするフォントサイズの右側「▼」をクリックし、書体とサイズを選びます。

フォント名が英語のものは、日本語を表示できません。使うことのできるフォントの種類は、お使いのパソコンにどんなフォントがインストールされているかによって異なります。

数字が大きくなるほどフォントサイズが大きくなります。フォントサイズが8以下の場合は、手動で数値を入力します。

### 2. 文字列の方向を変更する

変更したい文章を選択し、表ツールの「レイアウト」タブの「配置」グループから希望の文字列の方向を選択します。

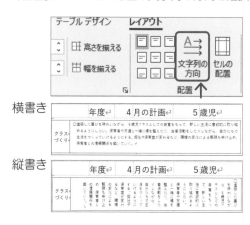

横書き

縦書き

# 3. 「行間」を調整する

行間を変更したい段落内にカーソルを移動します。
次に、「ホーム」タブ「段落」グループの右下の「⬊」
をクリックすると、「段落」のメニューが表示されます。

「インデントと行間隔」タブの「行間」で1行・2行・固定
値など任意に設定ができます。
固定値を選んだ場合は、「間隔」に、行間の数字を入力
します。

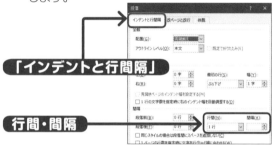

# 4. 文字の配置を調整する

枠の中の文字を枠の中央に表示させるには、表ツール
の「レイアウト」タブ「配置」グループから「中央揃え」
を選びます。

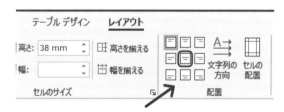

〈その他の配置例〉

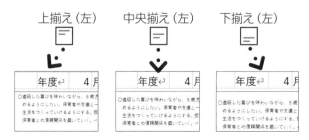

## ヒント

「複写（コピー＆ペースト）」「移動（カット＆ペース
ト）」の2つの操作をマスターすると、より簡単に文字
の編集ができます。

### 複写（コピー＆ペースト）

複写したい文章の範囲を選択し、「ホーム」タブ「ク
リップボード」グループの「コピー」をクリックします。
キーボードの「Ctrl」キー＋「C」キーを同時に押してもよい。

貼り付けたい文章の位置にカーソルを移動します。
「クリップボード」グループの「貼り付け」をクリックする
と、文章が複写されます。
キーボードの「Ctrl」キー＋「V」キーを同時に押してもよい。

※貼り付けた先と書体や大きさが違う場合P.203を参考に、調整しましょう。

### 移動（カット＆ペースト）

移動したい文章の範囲を選択し、「ホーム」タブ「ク
リップボード」グループの「切り取り」をクリックします。
キーボードの「Ctrl」キー＋「X」キーを同時に押してもよい。

移動したい位置にカーソルを移動します。「クリッ
プボード」グループの「貼り付け」をクリックすると、
文章が移動します。
キーボードの「Ctrl」キー＋「V」キーを同時に押してもよい。

# Ⅲ 枠を調整する

枠を広げたり狭めたりして調整してみましょう。
自分で罫線を引いたり消したりすることもできます。

## 1 枠を広げる・狭める

枠の罫線を動かすと、行の高さや列の幅を変えることができます。表の枠を広げたり狭めたりしてみましょう。

### 1. 表の枠を上下左右に広げる、狭める

表の枠にカーソルを合わせると、マウスポインターの形が ┼ や ┿ になります。

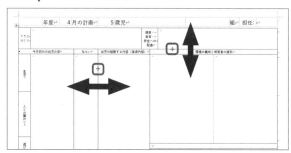

マウスをクリックしたまま上下左右にドラッグすると、枠の高さや幅を変更することができます。

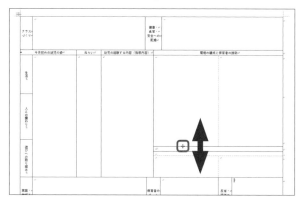

※枠を広げたことで表が1ページに収まらなくなった場合は、他の枠を狭めて調整してください。

## ヒント

罫線を動かすと、近くの罫線とつながってしまうことがあります。その場合、枠ごと罫線を動かすことができなくなります。

### 〈複数枠の選択〉

下図の2つの枠の右側の罫線を動かすには、枠内をドラッグして選択してから罫線を動かします。

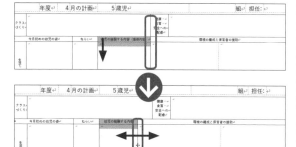

### 〈1つの枠の選択〉

1つの枠を選択するには、枠の左上にポインターを合わせて形状が「↗」に変わったらクリックします。または、選択したい枠内にカーソルを移動し、表ツール「レイアウト」タブ「表」グループ「選択」をクリックして「セルの選択」をクリックします。

下図は選択後、右の罫線を動かしています。

# 2 枠を増やす・減らす

表の中の枠を増やしたり減らしたりするときには、セルの結合・分割を使います。

## 1. 枠を結合して、枠の数を減らす

この3つの枠を1つに結合して、横枠（列）を1つにしてみましょう

結合したい枠の範囲をドラッグして選択します。

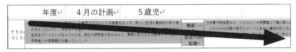

キーボードの「DEL」（「Delete」）キーを押し、文字を消去します。枠は残り、文字が消えた状態になります。

※「Back space」キーを使うと、セルまで消えてしまうので注意しましょう。

次に、再び結合したい枠の範囲をドラッグして選択し、表ツールの「レイアウト」タブ「結合」グループ「セルの結合」をクリックします。

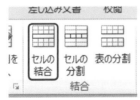

下図のように、横枠（列）の数が1つに減りました。

**ヒント**

ここをクリックすると、1つ前の操作に戻ります。

入力し間違えたり、表の形が崩れたりした場合、元に戻して、再度やり直してください。

**ヒント**

枠を分割して、枠の数を増やすこともできます。

この枠を横に3分割して、横枠（列）を3つに（縦枠（行）は1つのまま）してみましょう

まず、マウスで分割したい枠をクリックして、表ツールの「レイアウト」タブ「結合」グループ「セルの分割」をクリックします。

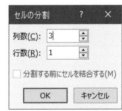

「列数」を「3」、「行数」を「1」と入力し、「OK」をクリックします。

下図のように、横枠（列）の数が3つになりました。

この結合、分割を使って、作りたい指導計画の様式になるように、枠組をどんどん変えていきましょう！

## 2. 枠の結合・分割で枠の数を変更する

**この枠の数を変えてみましょう**

P.182の **2**1.と同様の方法で、変えたい枠の中の
文字をドラッグして選択し、キーボードの「DEL」
(「Delete」)キーを押して文字を消去します。
斜めにドラッグして全てのセルが選択できない場合に
は、何回かに分けて結合するか、上記のように直角に
ドラッグしましょう。

続いて、上と同様の方法で、結合したい枠の範囲を
ドラッグして選択し、セルを結合します。

結合されました。

次に、P.182のヒントと同様に分割したい枠をクリックし
て、表ツールの「レイアウト」タブ「結合」グループ「セル
の分割」をクリックし、横枠と縦枠の数を入力して分割
します(ここでは、「列数」を「4」、「行数」を「2」としてい
ます)。

枠を作り変えたら、P.181「**1**枠を広げる・狭める」の方
法で、枠の幅を変えていきましょう。

【監修】
# 神長美津子
國學院大學 教授
幼稚園教育要領の改訂に関する検討委員
幼保連携型認定こども園教育・保育要領の改訂に関する検討委員
中央教育審議会 教育課程部会幼児教育部会主査代理
元・文部科学省初等中等教育局幼児教育課教科調査官
『月刊 保育とカリキュラム』指導計画総監修

【執筆】
『月刊 保育とカリキュラム』東京5歳児研究グループ

赤石　元子　元・東京学芸大学附属幼稚園 副園長
岩城眞佐子　元・中央区立月島幼稚園 園長
小田　　豊　聖徳大学大学院 教授
神長美津子　國學院大學 教授
黒澤　聡子　元・江東区立ちどり幼稚園 園長
篠原　孝子　元・聖徳大学大学院 教授
永井由利子　松蔭大学 教授
松本　紀子　東京成徳短期大学 講師
大澤　洋美　東京成徳短期大学 教授

【協力】
おだ認定こども園

※所属は、本書初版当時のものです。

STAFF
本文イラスト：とりうみゆき・みやれいこ・とみたみはる・坂本直子・すみもとななみ・Meriko
本文デザイン：曽我部尚之
本文整理・DTP：堤谷孝人
CD-ROM制作：NISSHA 株式会社
校正：株式会社文字工房燦光
企画編集：長田亜里沙・小川千明・北山文雄

※本書は、『月刊 保育とカリキュラム』2019 年度連載「年齢別指導計画」
　をまとめ、加筆・修正したものです。

これなら書ける！
# 5歳児の指導計画

2021年2月　初版発行

監　修　神長美津子
発行人　岡本 功
発行所　ひかりのくに株式会社
　　　　〒543-0001　大阪市天王寺区上本町3-2-14
　　　　TEL06-6768-1155　郵便振替00920-2-118855
　　　　〒175-0082　東京都板橋区高島平6-1-1
　　　　TEL03-3979-3112　郵便振替00150-0-30666
　　　　ホームページアドレス　https://www.hikarinokuni.co.jp
印刷所　NISSHA株式会社

▼ダウンロードはこちら

CD-ROM 収録のデータは、
URL・QRコードより本書の
ページへとお進みいただけま
すと、ダウンロードできます。
https://www.merupao.jp/front/category/K/1/

※ダウンロードの際は、会員登録が必要です。